石村卓也/伊藤朋子/浅田昇平［著］

社会に開かれた
カリキュラム

新学習指導要領に対応した教育課程論

晃洋書房

序　　文

　平成26年11月，文部科学大臣が，「初等中等教育における教育課程の基準等の在り方について」を中央教育審議会に諮問した。2年1カ月の審議を経て，中央教育審議会は，平成28年12月21日の第109回総会において，「幼稚園，小学校，中学校，高等学校及び特別支援学校の学習指導要領等の改善及び必要な方策等について（答申）」を取りまとめた。そして，平成29年3月31日に学校教育法施行規則が改正され，幼稚園教育要領，小学校学習指導要領，及び中学校学習指導要領が公表された。なお，「高等学校学習指導要領の一部を改正する告示案」については平成30年2月14日に公示された。
　その社会的背景となったものは，これから誕生する子供も含めて，今の子供が成人する頃には，社会構造や雇用環境が急激に変化することが予測されることにある。つまり現在の学校教育では，このような時代の変化への対応が困難となることが予測されるからである。そして，このような時代において，学校教育には，社会の急激な変化に，積極的に直面し，様々な課題に対し他者と協働し解決すること，様々な情報を評価し知識の概念化を図り情報の再構成をするなど新たな価値の創造につなげること，複雑な状況変化の中で目的の再構築を図ること，を可能とすることが求められているとしている。そのため，未来の創り手となるために必要な資質・能力を確実に備えることのできる学校教育を実現するという意図を持っている。
　同答申においては，「よりよい学校教育を通じて，よりよい社会を作る」という目標を学校と社会が共有し，連携・協働しながら実現を図るとして，このような新しい時代に求められる資質・能力を子供に育む「社会に開かれた教育課程」の実現を目指すこととなった。このキーワード「社会に開かれた教育課程」の表出は，今まで見なかったことであるが，昭和22（1947）年の学習指導要領試案には，「社会の要求」「児童青年の生活」「地域の社会生活」を教育課程の編成の基本となるとの叙述があり，従来から，当然のことと考えられていたものである。また，「よりよい学校教育を通じて，よりよい社会を作る」については，デューイ（John Dewey, 1859-1952）は，1896年，シカゴ大学付属実験学校を開校したが，この実験学校の目的は，子供の心理的発達と社会的発達の統合を挙げており，それには，

学校と社会の連続性を回復する，学校を学びの共同体として再組織する，民主主義社会を学校教育を通して準備するとしており，「よりよい社会」と「民主主義社会」の違いはあるものの同様の意味を持つフレーズとなっている。ここでとくに強調された趣旨は，学校と社会が共有，連携・協働しながら「よりよい社会を作る」ことであり，その具体策は，「社会に開かれた教育課程」の実現にある。本書『社会に開かれたカリキュラム——新学習指導要領に対応した教育課程論』は，こうした趣旨を汲み，学習指導要領が学校，家庭，地域の関係者の共有可能な「学びの地図」としての役割も踏まえて執筆したつもりである。

　学習指導要領は，学校教育法に基づく同法施行規則の委任により文部科学大臣が告示するもので，各学校における教育課程の編成，実施に当たっての基準となるものである。したがって，「生きる力」を目指すための質の高い教育活動は，学習指導要領等で示す論理性や学力観等を背景として教育実践を行うことにより，実現できるものである。換言すれば，教師は，それを理解し理論と実践との融合を図り，教育方法などの工夫を図るなどの教育実践がなければ，実現できないのである。

　学習指導要領についていえば，学校・教師に対する拘束性についての議論もあるが，「学校改革抗争の100年」（原文「Left Back A Century of Battles Over School Reform」末藤美津子等3名訳）の著者ダイアン・ラヴィッチ（Diane Ravitch）は，日本語訳の序文で，日本に訪問したときに文部省の学習指導要領を手に入れ，持ち帰り，注意深く読んだところ，教育の目標が明瞭であること，教室の実態をよく把握していること，そしてどこまで到達すべきかについて，理想を掲げていることに感銘を受けたと述べている。ラヴィッチは，ブッシュ政権の下で教育調査改善局担当の教育次官補を務め，教育の基準運動を指揮し，尽力した。それは，日本の学習指導要領を手本とすべき存在であり，国家的なカリキュラムの基準は，学校教育の質を高めることができるという揺るぎない確信を与えてくれたからだと言っている。

　要は，質の高い学習指導要領と，それを基に理論を構築し実践する学校の質の高い教育活動が，学校教育の質を高めるわけである。各学校においての教育活動の教育計画が教育課程である。

　具体的にいえば，教師が担当教科の教科内容の配列，単元に割り振る時間数などは，担当する児童生徒の実態等を考慮して，改善し授業を行っているし，また，年間指導計画，週案および指導案などの作成は，教育課程の編成・実施そのもの

であり，かつカリキュラム開発そのものである。

　学校は，教科等の配列や単位数，活動内容や授業時数など，学校の長たる校長が責任者として，全教職員の下に創意工夫を生かした教育課程を編成しているのである。

　この際，配慮しなければならないことは，学校の施設・設備や教職員などの内部環境のプラス部分を生かし，学校外の地域事情などの外部環境を分析しながら，住民のニーズも汲み上げることにより，教育課程の編成を行い，実施することであり，その結果として，学校の教育目標の達成，学校の特色づくり及び地域に信頼される学校づくりに繋がることになるのである。

　教師一人ひとりがカリキュラム開発力とカリキュラム・マネジメント力を身に付けてこそ，担当する科目においては，様々な教育方法の工夫が考えられ児童生徒の学力向上や分かりやすい授業に繋がるものである。問題となっている不登校やいじめにおいても，学級活動（ホームルーム活動）や学校行事などの特別活動を通して，自己及び他者の個性の理解と尊重，生命の尊重などをねらいとして，様々な取組も考えられ，その防止等において処方箋となるような方法工夫なども見いだされる，と言っても過言ではない。

　本書は，基本的には教職課程科目の「教育課程論」のコンテンツを取り上げているが，「特別活動論」のコンテンツも含んでいる。

　本書のコンテンツは，以下の通り準備した。

　第1章「教育の目的・目標」（教育課程の主要な要素），第2章「学習指導要領と教育課程」，第3章「戦後の教育課程改革」，第4章「2017（平成29）年の教育課程改革」，第5章「『カリキュラム・マネジメント』と『主体的・対話的で深い学び』」，第6章「探究学習・道徳教科化・外国語活動」，第7章「教科書と補助教材」，第8章「特別活動とその意義」，第9章「特別活動のカリキュラム開発」，第10章「学級活動（高校：ホームルーム活動）」，第11章「生徒会（児童会）活動と学校行事」，第12章「評価」の章から構成しており，努めて具体的・多面的に取り上げ，カリキュラム開発力やカリキュラム・マネジメント力の資質能力の向上に努めたつもりである。そのねらいは，教員の資質能力の形成過程に注目しており，養成・採用・現職研修のいずれの段階においても必須の内容であること，教員にとってこれから求められるカリキュラム・リーダーシップに資することとし，さらには，学校マネジメント力に必要な資質能力へと進化すること等を勘案したことである。

なお，章末の研究課題は章のまとめであるが，発展的な研究課題としての設問もある。理論と実践の融合に資するものと考えているので，活用していただきたい。

　本書が，何より，教職関係者等にとって有益となれば，幸甚である。

　末筆ながら，晃洋書房とくに編集部の阪口幸祐氏には，大変お世話になった。この紙面を借りてお礼を申し上げる。

　　2018年2月吉日
　　　　　　　　　　　　　　　　大和大学教育学部教授　　石 村 卓 也
　　　　　　　　　　　　　　　　甲南大学文学部教授　　　伊 藤 朋 子
　　　　　　　　　　　　　　　　四天王寺大学教育学部准教授　浅 田 昇 平

目　次

序　文

第1章　教育の目的・目標　1

1　はじめに ………………………………………………………………… 1
2　公教育 …………………………………………………………………… 1
3　教育の目的・目標 ……………………………………………………… 9
4　自校の教育目標の設定 ………………………………………………… 25

第2章　学習指導要領と教育課程　28

1　はじめに ………………………………………………………………… 28
2　学習指導要領の意義 …………………………………………………… 34
3　学習指導要領の種類と構成 …………………………………………… 35
4　作成の手順 ……………………………………………………………… 39
5　法的拘束性 ……………………………………………………………… 39
6　基準性と大綱的基準 …………………………………………………… 42
7　教育課程の意義 ………………………………………………………… 43

第3章　戦後の教育課程改革
　　　　　──学習指導要領の変遷──　49

1　はじめに ………………………………………………………………… 49
2　戦後の教育課程改革 …………………………………………………… 50

第4章　2017（平成29）年の教育課程改革　88

1　小・中学校学習指導要領の改訂の概要 ……………………………… 88
2　小・中学校学習指導要領総則の改訂内容 …………………………… 94
3　高等学校学習指導要領の改訂 ………………………………………… 100

第5章　「カリキュラム・マネジメント」と「主体的・対話的で深い学び」
　　　──2017（平成29）年改訂での新たな視点── 　107

1　はじめに……………………………………………………………107
2　社会に開かれた教育課程…………………………………………107
3　カリキュラム・マネジメント……………………………………108
4　主体的・対話的で深い学び………………………………………114
5　学習指導……………………………………………………………120
6　インクルーシブ教育，特別支援教育……………………………129

第6章　探究学習・道徳教科化・外国語活動
　　　──学習指導要領改訂のポイント── 　133

1　総合的な学習（高校：探究）の時間……………………………133
2　「特別の教科　道徳」………………………………………………144
3　外国語活動，教科「外国語」……………………………………149

第7章　教科書と補助教材　154

1　教科書………………………………………………………………154
2　補助教材……………………………………………………………160

第8章　特別活動とその意義　167

1　特別活動とその変遷………………………………………………167
2　特別活動の意義と目標……………………………………………169
3　特別活動と教育課程………………………………………………177

第9章　特別活動のカリキュラム開発　182

1　はじめに……………………………………………………………182
2　特別活動の目標……………………………………………………182
3　自由研究から特別活動へ…………………………………………187
4　特別活動の教育的意義……………………………………………189
5　特別活動の位置づけ………………………………………………190

6　特別活動のカリキュラム開発……………………………………192

第10章　学級活動（高校：ホームルーム活動）　202

　　1　はじめに…………………………………………………………202
　　2　学級活動（高校：ホームルーム活動）の目標及び内容………202
　　3　学級活動（高校：ホームルーム活動）の機能と特質…………206
　　4　学級活動の指導計画……………………………………………210
　　5　学級（高校：ホームルーム）づくり…………………………212

第11章　生徒会（児童会）活動と学校行事　215

　　1　児童会活動，生徒会活動………………………………………215
　　2　学校行事…………………………………………………………221
　　3　クラブ活動………………………………………………………229

第12章　評　価　232

　　1　はじめに…………………………………………………………232
　　2　教育課程の評価…………………………………………………233
　　3　特別活動の評価…………………………………………………238
　　4　授業評価…………………………………………………………242

索　　引　（251）

第1章
教育の目的・目標

1 はじめに

「教育課程」は，カリキュラム（curriculum）の訳語であるが，その語源はラテン語で競争場や競争路のコースの意味を持っていた。転じて，学校において教授する教科目等，その内容及び時間配当など，学校の教育計画を意味するようになった。すなわち，それは，学校において，教育目的や教育目標を達成するために，教科等（例えば，小学校においては，教科，特別活動，総合的な学習の時間，外国語活動）において，法令等に従い，地域や学校の実態等を考慮しながら，その教育内容を学年ごとに授業時数との関連において総合的に組織した教育計画である，ということができる。いわば，教師サイドの教授プランというべきものである。事実，ドイツ語でlehrplanといっている。

ここで言う学校は，「公の性質」を有するもの，例えば，親子の関係に基づく家庭教育や私的団体による私塾等の私教育ではないということである。

教育課程編成の第一歩となる学校の教育目的や教育目標は，国や地方の教育政策及び関連する教育法令等を踏まえ，設定されるものであり，教育課程の主要な構成要素である。したがって，第1章においては，公教育の意義，法令等で規定されている教育の目的及び教育の目標等について，取りあつかう。

2 公教育

1．意　義

公共的な性格を持つ教育をいい，国又は地方公共団体及びその機関等によって管理される国公立学校教育のほか，私立学校教育，各種学校教育及び社会教育を

いう。

　「公」の意味の捉え方，教育を管理する主体と形態，管理の対象となる教育の領域などにより公教育の性格等が異なる。

　それは，およそ以下のようになる。
① 国及び地方公共団体によって直接設置され管理される学校教育
　法律に定める学校（学校教育法第1条に規定する学校，すなわち，幼稚園，小学校，中学校，義務教育学校，高等学校，中等教育学校，特別支援学校，大学及び高等専門学校）のうち，国及び地方公共団体が学校設置者となる国公立学校の教育をいう。
② 国，地方公共団体及び学校法人によって直接設置され管理される学校の教育
　法律に定める学校の教育，すなわち，国公私立の学校教育をいう。
③ 国又は地方公共団体及びその機関等の公共的機関の直接的あるいは間接的な管理の対象となる教育
　法律で定める学校における教育，各種学校・専修学校の教育や社会教育など，様々な管理形態や管理作用によって公的に営まれる教育をいう。

2．歴史上から概観する公教育の類型

（1）絶対主義国家の教育政策

　国家権力は，封建諸領主を押さえて中央集権的な官僚主義の権力機構を作り，宗教，文化及び教育も支配下に置き思いのままにすることができた。そうした権力機構を維持するため，有能な官僚や将校が必要であり，また，国家財政を豊かにするため，産業を興し商業や貿易を盛んにする必要があった。このように，行政，軍事及び殖産興業の幹部を養成するための幹部教育機関の充実は熱心ではあったが，下層階級の大衆に対しては，広く学校教育を普及させることは思いもよらぬことであった。国家の庶民教育に対する対応は，様々であるが，共通するところは全て国家権力の強化と持続のための方便であり，打算から生まれたものである。教育権の権力構造からみれば，絶対的な統治権を持つ国王が教育する権利を持ち，国民はその権利に従う義務を持たされるということになる。

　ここでは，庶民教育を奨励したいくつかの例を挙げてみる。

（例）ルイ十四世 LoisXIV（1643-1715）の教育政策
　フランスは空前の繁栄の時期を迎え，ルイ十四世の一元的支配体制が実現し，ここにフランス絶対主義の絶頂期を現出した。ルイ十四世の統治は，王を絶対の中心とする徹底した中央集権的政治組織の整備を促し，また貴族の軍隊招集権の縮減と武装及び編成の改革

による精強な常備軍の建設にも成功する。王に服従せず，王の気に召さないものは，裁判なしで，バスチーユ監獄に掘り込み，好ましくない書物は出版を禁止するなど，様々な工作の上，官僚や人民を服従させた。その強攻策は，宗教政策にも向けられ，それは，庶民教育まで及び，カルヴィン派の弾圧と改宗工作などによりその王国をカトリック信仰で統一しようとする意図のため，庶民教育政策をとることになった。

1698年，ルイ十四世は，庶民の普通教育の拡充強化を命じた勅令を発した。その内容は，要約すれば，教師がいない教区は，教師を設置すること，全ての子どもに，特に父母が改宗派の信者であった子どもに，毎日ミサに連れて行き，協議問答書と祈祷文を教えることなどである。またいわゆる改宗派の信者たりし者に厳命する。14歳まで子どもを学校に入れ，協議問答書を学ばせよといっている。

(例) フリードリッヒ大王 Friedrich Ⅱ（在位1740-1786）の教育政策

フリードリッヒ大王は，在位50年の間に，プロイセンをフランス，イギリス及びロシアなどと伍する世界の強大国にのし上がらせた。大王は啓蒙君主と称せられているが，即位直後に示したオーストリア継承戦役での強引な侵略行為は現実主義的な行動を示すなど，二面的な性格を持ち，それは文教政策にも顕在している。

1754年，大王の署名で「ミンデン候国及びラーブェンスベルク伯領に適用されるプロイセン王国地方学校令」が公布される。これとほぼ同じ内容で，1763年に「地方学事通則」として全プロイセンに適用される。

その主な条項は，就学義務，就学義務期間，（卒業証書），家畜番，（授業時間），（補習時間），（授業料），授業料免除，（学校説教），就学督励，……である（（　）：地方学事通則での追加）。またその特徴は，就学義務の制度がかなり厳密に規定され，励行，督励及び奨学の措置，一校一教員の単級学校での複式教授法による教育課程の編成及び奨学の措置，宗教，国語等の教授法について詳細な指示，などであり，学校教育の近代化の面も見られるし，また，義務教育制度も学校運営，教室運営の合理化など啓蒙君主の一面もある。その全ては，徹底したキリスト教主義に貫かれており，大王の庶民対象教育は，プロイセンが伝統的にとってきたキリスト教の布教活動として協会に付設する学校を通じてすなわち学校教育制度の整備充実を通じての教育であり，その意図は体制の現状維持にあった（梅根悟監修『世界教育史大系Ⅱ』p.236）。

(例) 我が国の明治初期の教育政策

明治新政府は，富と軍事力で帝国主義国家と化した欧米列強諸国の植民地化政策の脅威に対抗するため，早急にキャッチアップ体制を構築し，近代的資本主義国家を建設する必要があった。そのため，廃藩置県（明治4年），徴兵制（明治5年），国立銀行条例（明治

5年）など富国強兵策を推し進め，それに相応しい学校教育制度確立を目指し，明治5年に「学制」が制定された。

この「学制」は，教育行政の中央集権的体制をとり，全国を8大学に区分し，各大学区ごとに大学校を1校置くこと，各大学区を32中学区に区分し，各中学区ごとに中学校を1校置くこと（中学校計256校），さらに，各中学区を210の小学区に区分し，それぞれ1校ずつ小学校を置くこととした。これは小学・中学・大学の三段階として組織し，これを全国民に対して一様に開放し，単一化された制度，すなわち単線型の学校体系を確立しようというものである。尋常小学は小学校制度の本体をなすもので，上等・下等にわかれ，男女ともに必ず卒業すべきものとしていた。下等小学は6歳から9歳までの4年，上等小学は10歳から13歳までの4年を原則とし，いわば，8年制義務教育制度というべきものであった。

しかしながらこの学制は学校の設立維持の経費を地方住民の負担，すなわち「民費」によることを原則とした。小学校でも月額50銭（または25銭）という当時としては民衆の生活からみて徴収することが不可能といえる高額の授業料を定めた。

明治政府は全ての国民を就学させることを目標として学校の普及発達を図り，地方官も管内の学事奨励に努めたが，元来その計画が欧米の教育制度を模範として定めたもので，就学率の向上につながらず多くの問題を含んでいた。このような情勢から，これを改革すべきであるとの要望が強く起こり，さらに明治10年代の初めころは国民思想の転換期でもあり，維新以来の文明開化の風潮を批判して，伝統的な国風を尊重し東洋道徳を強調する復古思想が興隆し始めていた。

そこで，明治12年9月「学制」を廃止して「教育令」を公布した。この教育令と学制の主な相違点は，学区制を廃止し，町村を小学校設置の基礎としたこと，就学義務については学齢期間中少なくとも16カ月と定めたことである。また，学校に入学しなくても別に普通教育を受ける方法があれば就学と見なす規定を設け，就学義務が極度に緩和されている。公立小学校は8カ年としたが，4カ年まで短縮を認め，毎年4カ月以上授業すればよいとしたことである。その結果，地方によっては児童の就学率は減少し，経費節減のため廃校，あるいは校舎の建築を中止するなどの事態も生じている。

そこでこれが問題となり，結局，この教育令を改正しなければならないことになり，明治13年12月28日，いわゆる「改正教育令」が公布された。すなわち，小学校の学期（年限）は「三箇年以上八箇年以下」とし，最低4年を3年に短縮したが，年間の授業を「四箇月以上」から「三十二週日以上」に改めている。これにより，学校は休暇を除きほぼ常時授業を行うべきものとされており，学校教育の形態から見て重大な修正であったといえる。

ところで，維新後の急激な教育改革，文明開化運動及び欧米化は，まだ国民の間に充分に理解されず，混乱の様相さえ呈していた。学制以来の民衆の教育に対する不満が，「学問

の益未ダ顕ハレスシテ人民之ヲ厭フノ念」と言われているように，就学率の不振となって現われ，また欧米流の知識技術に重点を置く実学主義的，主知主義的な傾向は，民衆の実生活からは遊離し，政府の意図とする文教政策からも逸脱するところがみられた。このような地方の教育実態から，明治天皇は，文教政策の振興の必要を痛感され，政府の国民教育に関する根本精神を明らかにし，教学の本義について侍講　元田永孚に指示され，教学に関する聖旨（教学聖旨）の起草を命じられた。この教学聖旨は「教学大旨」と「小学条目二件」から成っている。

　教学大旨の内容の要旨は，「教学の要は仁義忠孝を明らかにして知識や才芸を究め，人の人たる道を完うすることである。これこそ祖先からの訓であり国典である。今後は祖宗の訓典によって仁義忠孝の道を明らかにし，道徳の方面では孔子を範として人々はまず誠実品行を尚ぶよう心掛けなくてはならない。そのうえで，各々の才器に従って各学科を究め，道徳と才芸という本と末とを共に備えるようにして，この教学を天下に広めるならば，我が国独自のものとして，世界に恥じることはないであろう。」ということである。

　教学聖旨にみられる徳育に関する政策は，明治初年以来官民あげて文明開化に狂奔していた，いわゆる欧化時代に対して，その転換を意味する注目すべき政策である。

　ところで，この教学聖旨は，当時文部卿であった寺島宗則及び内務卿の伊藤博文に先ず示された。文部卿寺島宗則は聖旨を拝承して，教学に関する根本精神に基づいて，文教の刷新に着手する。当時は教育令が公布され，翌年はこれが改正されるという時期でもあったため，この制度改正を期として，改正教育令及びそれ以後の教育の規定や学科内容に関する諸方針の中には，教学聖旨に基づく徳育の一連の政策が，基本的文教方針として採り上げられた。

　内務卿伊藤博文は，特に教学聖旨についての意見を求められた。伊藤博文は「教育議」を提出して，教育に関する見解を奏上している。伊藤博文は明治新政府の代弁者でもあり，欧米の新知識を急速に導入しなければならない理由を奏上しているが，元田永孚はさらにこれに対して反論を加えて，「教育議附議」を上奏して自己の見解を披瀝した。この元田永孚対伊藤博文の論争は，我が国の教育政策をめぐっての伝統的思想と進歩的思想との論争である。

　教学聖旨に基づく文教刷新は，明治13年ごろからその基本理念に基づいて進められ，明治12年の教育令では小学校の教科の末尾に置かれていた「修身」が，明治13年の改正教育令では「修身，読書，修辞，算術，地理，……」と教科の冒頭に置かれていることも政府の教育政策の変化を端的に示している。明治13年3月，小学校の修身教育を特に重視して『小学修身訓』（西村茂樹編，明治13年5月）を刊行しているが，これは当時の修身教科書に範を示すためであった。その内容は主として東洋の古典から格言名句を選んで集録したもの

であり，仁義忠孝を中心とする儒教思想が基本となっている。また文部省では府県で使用している教科書を調査し，不適当と認めた教科書を13年8月と9月に公示してその使用を禁止した。まさに文部省の教育方針の変化を物語るものである。

さらに，文部省は徳育を徹底させるため，明治14年6月，文部卿福岡孝弟の名をもって「小学校教員心得」を公布した。そこには，国家の盛衰は小学校教員の良否にかかっており，その任務はきわめて重大であると述べ，「尊王愛国の志気」を振起すべきことを説き，道徳教育の重要性を強調した。また同年7月「学校教員品行検定規則」を制定し，教員の行為について特に取り締まりを厳重にした。このように文部省は国民道徳の観点から教員の性格を改めて教育の基礎を築き直そうとしたのである。

この復古主義的な教育政策，自由民権運動の抑圧と繋がる教育政策は森有礼文部大臣による学校制度改革（明治19年），続いて明治23年の教育勅語渙発へと続くのである。もともと近代的な自然科学と技術の基礎を培うことを目指した学校が，政府の教育政策により，修身を教科のトップに位置づけ，同時に神話を教え，忠孝仁義を教えて，絶対主義国家を支える僕となったのである。

（2）近代の公教育

アメリカの独立革命（独立宣言1776年）及びフランスの市民革命（1789年）などを経て成立発展した近代国家体制の特色を反映する公教育のことを言う。その権利関係は，個人の自由と平等の権利を基調とし，親がその子どもを教育する権利を有するとされる。したがって，教育は専ら家庭に委ねるべきものであり，国家権力が直接介入すべきでないとされた。そのため，私立学校設置の自由や親の学校選択の自由なども大幅に認められるようになった。やがて，国家は，社会福祉や社会秩序の維持，さらに社会発展のために，国家や社会にとって共通に必要とする教育を広く展開させ，また自分の子どもを教育する権利を行使できない親に代わって，全ての子どもを対象とする教育を行うために，社会公共の名の下に自ら教育を組織化しようとした。しかし，教育機会の不平等や社会的強者による教育支配も生じた。このような公教育は，19世紀以降の欧米諸国に見られる。

（3）現代の公教育

第二次世界大戦以降，国家や親に代わり，全ての者が等しく教育を受ける権利を自覚されるようになり，国家・社会が実質的に保障すべきとの観念が成長することとなった。特に，機会均等と教育内容の保障である。

3．公教育論

　我が国の現代公教育において，いわゆる教育内容に関して国家は法的に関与し得ないのかということについて，以下のような2説が対立してきた。

　1）国家的制度としての公教育論
　国家が，教育の事業主体として，学校という制度を組織し，運営することになる。そこでの教育は，「共通」，「必須」，「強制」という性質を有し，そこから，「義務制」，「無償制」，「中立性」といった特徴を持つこととなる。こうした「義務制」，「無償制」，「中立性」を遂行し保障することができるのは，従来から市民社会の自治・自律に委ねられていた機能を吸収しつつあった国家以外にはあり得なかった。したがって，公教育成立の過程においても，もともと「教育の私事性」を有し否定されておらず，また，「教育の自由」もあった。これらの点から国家の教育内容への法的関与の禁止を引き出すのは誤りであり，特に教育に対する要請が増大してきている現代福祉国家の公教育においては，教育の私事性と同じ意味を持つ教育の自由は，原則として，元来問題になる余地はないとしている。

　2）私事性の延長としての公教育論
　子供の発達を権利保障する責務は，第一義的に親にあり，親義務の共同化したものとして学校を設け，教育条件を整え，教員を雇い，親の要求を社会的要求として民主的に組織化して教育に反映させる機構として，教育委員会などの指導助言機関を設けることになる。したがって，国ないし地方公共団体の公教育における権限は，共同化された親義務の代行者である教員の「教育の自由」を保障し，そして，子どもの学習権の充足のため，学校の設置，学習条件の整備，就学条件の確保などの条件整備を行う義務を果たすことである。要するに，公教育というのは，国家が国民の教育を受ける権利を積極的に保障していくために条件整備義務を負う教育のことであり，換言すれば，公教育の教育内容には「教育の私事性」つまり，「何を教えるか」は親の「教育の自由」に全面的に委されている。このことは，現代の公教育にも妥当しており，それゆえ，国家ないし地方公共団体は，教育内容に法的には関与することは許されないとする。

　現在の公教育法制から以下のことがいえる。
　2）のような私事性の延長としての公教育論に対して

① 憲法の前文「国政は，国民の厳粛な信託によるものであって……その権力は国民の代表者がこれを行使し，その福利は国民がこれを享受する」と定められており，したがって，公教育制度は，「国政」に当たる。すなわち，国家などの公権力が，公教育の遂行・実施にあたるのは明らかである。
② 旧教育基本法第8条（教育の政治的中立）・第9条（宗教的中立）は，教育内容そのものであり，国などが教育内容に対して法的に一切関与できないとするなら，これらの規定は違法となる。
③ その他，教育内容の基準・枠となる教科書については，教科書検定を行い，学習指導要領を作成する権限が国に所属しており，その他，就学が強制されたり，教員の任命権が公権力側の都道府県教育委員会・指定都市等にある。

以上により，教育の私事性の主張には無理があるといえる。
（判例）　教育基本法10条の解釈に係る学力調査事件（永山中学校事件最高裁判決，昭和51.5.21.最高裁大法廷判決，確定）
（事件の概要）旭川市の永山中学校において，北教組（北海道教職員組合）の組合員，労働組合員ら7名が，学力調査の実施を阻止しようとして，校舎内に立ち入り，学力検査を実施しようとした校長に暴行を加えたことが，公務執行妨害等に問われた事件である。
（判示）「教育に関する行政権力の不当・不要の介入は排除されるべきであるとしても，許容される目的のために必要且つ合理的と認められるそれは，たとえ教育の内容及び方法に関するものであっても，必ずしも同条の禁止するところではないと解するのが相当である。」
（参考）旧教育基本法　第10条
第十条（教育行政）　教育は，不当な支配に服することなく，国民全体に対し直接に責任を負つて行われるべきものである。
②　教育行政は，この自覚のもとに，教育の目的を遂行するに必要な諸条件の整備確立を目標として行われなければならない。

　次の判例は，公教育及び教育行政の法律主義の意義などについて的確に説明している。
（判例）教育基本法10条の解釈に係る学力調査事件（いわゆる岩教組学力テスト阻止事件控訴審判決，仙台高裁判決，昭和44.2.19）
（事件の概要）岩教組（岩手県教職員組合）7名の中央執行委員，各支部書記長は，昭和36年10月，傘下組合員である公立中学校教職員をして，岩手県における昭和36年度全国中学校一斉学力調査実施阻止のための争議行為を行わせるため，これを煽動することを共謀す

るに至り，岩教組指示の趣旨の実行方を慫慂し，もつて，地方公務員である教職員に対し，争議行為の遂行をあおり，そそのかしたとして，「あおり」「そそのかし」に該当し，また，教職員が一斉学力テストの実施を阻止するため，共同して休暇を請求し職場を離脱して措置要求大会に参加し，その後は平常授業を行う等の行為は地方公務員法三七条一項前段にいう争議行為禁止に該当するとされた事件

（判示）「公教育は，国家が国民からその固有の教育権の付託を受けて，国民の意思に基づき国民のために行われるべきものであり，国民の総意を教育に反映させる必要があるのであるが，現にみるごとく，国民の間に教育理念や目的につき見解の鋭い対立がある場合，国民の一般的教育意思を適法な手続的保障を持って反映しうるものは，議会制民主主義の下においては国会のみであり，そこに制定された法律にこそ国民の一般的教育意思が表明されているものと言うべく，従って，右法律に基づいて運営される教育行政機関が国民に教育意思を実現できる唯一の存在であって，教育実施に当たる者は，かかる教育行政の管理に服することによって，国民に対し責任を負うことが出来るからである。」

3 教育の目的・目標

帝国憲法が改正され新たに日本国憲法が昭和21年11月に公布されたが，この憲法の崇高な理想と目的を達成するため，「民主的で文化的な国家を建設して，世界の平和と人類の福祉に貢献しようとする決意」を示し，「この理想の実現は，根本において教育の力にまつべきものである」と前文で謳い，この要請に応えて，我が国の教育の基本を確立するものとして，前文を付した教育基本法が制定された（昭和22.3.31. 法第25号）。

その第1条は，憲法の精神に沿って，教育の向かうべき理想を明らかにしたものである。しかし，教育基本法は，制定から半世紀以上が経過し，科学技術の進歩，情報化，国際化，少子高齢化など，教育をめぐる状況は大きく変化し，様々な課題が生じている。このため，旧法（22年制定　教育基本法）で掲げてきた普遍的な理念は継承しつつ，新しい時代の教育理念を明確にすることで，時代の要請に応え，我が国の未来を切り開く教育の基本の確立を図るため，平成18年4月28日に「教育基本法案」を国会に提出され，平成18年12月15日に可決成立し，同27日に公布・施行された。

なお，教育基本法の見直しを初めて明確に提言したのは，平成12年の小渕恵三総理大臣の私的諮問機関であった「教育改革国民会議」である。この提言において3つの観点が求められている。

①　新しい時代を生きる日本人を育成すること。
②　伝統，文化など次代に継承すべきものを尊重し，発展させていくこと。
③　その内容として理念的事項だけでなく，具体的方策を規定すること。

　この提言を受けて，文部科学省は，中央教育審議会に「教育基本法の見直し」について，平成13年11月に諮問した。中間方向を公表し，国民各層から意見を聴く機会を設け，審議を深め，平成15年3月に答申が取りまとめられた。

　教育の目的を規定する第1条は，教育の目標を規定する第2条との整合性を図りながら，「教育は，人格の完成を目指し，平和で民主的な国家及び社会の形成者として必要な資質を備えた心身ともに健康な国民の育成を期して行われなければならない。」と規定され，基本目的として「人格の完成」を目指すものとなっている。そして，国家及び社会の形成者として必要な資質を備えるとしているのである。

　第2条においては，教育の目標について規定されている。

　教育が目指すものを「教育の目的」ないし「教育の目標」と言うが，理念的で究極的なものを「教育の目的」といい，教育目的を追求する過程で達成していくより具体的な目当てを「教育の目標」とし区別している。

　新法の制定に伴って，平成19年6月には学校教育法の改正が行われ，これまで学校教育法において小・中学校それぞれの教育の目標を規定していたものを，義務教育という観点から，より具体的な内容を義務教育の目標として規定された。

1．教育基本法

（1）前文

> 　我々日本国民は，たゆまぬ努力によって築いてきた民主的で文化的な国家を更に発展させるとともに，世界の平和と人類の福祉の向上に貢献することを願うものである。
>
> 　我々は，この理想を実現するため，個人の尊厳を重んじ，真理と正義を希求し，公共の精神を尊び，豊かな人間性と創造性を備えた人間の育成を期するとともに，伝統を継承し，新しい文化の創造を目指す教育を推進する。
>
> 　ここに，我々は，日本国憲法の精神にのっとり，我が国の未来を切り拓く教育の基本を確立し，その振興を図るため，この法律を制定する。

(前文の解釈)

　新法（改正教育基本法）においても，制定の趣旨等を明らかにするため，旧法（旧教育基本法）と同様に前文をおいている。

　前文の第一文では，

　日本国民が願う理想として，「民主的で文化的な国家」の発展と「世界の平和と人類の福祉の向上」への貢献を掲げている。これは，旧法の理念を継承・発展させ，同時に，日本国憲法の目指す理念と合致させている。そして，この理想の実現には，根本において教育の力に待つべきものであるという前提に立っている。

　「民主的で文化的な国家」とは，憲法に規定する国家像を端的に表現したものでこの文の「民主的国家」とは，民主主義を基調とする国家という意味で，政治的な面のみならずあらゆる面においても民主主義が重視される国家を言う。さらに「文化的な国家」とは，文化の発展が期待される国家を意味する。「世界の平和と人類の福祉の向上」への貢献は日本国民の使命を示すもので，併せて，日本国民が，理想とする「民主的で文化的な国家」の実現に向けて努力し，さらに「世界の平和と人類の福祉の向上に」貢献するという使命をうたっている。

　前文の第二文では，

　この第一文の理想を実現するために推進すべき教育の在り方，つまり教育像を示している。ここでは，旧法の前文になかった「公共の精神」，「豊かな人間性と創造性」，「伝統の継承」が新たに加えられた。

　すなわち，

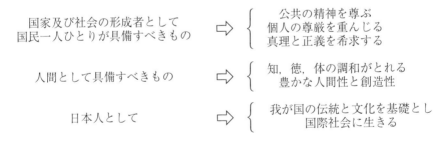

の育成であることを明らかにしていて，理想実現のために推進すべき教育像を示すものである。

　「伝統を継承し，新しい文化の創造を目指す」という文の「伝統」は，日本の歴史を通じて培われ伝えられてきた思想・風俗・習慣・様式・技術・しきたりな

ど、規範的なものとして古くから受け継がれてきた事柄や、受け伝えることをいっている。また、「文化」は、人間が自然を加工してきた物心両面の成果をいい、衣食住をはじめ技術・学問・芸術・道徳・宗教・政治など、その様式と内容とを含むものである。これまでに培われた「伝統の継承」が新たに明示され、また、「伝統」との対比から、「新しい」文化の創造が端的に規定されている。

前文の第三文では、

旧法の「新しい日本の教育」に代わり、「未来を切り拓く教育」を新たに挿入しその教育の基本の確立とその「振興」を図るとし、新法制定趣旨を端的に示し、その目的とともに宣言している。

（2）第1章　教育の目的及び理念

第1章（第1条～第4条）においては、教育の目的や目標について、旧法にも規定されている「人格の完成」等に加え、「公共の精神」や「伝統と文化の尊重」などの事項を新たに規定している。また、教育に関する基本的な理念として、生涯学習社会の実現（第3条）と教育の機会均等（第4条）等などを規定している。ここでは、第1条と第2条について取り上げる。

第1条（教育の目的）

> 第1条　教育は、人格の完成を目指し、平和で民主的な国家及び社会の形成者として必要な資質を備えた心身ともに健康な国民の育成を期して行われなければならない。

旧法と同じく、教育の目的を引き続き規定し、旧法にみられる「真理と正義を愛し」、「個人の価値をたつとび」、「勤労と責任を重んじ」、「自主的精神に充ちた」は、前文や教育の目標などに挿入され、この部分を「必要な資質を備えた」と、簡略化している。

本文における「人格の完成」は、一人の個人として、また一人の社会の構成員としてあるべき理想の姿を「人格の完成」として示している。しかしながら、この「人格」は、一個人に限定された側面から捉えられがちであるため、個人は同時に国家・社会の一員であるという「公的な側面」を強調し、人格が完成した個人の具体的な姿の一つとして、「<u>国家及び社会の形成者として必要な資質を備えた心身共に健康な国民</u>」と規定されている。

ここでの「国家及び社会の形成者として必要な資質」は，第 2 条各号に規定されている教育の目標の達成により，身に付けられるものであると考えている。
　つまり，
　第 2 条の第 1 号は，知・徳・体の教育が目指す基本的事項，
　第 2 条の第 2 号は，個人に係る事項，
　第 2 条の第 3 号は，社会等の係わりに関する事項，
　第 2 条の第 4 号は，生命の尊厳や自然との共生に関する事項，
　第 2 条の第 5 号は，自国との係わりや国際社会との関わる事項，
以上の 5 事項が，国家及び社会の形成者として必要な資質と考えている。ここでの資質は，生まれつきの性質や才能という意味ではなく能力，態度，性質などの総称と捉えている。

第 2 条（教育の目標）

> 第 2 条　教育は，その目的を実現するため，学問の自由を尊重しつつ，次に掲げる目標を達成するよう行われるものとする。
> 一　幅広い知識と教養を身に付け，真理を求める態度を養い，豊かな情操と道徳心を培うとともに，健やかな身体を養うこと。
> 二　個人の価値を尊重して，その能力を伸ばし，創造性を培い，自主及び自律の精神を養うとともに，職業及び生活との関連を重視し，勤労を重んずる態度を養うこと。
> 三　正義と責任，男女の平等，自他の敬愛と協力を重んずるとともに，公共の精神に基づき，主体的に社会の形成に参画し，その発展に寄与する態度を養うこと。
> 四　生命を尊び，自然を大切にし，環境の保全に寄与する態度を養うこと。
> 五　伝統と文化を尊重し，それらをはぐくんできた我が国と郷土を愛するとともに，他国を尊重し，国際社会の平和と発展に寄与する態度を養うこと。

　本条は新設され，本文にみられるように，第 1 条の「教育の目的」を実現するため，今日重要と考えられる事柄を 5 項目（本規定第 1 号から第 5 号まで）に整理して規定されている。旧法第 2 条に引き続き「学問の自由」の尊重は，本条において規定されている。旧法第 5 条「男女共学」についてはその趣旨が定着したという理由で規定されていないが，「男女の互いの敬重」等については，この教育の目標に「男女の平等」及び「自他の敬愛と協力」として本条において規定され

ている。

　(第一号の解釈)
　「幅広い知識と教養」を身に付け、真理を求める態度とは、「知・徳・体」の「知」に相当し、教育の目標として最も基本的なものの一つである。「知識」とは、ある事項について知っていることやその内容をいう。「教養」とは単なる知識にとどまらず、知識を得る過程ないし知識を得た結果によって身に付けた創造的な理解力や正しい判断力などを含む。今日の激変する社会にあって、グローバルな視点や多元的な視点で物事を考え、不測の状況等に的確に対応していくために必要なものとして、幅広い知識と教養を身に付けるべき事が掲げられている。
　「真理」は、普遍妥当性を有する法則や事実、正しい在り方などを意味する。旧法第1条の「真理を愛し」は、戦前における教育の反省に立って規定されたものであるが、戦前のような偏狭な独善性を否定し、いかなる力を持ってしても否定できない普遍的な「真理を求める態度」は、今日においてもなお、極めて重要な理念であるとして本条においても掲げられた。
　「態度を養う」(各号共通)中の「養う」とは、「教育や努力によって、習慣付ける」という意味である。
　「豊かな情操と道徳心」は「知・徳・体」の「徳」に相当する。この文の「道徳」とは、人々が、善悪をわきまえて正しい行為をなすために、守り従わねばならない規範の総体をいい、外面的・物理的強制を伴う法律と異なりものであり、自発的に正しい行為へと促す内面的原理として働くものである。これを守り、従おうとする心が「道徳心」である。
　「健やかな身体を養う」は、「知・徳・体」の「体」に相当する。知、徳のみならず豊かな人生を送るためには、体力が必要となる。現在の子どもの体力は長期低下傾向にあり、20年前、30年前の親の世代よりも低下しているという現状を踏まえて、規定されている。

　(第二号の解釈)
　「個人の価値を尊重して、その能力を伸ばし」とは、教育を行う者が、教育により個人の能力を伸ばすに当たり、その有する個性や独自性に着目すべきものという観点から規定されている。
　「創造性を培い」とは、知識基盤社会といわれる21世紀において、ICT(情報通信技術)の進展等による教育環境の変化も生かし、探究心、発想力や創造力等を

伸ばし，新たな「知」の創造・活用を通じて我が国や人類の将来の発展に貢献する人材を育成する必要があるとして新たに設けられたものである。

「自主及び自律の精神」は，他からの支配や援助を受けずに自ら考え主体的に行動し，自ら処理すべき事を自らの責任において行い，また，これに加え，自ら律して，その役割を実践するとともに，社会における自他の関係の規律について学び，身に付けることが求められている。「自主」は，<u>外部との関係において</u>他からの支配を受けずに<u>自分の力で</u>行動をすること，にあるのに対して，「自律」は，<u>内面において</u>，他からの支配・制約などを受けずに，<u>自分が作った規範に従って</u>行動することであり，下線の部分において，両者は異なる。これらを併せて規定されたものである。

「職業及び生活との関連を重視し，勤労を重んずる態度を養う」は，憲法27条に規定されている国民の３大義務の一つの「勤労」であり教育においても旧法第一条において「勤労を重んじ」と規定されている。新法においても今日のニートなどの社会問題が存在することから，引き続き重要な事項であるため，子どもに職業観・勤労観や職業に関する知識・技能を身に付ける，自己の個性を理解させ主体的な進路選択をする能力・態度を育む，机上の学習ではなく実際生活を通じ得られた経験知が日常の生活の中で適切に生かされる，などの視点から「職業及び生活との関連を重視」と「勤労を重んずる態度を養う」旨が併せて規定されている。

（第二号及び第三号の解釈）
「正義と責任」の「正義」とは 人が踏み行うべき道にかなっていることや，社会行動の評価基準をいいその違反に対し厳格な制裁を伴う規範となるものである。また，「責任」とは，立場上当然負わなければならない任務や社会における自己の役割に対して道義的或は法的な義務を言う。旧法第１条に，それぞれ「真理と『正義』を愛し」，「勤労と『責任』を重んじ」と規定されているが，「真理」を求める態度や「勤労」を重んじる態度が，主として個人に係わるものであることから第二号に規定されている。それらに対して，「正義を重んずる」とは，共同体を構成する個人間及び諸団体間，国際社会を構成する各国家間等において，正義を実現していくことを意味するものであり，「責任を重んずる」とは，個人の負担する社会的な義務を忠実に果たすことを意味する。したがって，これらは共同体や社会に係るものであることから本号に規定されている。

「男女の平等」は，社会における男女共同参画については不十分な現状を踏ま

えて，男女が互いにその人権を尊重し責任も分かち合い，個性と能力を十分に発揮する事が出来る男女共同参画社会を実現するためにも，教育を通じて必要な能力や資質を養うことが一層重要であるとの認識のもとに，「男女の平等」を重んずる態度が規定されている。

「自他の敬愛と協力」は旧法第2条に規定されているものであり，その趣旨は，学校においては教師等と児童生徒等間及び児童生徒等間において，敬愛と協力が必要なのはもちろんであるが，広義にとらえ，国民同士及び人間同士においても各人が相互に信頼関係を構築し，助け合うことが重要であるとしている。それゆえ，新法においてもその趣旨を踏まえ規定されている。

「公共の精神に基づき，主体的に社会の形成に参画し，その発展に寄与する態度」の「公共の精神」とは，特定の集団に限られることなく，社会全体の利益のために尽くす精神をいう。これまではややもすると「官」が公共を担い社会形成するとの意識があったが，災害時にみられるボランティア活動や地球環境問題解決に向けた活動など，国内外や社会の問題を個人の問題として考え，取り組むことが重要となっている。このような観点から規定されている。

（第四号の解釈）
「生命を尊び，自然を大切にし，環境の保全に寄与する態度」の「生命を尊ぶ態度」とは，人間の生命のみならず，あらゆる生物の生命について尊重する態度であり，「自然を大切にする態度」とは，自然を可能な限り維持，保全しようとする態度をいう。

（第五号の解釈）
「伝統と文化を尊重し」の「伝統」とは，我が国の歴史を通じて培われ伝えられてきた思想・風俗・習慣・様式・技術・しきたりなどを規範的なものとして古くから受け継がれてきた事柄や受け伝えることであり，その中心は精神的な在り方にある。「文化」とは，人間が自然を加工してきた物心両面の成果をいい，衣食住をはじめ技術・学問・芸術・道徳・宗教・政治など，その様式と内容とを含むものである。今日のグローバル化の流れ中で，各自が国際社会の一員であることを自覚し，異なる文化や歴史などのバックグランドを持つ人々と共生していくことが重要な課題となっている。この課題を踏まえて規定されている。

「それらをはぐくんできた我が国と郷土を愛する」とは，我が国の伝統と文化を育み歴史的に形成されてきた国民，国土，伝統，文化，自然環境などを包含す

る共同体としての我が国と郷土と解される。文中の「国」は「政府」などの統治機構のような意図的なものを意味するものではないとされる。「郷土」とは，生育地に係る精神的な繋がりを持つ概念であるといえるが，通常「我が国」よりも地理的に狭い範囲を指している。

「我が国と郷土を愛する態度」とは，我が国と郷土を大切に思い，その発展を願う心情を持ち，それに寄与する姿勢を意味するとされる。国民一人ひとりが，自国の国土，文化，人々や社会への理解を深め大切に思うことや，その一員として自らも主体的に参画していく意識や態度を涵養することは，国家・社会の形成者である国民として重要と考えられる事項であるため，本号に規定されている。

「他国を尊重し」の「他国」は，我が国と同様に伝統や文化を有し，それを育んだ国や郷土を愛している国民がいることを理解することであり，その「他国」を尊重しなければならないという趣旨である。

「国際社会の平和と発展に寄与する態度」は，「世界の平和と人類の福祉の向上に貢献する」と新法前文にあるように，戦後60年を経た今日においては，我が国のみならず，世界が平和に発展していくことを願うとともに，個人が貢献する心情を育むことが必要であるとしている。このため，我が国や郷土を愛し，他国を尊重する態度に加え，このような態度を規定し，これからの国際社会を生きる教養ある日本人の育成を目指そうとするものである（教育法令研究会編『教育法令コンメンタール1』pp.301-412参考参照）。

(3) 義務教育の目的（第2章　教育の実施に関する基本）

第2章（第5条～第15条）においては，教育の実施に関する基本について定めることとし，旧法にも規定されている義務教育，学校教育，社会教育等に加え，大学，私立学校，家庭教育，幼児期の教育，学校，家庭及び地域住民等の相互の連携協力について新たに規定している。ここでは，第5条のみ扱う。

第5条（義務教育）

> 第5条　国民は，その保護する子に，別に法律で定めるところにより，普通教育を受けさせる義務を負う。
> 2　義務教育として行われる普通教育は，各個人の有する能力を伸ばしつつ社会において自立的に生きる基礎を培い，また，国家及び社会の形成者として必要とされる基本的な資質を養うことを目的として行われるものとする。
> 3　国及び地方公共団体は，義務教育の機会を保障し，その水準を確保するため，

適切な役割分担及び相互の協力の下，その実施に責任を負う。
　4　国又は地方公共団体の設置する学校における義務教育については，授業料を徴収しない。

　旧法第4条に規定されていた9年の義務教育の年限について，将来の延長の可能性も考慮し，他法に委ねることとするとともに，義務教育の目的，義務教育の実施についての国と地方公共団体の責務などが新たに規定されている。

（第2項の義務教育の目的に係る解釈）
　義務教育として行われる普通教育が，
① 国民一人ひとりの能力を伸ばしつつ，外部からの助力に頼ることなく将来独立した個人として自立して生きるための基礎を培うとともに，
② 個人が，国家・社会を形成するものとして公共を担う上で必要となる基本的な資質を養うこと，
を旨として行われる事を示している。
　学校教育法において義務教育を実施する小学校，中学校など学校種ごとの目的・目標は規定されているが，義務教育段階における修得すべき教育内容については旧法において規定されていなかった。このことを踏まえ，新法においては，憲法により国民に課せられた義務教育の，実施すべき教育目的を明確にするとともにその内容を学校教育法や学習指導要領において明らかにすることとされた。「各個人の有する能力を伸ばしつつ社会において自律的に生きる基礎を培う」とは，教育を受けるものが持っているあらゆる能力を発展させ，社会において自立的に生きる個人を育成する趣旨であり，これは，第1条の教育の目的のうち，「人格の完成」に対応するものである。「国家及び社会の形成者として必要とされる基本的な資質を養う」とは，第1条の教育の目的のうち「国家及び社会の形成者として必要な資質を備えた国民の育成」に対応する。「教育の目的」と「義務教育の目的」との関係を明確にするため，義務教育の目的については，いずれも「基礎」あるいは「基本」的な部分を「養う」と，強調されている。

2．学校教育法

（1）義務教育の目標

第21条　義務教育として行われる普通教育は，教育基本法（平成18年法律第120号）第5条第2項に規定する目的を実現するため，次に掲げる目標を達成するよう行われるものとする。
1．学校内外における社会的活動を促進し，自主，自律及び協同の精神，規範意識，公正な判断力並びに公共の精神に基づき主体的に社会の形成に参画し，その発展に寄与する態度を養うこと。
2．学校内外における自然体験活動を促進し，生命及び自然を尊重する精神並びに環境の保全に寄与する態度を養うこと。
3．我が国と郷土の現状と歴史について，正しい理解に導き，伝統と文化を尊重し，それらをはぐくんできた我が国と郷土を愛する態度を養うとともに，進んで外国の文化の理解を通じて，他国を尊重し，国際社会の平和と発展に寄与する態度を養うこと。
4．家族と家庭の役割，生活に必要な衣，食，住，情報，産業その他の事項について基礎的な理解と技能を養うこと。
5．読書に親しませ，生活に必要な国語を正しく理解し，使用する基礎的な能力を養うこと。
6．生活に必要な数量的な関係を正しく理解し，処理する基礎的な能力を養うこと。
7．生活にかかわる自然現象について，観察及び実験を通じて，科学的に理解し，処理する基礎的な能力を養うこと。
8．健康，安全で幸福な生活のために必要な習慣を養うとともに，運動を通じて体力を養い，心身の調和的発達を図ること。
9．生活を明るく豊かにする音楽，美術，文芸その他の芸術について基礎的な理解と技能を養うこと。
10．職業についての基礎的な知識と技能，勤労を重んずる態度及び個性に応じて将来の進路を選択する能力を養うこと。

学校教育法は，学校種ごとに目標等が規定され，初等・中等教育関係においては，教科等の教育内容の大枠を定めるという性格があり，そのうえ，教育の理念

や基本的な枠組みを定めた教育基本法と，教科構成等や具体的な内容を定めた学習指導要領等をつなぐ役割を持っている。義務教育においては，教育基本法第5条第2項に規定されている義務教育の目的を踏まえ，義務教育の目標を学校教育法第21条各号に規定している。

　第1号については，人間としての在り方で，とくに児童生徒個人の係わりと，他者との関わりに関する事項

　第2号については，人間としての在り方で，自然との係わりに関する事項

　第3号については，人間としての在り方で，日本人としての資質及び国際社会との係わりに関する事項

　第4号については，生活における自立のために必要な資質に関するものであり，「家庭科」に相当する事項

　第5号については，「国語科」に関する必要な資質に関する事項

　第6号については，「算数」「数学」に関する必要な資質に関する事項

　第7号については，「理科」に関する必要な資質に関する事項

　第8号については，「保健体育」に関する必要な資質に関する事項

　第9号については，豊かな情操に係るものとして「芸術」に関する必要な資質に関する事項

　第10号については，自らの進路を選択する資質に関する必要な資質に関する事項

　以上10の事項により，義務教育の目的が達成できると考えている。

（2）小学校教育の目的と目標

目的（第29条）

> 第29条　小学校は，心身の発達に応じて，義務教育として行われる普通教育のうち基礎的なものを施すことを目的とする。

　義務教育として行われる普通教育のうち，基礎的なものを施すのは，小学校である。

目標（第30条）

> 第30条　小学校における教育は，前条に規定する目的を実現するために必要な程度において第21条各号に掲げる目標を達成するよう行われるものとする。
> 2　前項の場合においては，生涯にわたり学習する基盤が培われるよう，基礎的な知識及び技能を習得させるとともに，これらを活用して課題を解決するために必要な思考力，判断力，表現力その他の能力をはぐくみ，主体的に学習に取り組む態度を養うことに，特に意を用いなければならない。

第1項においては，学校教育法第21条各号によるとし，第2項においては，学校において，知・徳・体のバランスの重視に加えて，学力の3つの要素（① 基礎的な知識及び技能を習得，② これらを活用して課題を解決するために必要な思考力，判断力，表現力等，③ 主体的に学習に取り組む態度）のバランスのよい育成を明確にした。

（3）中学校教育の目的と目標

目的（第45条）

> 第45条　中学校は，小学校における教育基礎の上に，心身の発達に応じて，義務教育として行われる普通教育を施すことを目的とする。

小学校においては，義務教育として行われる普通教育のうち基礎的なものを施すことを目的とすると規定したが中学校においては，義務教育の完成段階であることを明確にして，義務教育として行われる普通教育を施すことを目的とすると規定した。

目標（第46条）

> 第46条　中学校における教育は，前条に規定する目的を実現するため，第21条各号に掲げる目標を達成するよう行われるものとする。

中学校の目的を実現するため，中学校教育において達成すべき目標を第21条各号によると規定したものである。

(4) 義務教育学校

目的（第49条の2）

> 第49条の2　義務教育学校は，心身の発達に応じて，義務教育として行われる普通教育を基礎的なものから一貫して施すことを目的とする。

目標（第49条の3）

> 第49条の3　義務教育学校における教育は，前条に規定する目的を実現するため，第21条各号に掲げる目標を達成するよう行われるものとする。

修業年限（第49条の4）

> 義務教育学校の修業年限は，9年とする。

前期課程及び後期課程の区分（第49条の5）

> 第49条の5　義務教育学校の課程は，これを前期6年の前期課程及び後期3年の後期課程に区分する。

前期課程及び後期課程の目標（第49条の6）

> 第49条の6　義務教育学校の前期課程における教育は，第49条の2に規定する目的のうち，心身の発達に応じて，義務教育として行われる普通教育のうち基礎的なものを施すことを実現するために必要な程度において第21条各号に掲げる目標を達成するよう行われるものとする。

　義務教育学校は，小学校における教育と中学校における教育を一貫して施すために設けられた学校種である。「一貫」とは，時間的に連続して行うことである。

(5) 高等学校教育の目的と目標

目的（第50条）

> 第50条　高等学校は，中学校における教育の基礎の上に，心身の発達及び進路に応じて，高度な普通教育及び専門教育を施すことを目的とする。

　高等学校教育が小学校教育などと同様に心身の発達の段階を踏まえて行われるべきことが示されている。教育上の組織形態や教育課程編成上も高等学校は小学校・中学校と異なり課程別や学科制がとられ，さらに教科・科目制がとられている。すなわち，生徒の能力・適性・興味・関心・進路希望等に応じて学校選択や高等学校内においても教科・科目の選択履修する幅が大きくなるなどの特色がある。専門教育についても高等学校段階から導入され，専門教育を主とする学科において行われる。「高度な普通教育」とは，義務教育として行われる普通教育に続いて行われる，より高いレベルの普通教育を高等学校で行われるという普通教育の程度を明確にする観点から表現している。

目標（第51条）

> 第51条　高等学校における教育は，前条に規定する目的を実現するため，次に掲げる目標を達成するよう行われるものとする。
> 1．義務教育として行われる普通教育の成果を更に発展拡充させて，豊かな人間性，創造性及び健やかな身体を養い，国家及び社会の形成者として必要な資質を養うこと。
> 2．社会において果たさなければならない使命の自覚に基づき，個性に応じて将来の進路を決定させ，一般的な教養を高め，専門的な知識，技術及び技能を習得させること。
> 3．個性の確立に努めるとともに，社会について，広く深い理解と健全な批判力を養い社会の発展に寄与する態度を養うこと。

　義務教育として行われる普通教育の発展拡充と高等学校生徒の発達段階に応じた固有の目標からなる。本条第1号にある「資質」は，社会的公民的資質に置き換えられるものである。
　本条第2号3号において，生徒一人ひとりの個性に応じて社会に役立つ人間となるための完成教育を行うものである。その為，生徒自ら個性を発見し，その個

性に応じた学習を通じて将来の進路設計を行なえるよう指導する必要があることを示している。

その他定時制課程の設置（第53条），通信制課程の設置（第54条）などの規定がある。

（6）中等教育学校
目的（第63条）

> 第63条　中等教育学校は，小学校における教育の基礎の上に，心身の発達及び進路に応じて，義務教育として行われる普通教育並びに高度な普通教育及び専門教育を一貫して施すことを目的とする。

目標（第64条）

> 第64条　中等教育学校における教育は，前条に規定する目的を実現するため，次に掲げる目標を達成するよう行われるものとする。
> 一　豊かな人間性，創造性及び健やかな身体を養い，国家及び社会の形成者として必要な資質を養うこと。
> 二　社会において果たさなければならない使命の自覚に基づき，個性に応じて将来の進路を決定させ，一般的な教養を高め，専門的な知識，技術及び技能を習得させること。
> 三　個性の確立に努めるとともに，社会について，広く深い理解と健全な批判力を養い社会の発展に寄与する態度を養うこと。

修業年限（第65条）

> 第65条　中等教育学校の修業年限は，6年とする。

前期課程及び後期課程（第66条）

> 第66条　中等教育学校の課程は，これを前期3年の前期課程及び後期3年の後期

課程に区分する。

課程の目的と目標（第67条）

> 第67条　中等教育学校の前期課程における教育は，第63条に規定する目的のうち，小学校における教育の基礎の上に，心身の発達に応じて，義務教育として行われる普通教育を施すことを実現するため，第21条各号に掲げる目標を達成するよう行われるものとする。
> 　2　中等教育学校の後期課程における教育は，第63条に規定する目的のうち，心身の発達及び進路に応じて，高度な普通教育及び専門教育を施すことを実現するため，第64条各号に掲げる目標を達成するよう行われるものとする。

　中等教育学校の前期課程の目的と目標は，中学校の目的と目標と同じであり，6年間の修業期間の中間目的・目標となる。中等教育学校の後期課程の目的・目標は，高等学校と同じであり，その目標は最終到達点となるものである。

　以上が法律に規定されている教育の目的・目標である。このように公教育の目的・目標が存在し，必要なときに，所定の手続きを経て国民自らの手により改正することができるのである。

4　自校の教育目標の設定

　法令等で定められた国レベルにおける教育の目的・目標の下に地方公共団体レベルにおける地域の教育の目的・目標が定められる。地域内の学校は，その地方教育委員会の目的・目標，学校の外部環境，学校の内部環境等を考慮しながら，学校経営方針，学校経営目標を設定するとともに，学校独自の学校教育目標を設定することになるのである。この目標こそが，教育活動の到達目標となり，また，教育課程編成の要件となるのである。

（例）京都府教育委員会の場合（京都府教育委員会HP），「京都府教育振興プラン～つながり，創る，京の知恵～」
　重点目標1　質の高い学力をはぐくむ

重点目標2　人を思いやり尊重する心など，豊かな人間性をはぐくむ
重点目標3　たくましく健やかな身体をはぐくむ
重点目標4　一人一人を大切にし，個性や能力を最大限に伸ばす
重点目標5　社会の変化に対応し，よりよい社会の構築に貢献できる力をはぐくむ
　　　　　〈京都の力を活かして一人一人の学びを支える教育環境づくり〉
重点目標6　安心・安全で充実した教育の環境を整備する
重点目標7　学校の教育力の向上を図る
重点目標8　すべての教育の出発点である家庭教育を支援する
重点目標9　地域社会の力を活かして子どもをはぐくむ環境をつくる
重点目標10　生涯学習社会の実現に向けて学習環境を充実させる

⇩

宇治市教育委員会（京都府内の市町村の1つ）の場合（宇治市教育委員会HP），
　宇治市の教育は，憲法と教育基本法に基づき，「京都府教育振興プラン～つながり，創る，京の知恵～」を踏まえ，変化の激しい時代にあって本市の歴史と伝統を次代に継承し「お茶と歴史・文化の香るふるさと宇治」を創造するため「知」「徳」「体」の調和のとれた市民の育成を目指すものである。

⇩

宇治市立宇治中学校の場合（宇治市立宇治中学校HP），
　学校教育目標等　　自ら学びたくましく心豊かな生徒を育てる
（1）**自ら学ぶ生徒**
　ア　自ら課題を見つけ，学び続ける生徒を育てる。
　イ　自ら考え，根気よく問題を解決する生徒を育てる。
　ウ　自分の考えを持ち，よりよく表現する生徒を育てる。
（2）**たくましい生徒**
　ア　よく考え，粘り強くやり抜く生徒を育てる。
　イ　社会の一員としての自覚と責任ある行動をする生徒を育てる。
　ウ　元気に活動し，自らの健康・体力を増進する生徒を育てる。
（3）**心豊かな生徒**
　ア　夢や希望を語り，実現に努力する生徒を育てる。
　イ　思いやりや感動する心をもった生徒を育てる。
　ウ　互いの良さを認め，人権を尊重する生徒を育てる。
など
　このように太字部分にあるように学校は，教育委員会等の方針等を踏まえて，目的・目

標の設定を行っている。

学習課題
1 私教育と公教育について,その実施例も挙げ,その区分について述べよ。
2 国家権力による公教育制度の変容について,具体的な例を挙げ,説明せよ。
3 我が国の公教育は,教育法制上からどのように考えられているのか。
4 学校の教育目的や目標を調べ,教育委員会等が設定している目的や目標との類似性について述べよ。

註及び参考文献
梅根悟『新装版 世界教育史』新評論社,2002年。
梅根悟監修,世界教育史研究会編『世界教育史体系2巻 日本教育史Ⅱ』講談社,1981年。
文部省編『学制百年史(記述編,資料編)』帝国地方行政学会,1972年。
教育法令研究会編集『教育法令コンメンタール1』第一法規,1988年。

第2章
学習指導要領と教育課程

1 はじめに

　21世紀は，平成17年の中央教育審議会答申（我が国の高等教育の将来像）が指摘するとおり，新しい知識・情報・技術が政治・経済・文化をはじめ社会のあらゆる領域での活動の基盤として飛躍的に重要性を増す，いわゆる「知識基盤社会」（knowledge-based society）の時代であると言われる。その特質は，知識は国境をこえグローバル化が一層進展する，知識は日進月歩深化・拡大する，競争とイノベーションが絶え間なく生れるなどである。このような知識の進展は，旧来のパラダイムの転換を伴うことが多く，幅広い知識と柔軟な思考力に基づく判断が一層重要となる。知識基盤社会化やグローバル化は，アイディアなど知識そのものや人材をめぐる国際競争を加速させ，また一方で，異なる文化や文明との共存・協力の必要性を増大させている。このような状況において，確かな学力，豊かな心，健やかな体の調和を重視する「生きる力」をはぐくむことがますます重要であるとして，「知識基盤社会」時代と言われる社会の構造変化のなかで，「生きる力」育成の理念が平成10年の学習指導要領改訂以降においても再認識されている。

　また，平成28年12月21日の中央教育審議会答申「幼稚園，小学校，中学校，高等学校及び特別支援学校の学習指導要領等の改善及び必要な方策等について」において，「グローバル化は社会の多様性をもたらし，また，急速な情報化や技術革新は人間生活に質的な変化」をもたらすとして，このような社会的変化の影響が社会のあらゆる領域に及び，子供たちの成長を支える教育の在り方も，新たな事態に直面しているとしている。

　本答申は，学習指導要領等（学習指導要領及び幼稚園教育要領，以下「学習指導要領等」という。）を以下の2点を挙げて位置づけている。

（1）「社会に開かれた教育課程」の基準

　学校教育を通じてよりよい社会を創るという目標を学校と社会とが共有し，各学校において，必要な教育内容をどのように学び，どのような資質・能力を身に付けられるかを，学校教育の中核である教育課程において明確にする。そして，**社会との連携・協働によりその実現を図っていくという「社会に開かれた教育課程」**を，目指すべき理念と位置付ける。

　「社会に開かれた教育課程」は，教職員間，学校段階間，学校と社会との間の相互連携を促す。さらに，学校種などを越えた初等中等教育全体の姿を描くことを目指すとしている。

（2）「学びの地図」

　学習指導要領等の役割は，公教育を推進する学校の教育水準の全国的な確保であるが，同時に，その学習指導要領等を踏まえた教育改善を図ることも重要なことである。

　学習指導要領等が果たすもう一つの役割は，子供たちと教職員に向けて教育内容を定めるという役割を持っているが，様々な立場から子供や学校に関わる大人が幅広く共有し活用することによって，生涯学習とのつながりを見通しながら，子供たちの多様で質の高い学びを引き出すことができるよう，**子供たちが身に付ける資質・能力や学ぶ内容など，学校教育における学習の全体像を分かりやすく見渡せる「学びの地図」**となることが期待されている。

　このように学習指導要領等は，「社会に開かれた教育課程」の基準となるものであり，「学びの地図」となるものであると位置づけたのである。

　学習指導要領等の改訂議論は，子供たちの現状と課題の分析と，子供たちが活躍する将来の見通しが出発点となる。これらについては，以下のように分析する。

子供たちの現状の分析
① 学力については，近年改善傾向（国内外の学力調査）にある。
② 子供たちの学習時間についても，増加傾向にある。
③ 「人の役に立ちたい」と考える子供の割合は増加傾向にある。
④ 選挙権年齢引き下げにより，参議院議員通常選挙における18歳の投票率は若年層の中では高い割合となり，選挙を通じて社会づくりに関わっていくこと

への関心の高さを示した。
⑤ 子供たちの9割以上が学校生活を楽しいと感じ，保護者の8割は総合的に見て学校に満足している（内閣府調査）。

子供たちの抱える課題
① 判断の根拠・理由を明確に示しながら自分の考えを述べたり，実験結果を分析して解釈・考察し説明したりすることなどについて課題がある（学力調査）。
② 学びの楽しさや意義が実感できているか，自分の判断や行動がよりよい社会づくりにつながるという意識を持てているかという点では，肯定的な回答が国際的に見て相対的に低い。
③ 学びと自分の人生・社会とのつながりを実感しながら，自己の能力を引き出し学習したことを活用して，生活や社会の中での課題解決に主体的に生かすという面から見た学力には，課題がある。
④ 読解力について
・読解力は，国際的比較においては，平均得点が高い上位グループに位置しているものの，前回調査と比較して平均得点が有意に低下している（PISA2015）。
・子供たちの読書活動についても，量的には改善傾向にあるものの，受け身の読書体験にとどまり，著者の考えや情報を読み解きながら自分の考えを形成していくという，能動的な読書になっていない。文章で表された情報を的確に理解し，自分の考えの形成に生かしていけるようにすることは喫緊の課題である。
　特に，小学校低学年における学力差はその後の学力差に大きく影響すると言われ，語彙の量と質の違いが学力差に大きく影響しているとの指摘もあり，言語能力の育成は前回改訂に引き続き課題となる。
⑤ 豊かな心や人間性の育成について
　学級等を単位とした集団の中で体系的・継続的な活動を行うことのできる学校の場を生かして，地域・家庭と連携・協働しつつ，体験活動の機会を確保していくことが課題となっている。
⑥ 道徳教育について
　多様な人々と互いを尊重し合いながら協働し，社会を形作っていく上で共通に求められるルールやマナーを学び，規範意識などを育むとともに，人としてよりよく生きる上で大切なものとは何か，自分はどのように生きるべきかなどについて考えを深め，自らの生き方を育んでいくことなどである。
⑦ 体力について

運動する子供とそうでない子供の二極化傾向が見られること，スポーツに関する科学的知見を踏まえて，「する」のみならず，「みる，支える，知る」といった多様な視点からスポーツとの関わりを考えることができるようにする。
⑧ 子供の健康について
　食を取り巻く社会環境の変化により，栄養摂取の偏りや朝食欠食といった食習慣の乱れ等に起因する肥満や生活習慣病，食物アレルギー等の健康課題がある。
　さらに，様々な自然災害の発生や，情報化やグローバル化等の社会の変化に伴い，子供を取り巻く安全に関する環境も変化している。こうした課題を乗り越えるためには，必要な情報を自ら収集し，適切な意思決定や行動選択を行うことができる力を育むことが課題となる。
⑨ 子供の成長を支え可能性を伸ばす視点
　子供の発達や学習を取り巻く個別の教育的ニーズを把握し，可能性を伸ばしていくことも課題となる。
⑩ 子供の貧困への対応
　家庭の経済事情により，進学率や学力，子供の体験の豊かさなどに大きな影響を及ぼしている。学校教育が個々の家庭の経済事情を乗り越えて，子供たちに必要な力を育んでいくために有効な取組を展開していくこと，個に応じた指導や学び直しの充実等を通じ，一人ひとりの学習課題に応じて，初等中等教育を通じて育むべき力を確実に身に付けられることが期待される。
⑪ 特別支援教育について
　特別支援教育の対象となる子供たちは増加傾向にあり，通常の学級において，知的発達に遅れはないものの学習面又は行動面での著しい困難を示す児童生徒が５％程度在籍している。全ての学校や学級に，発達障害を含めた障害のある子供たちが在籍する可能性があり，個々の子供の障害状況や発達段階に応じて，その力を伸ばしていくことが課題となる。
⑫ 外国籍等の子供への対応
　外国籍の子供や，両親のいずれかが外国籍であるなどの，外国につながる子供たちも増加傾向にあり，その母語や日本語の能力も多様化している状況にある。こうした子供たちが，日本語の能力に応じた支援を受け，学習や生活の基盤を作っていけるようにすることも課題である。
⑬ 義務教育未修了の学齢超過者等への対応
　不登校児童生徒数が依然として高水準で推移していることや，義務教育未修了の学齢超過者等の就学機会が限られていることなどの課題がある。加えて，子供

たちが自分のキャリア形成の見通しの中で，個性や能力を生かして学びを深め将来の活躍につなげることができるよう，興味や関心に応じた多様な学習機会につなげることも期待される。

子供たちが活躍する将来の見通し
① 新しい学習指導要領等は，学校教育の将来像を描くため，2030年頃の社会の在り方を見据えながら，その先も見通した姿を考える。
② 21世紀の社会は知識基盤社会であり，新しい知識・情報・技術が，社会のあらゆる領域において活動の基盤として飛躍的に重要性を増し，近年，その変化速度が加速度的となり，情報化やグローバル化といった社会的変化が，人間の予測を超えて進展するようになった。
③ 最近では，第4次産業革命ともいわれる，進化した人工知能が様々な判断を行ったり，身近な物の働きがインターネット経由で最適化されたりする時代の到来が，社会や生活を大きく変えていくと推測される。"人工知能の急速な進化が，人間の職業を奪うのではないか""今学校で教えていることは時代が変化したら通用しなくなるのではないか"といったことを裏付けるような未来予測もある。
④ 経済や文化など社会のあらゆる分野でのつながりが国境や地域を越えて活性化し，多様な人々や地域同士のつながりはますます緊密さを増してきている。こうしたグローバル化が進展する社会の中では，多様な主体が速いスピードで相互に影響し合い，一つの出来事が広範囲かつ複雑に伝播し，先を見通すことがますます難しくなっている。
⑤ このように，社会の変化は加速度を増し，複雑で予測困難となってきており，しかもそうした変化が，どのような職業や人生を選択するかにかかわらず，全ての子供たちの生き方に影響する。
⑥ このような時代だからこそ，子供たちは，変化を前向きに受け止め，社会や人生，生活を，人間ならではの感性を働かせてより豊かなものにしたり，現在では思いもつかない新しい未来の姿を構想し実現したりしていくことができる。
⑦ 人間は，多様な文脈が複雑に入り交じった環境の中でも，場面や状況を理解して自ら目的を設定し，その目的に応じて必要な情報を見いだし，情報を基に深く理解して自分の考えをまとめたり，相手にふさわしい表現を工夫したり，答えのない課題に対して，多様な他者と協働しながら目的に応じた納得

解を見いだしたりすることができるという強みを持っている。
⑧ この必要な力は，人間の学習である。解き方があらかじめ定まった問題を効率的に解いたり，定められた手続を効率的にこなしたりすることにとどまらず，直面する様々な変化を柔軟に受け止め，感性を豊かに働かせながら，どのような未来を創っていくのか，どのように社会や人生をよりよいものにしていくのかを考え，主体的に学び続けて自ら能力を引き出し，自分なりに試行錯誤したり，多様な他者と協働したりして，新たな価値を生み出していくために必要な力を身に付け，主体的に向き合って関わり合い，その過程を通して，自らの可能性を発揮し，よりよい社会と幸福な人生の創り手となっていけるようにすることが重要である。

学習指導要領等の改善の方向性

（1）学習指導要領等の枠組みの見直し
（「学びの地図」としての枠組みづくりと，各学校における創意工夫の活性化）
・新しい学習指導要領等に向けての，以下の6点に沿った枠組み
① 「何ができるようになるか」（育成を目指す資質・能力）
② 「何を学ぶか」（教科等を学ぶ意義と，教科等間・学校段階間のつながりを踏まえた教育課程の編成）
③ 「どのように学ぶか」（各教科等の指導計画の作成と実施，学習・指導の改善・充実）
④ 「子供一人一人の発達をどのように支援するか」（子供の発達を踏まえた指導）
⑤ 「何が身に付いたか」（学習評価の充実）
⑥ 「実施するために何が必要か」（学習指導要領等の理念を実現するために必要な方策）

（2）教育課程を軸に学校教育の改善・充実の好循環を生み出す「カリキュラム・マネジメント」の実現
「カリキュラム・マネジメント」の三つの側面
① 各教科等の教育内容を相互の関係で捉え，学校教育目標を踏まえた教科等横断的な視点で，その目標の達成に必要な教育の内容を組織的に配列していくこと。
② 教育内容の質の向上に向けて，子供たちの姿や地域の現状等に関する調査や各種データ等に基づき，教育課程を編成し，実施し，評価して改善を図る一

連のPDCAサイクルを確立すること。
③ 教育内容と，教育活動に必要な人的・物的資源等を，地域等の外部の資源も含めて活用しながら効果的に組み合わせること。

(3)「主体的・対話的で深い学び」の実現(「アクティブ・ラーニング」の視点)
・学習内容を人生や社会の在り方と結びつけて深く理解し，これからの時代に求められる資質・能力を身に付け，生涯にわたって能動的に学び続けることができるよう「主体的・対話的で深い学び」の実現に向けて，授業改善に向けた取組を活性化する。
・学習の内容と方法の両方を重視し，子供の学びの過程を質的に高めていくことである。単元や題材のまとまりの中で，子供たちが「何ができるようになるか」を明確にしながら，「何を学ぶか」という学習内容と，「どのように学ぶか」という学びの過程を組み立てる。

平成26年11月に文部科学大臣から「初等中等教育における教育課程の基準等の在り方について」諮問が中央教育審議会に行われ，教育実践や学術研究等の蓄積を生かしながら議論が重ねられ，中央教育審議会教育課程企画特別部会において，改訂の基本的な考え方が平成27年8月に「論点整理」としてまとめられた。この「論点整理」を踏まえ，各学校段階等や教科等別に設置された専門部会において，学びや知識の本質や，教科等を学ぶ本質的な意義に立ち返り，深く議論を重ねられた。また，並行して「論点整理」の内容を幅広く広報し，教育関係者等間の議論も促された。その成果が，平成28年8月に教育課程部会が取りまとめられた「次期学習指導要領等に向けたこれまでの審議のまとめ」である。これを踏まえて，平成28年12月21日に「幼稚園，小学校，中学校，高等学校及び特別支援学校の学習指導要領等の改善及び必要な方策等について（答申）」を示した。

ここでは，これらを踏まえ，学習指導要領の「前文」，第1章「総則」の「教育課程編成の一般方針」を中心として，学習指導要領の基本事項・構成，教育課程の意義等について取り扱う。

2　学習指導要領の意義

学校教育法に基づく学校教育法施行規則の委任により文部科学大臣が告示する

もので，各学校における教育課程編成及び実施に当たって基準となるものである。

3 学習指導要領の種類と構成

1．種　類

　小学校，中学校，高等学校，特別支援学校小学部・中学部，特別支援学校高等部の5種類がある。幼稚園については，幼稚園教育要領及び特別支援学校幼稚園部教育要領の2種類がある。

2．構　成

　「前文」「総則」「各教科（高等学校の場合，各学科に共通する各教科と主として専門学科において開設される各教科の2章立て）」，「特別の教科　道徳（除高等学校）」，「外国語活動（除中学校・高等学校）」，「総合的な学習の時間（高等学校の場合，「総合的な探究の時間」）」，「特別活動」の6章（中学校・高等学校5章）からなる。特別支援学校小学部・中学部学習指導要領及び特別支援学校高等部学習指導要領については，「前文」「総則」，「各教科」，「特別の教科　道徳（高等部については，知的障害者である生徒に対する教育を行う場合のみ）」，「外国語活動（除高等部）」，「総合的な学習の時間（高等部の場合，「総合的な探究の時間」）」，「特別活動」，「自立活動」の7章（高等部6章）からなる。
〔改善点〕
① 「外国語科（小学校）」が新設される。
② 「道徳の時間」が「特別の教科　道徳」に変更される。
③ 「前文」が追加される。
④ 「総則」の基本フレームの変更

　（1）「前文」
　はじめに目次を示し，以下の3点を明示した。
① 教育基本法に規定する教育の目的や目標の明記と，これからの学校に求められること
　　学校教育の「不易」としての教育基本法第1条「教育の目的」と教育基本法第2条「教育の目標」を明記する。そして，これからの学校は，急速な社会の変化の中で，自己肯定感を育むなど，持続可能な社会の創り手となることが求められ

ると明記している。
② 「社会に開かれた教育課程」の実現を目指すこと
　教育課程を通して，これからの時代に求められる教育を実現していくためには，「社会に開かれた教育課程」の実現が重要となるとし，改めて，「社会に開かれた教育課程」実現の重要性を強調した。
③ 学習指導要領を踏まえた創意工夫による教育活動の充実
　学習指導要領は，公の性質を有する学校における教育水準の全国的確保を目的に，教育課程の大綱的基準を定めたものである。各学校は，学習指導要領を踏まえ，その特色や積年の教育実践や学術研究を生かしながら，児童や地域の現状や課題を捉え，家庭や地域社会と協力して，創意工夫を重ね教育活動の更なる充実を図っていく重要性を示している。

(2) 第1章「総則」の項目
　学校教育法施行規則の規定を補足ないしは具体化すると同時に，第2章以下の各教科等に共通する事項，各教科等の枠を超えた事項について定めたものである。

平成29年度告示「学習指導要領　総則」の基本フレームの変更

① 　小学校・中学校の場合（平成20年度告示）

> 第1　教育課程編成の一般方針
> 第2　内容等の取扱いに関する共通的事項
> 第3　授業時数等の取扱い
> 第4　指導計画の作成等に当たって配慮すべき事項

小学校（中学校）の場合（平成29年度告示）

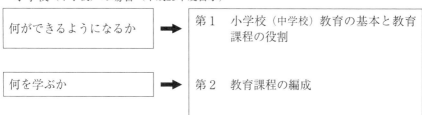

| 何ができるようになるか | → | 第1　小学校（中学校）教育の基本と教育課程の役割 |
| 何を学ぶか | → | 第2　教育課程の編成 |

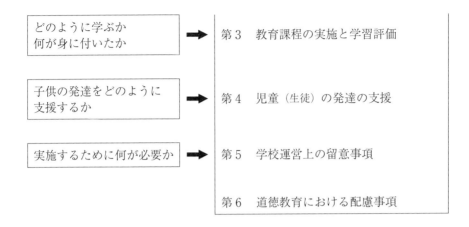

どのように学ぶか 何が身に付いたか	→	第3　教育課程の実施と学習評価
子供の発達をどのように支援するか	→	第4　児童（生徒）の発達の支援
実施するために何が必要か	→	第5　学校運営上の留意事項
		第6　道徳教育における配慮事項

平成30年度告示「学習指導要領　総則」の基本フレームの変更

②　高等学校の場合（平成21年告示）

> 第1款　教育課程の一般方針
> 第2款　各教科・科目及び単位数等
> 第3款　各教科・科目の履修等
> 第4款　各教科・科目，特別活動及び総合的な学習の時間の授業時数等
> 第5款　教育課程の編成・実施に当たって配慮すべき事項
> 第6款　単位の修得及び卒業の認定
> 第7款　通信制の家庭における教育課程の特例

高等学校の場合（平成30年度告示）

何ができるようになるか	→	第1款　高等学校教育の教育の基本と教育課程の役割
何を学ぶか	→	第2款　教育課程の編成

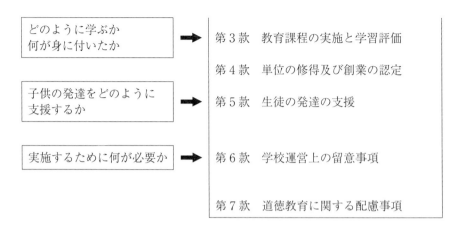

(3) 総則「第1（高等学校の場合　第1款）　小学校（中学校，高等学校）教育の基本と教育課程の役割」の構成

小学校・中学校（平成29年度告示）の場合

>   1　教育課程編成の原則
>   2　資質・能力の育成を目指す「主体的・対話的で深い学び」の実現と創意工夫
>   　（1）学習基盤の充実等
>   　（2）道徳教育
>   　（3）体育・保健に関する指導
>   3　資質能力の再整理と偏りのない実現
>   4　カリキュラム・マネジメントの充実

高等学校（平成30年告示）の場合

>   1　教育課程編成の原則
>   2　資質・能力の育成を目指す「主体的・対話的で深い学び」の実現と創意工夫
>   　（1）学習基盤の充実等
>   　（2）道徳教育
>   　（3）体育・保健に関する指導
>   3　資質能力の再整理と偏りのない実現
>   4　体験的な学習の指導

> 5　カリキュラム・マネジメントの充実

4　作成の手順

1. 文部科学大臣は，中央教育審議会 初等中等教育分科会 教育課程部会に対して，教育課程の基準の改善について諮問
2. 同審議会答申
3. 学校教育法施行規則中の，学校種類ごとに教育課程の編成領域，教科の種類，それぞれの授業時数等の規定を改正
4. 規定にしたがって，学習指導要領の原案を作成（文部科学省組織令によって，初等中等教育局とスポーツ・青少年局が担当する。それぞれの関係各課において，学校種類毎に各教科・道徳・特別活動等の別の学習指導要領作成協力者会議を組織し，そこで原案を作成する。この協力者会議は，当該教科等の専門的研究者，担当教師，指導主事，学識経験者等で構成される。なお，文部科学省においては，当該教科等の担当の審議官，視学官，教科調査官，専門職員等が中心になって，この作成事務に当たる。）
5. 文部科学省の省議
6. 文部科学大臣が決定
7. 文部科学省告示として官報に掲載し公示

5　法的拘束性

　学習指導要領の法形式は，文部科学省告示である。告示とは，公の機関が，決定した事項その他一定の事項を公式に広く一般に知らせるための，いわば公示を必要とする行政措置の公示形式であり，一般的には法規命令の性格を持たないと解されている。
　しかし，学習指導要領は，（小学校の場合）学校教育法第33条の規定に基づく同法施行規則第52条の委任によって制定された告示であるので，法律を補充するものとして法規命令の性格を持っている。

学校教育法
　第33条　小学校の教育課程に関する事項は，第29条及び第30条の規定に従い，文部科学大臣が，これを定める。

> 学校教育法施行規則（教育課程の基準）
> 第52条　小学校の教育課程については，この節に定めるもののほか，教育課程の基準として文部科学大臣が別に公示する小学校学習指導要領によるものとする。

中学校…（教育課程）学校教育法第48条，（教育課程の基準）学校教育法施行規則第74条

高校…（教育課程）学校教育法第52条，（教育課程の基準）学校教育法施行規則第84条

特別支援学校…（教育課程）学校教育法第77条，（教育課程の基準）学校教育法施行規則第129条

教育課程の編成…学校教育法施行規則　（小）第50条，（中）第72条，（高）第83条，（特別支援）第126条

授業時数…学校教育法施行規則（小）第51条，（中）第73条

　したがって，学習指導要領は，法規命令としての法的性格を持ち，法的拘束性がある。

　昭和22年及び昭和26年の学習指導要領は，告示という形式をとらず，文部省が著作権を有する図書として出版されたが，学校教育法施行において，昭和22年当時「小学校の教科課程，教科内容及びその取扱については，学習指導要領の基準による」，昭和26年当時「小学校の教育課程については，学習指導要領の基準による」という法令上の規定があり，昭和33年以降の法的拘束性を持つのと同様の法的性格があったとも考えられる。

　学習指導要領の法的適法性については，昭和36年10月26日の旭川市立永山中学校において，北教組（北海道教職員組合）の組合員，労働組合員等7名が，全国中学校一斉学力調査の実施を阻止しようとして，校舎内に立ち入り，学力調査を実施しようとした校長に暴行を加えたことが，公務執行妨害罪等に問われた事件の最高裁判決（永山中学校事件,昭和51．5．21）においてその見解を見ることができる。この裁判では，文部省及び教育委員会の今後の教育政策を行う上での資料とすることを主たる目的として，文部省が企画・立案し，地方教育委員会に実施を行うことを要求した全国一斉の学力調査の違法性が争われた。

（判例）永山中学校事件（昭和51．5．21最高裁判決）

「一般に社会公共的な問題について国民全体の意思を組織的に決定，実現すべき立場にある国は，国政の一部として広く適切な教育政策を樹立，実施すべく，また，しうる者として，憲法上は，あるいは子ども自身の利益の擁護のため，あるいは子どもの成長に対する社会公共の利益と関心にこたえるため，必要かつ相当と認められる範囲において，教育内容についてもこれを決定する権能を有するものと解さざるをえず，これを否定すべき理由ないし根拠は，どこにもみいだせないのである。……

　さきにも述べたように，憲法上，国は適切な教育政策を樹立，実施する権能を有し，国会は，国の立法機関として，教育の内容及び方法についても，法律により，直接に又は行政機関に授権して必要かつ合理的な規制を施す権限を有するのみならず，子どもの利益のため又は子どもの成長に対する社会公共のためにそのような規制を施すことが要請される場合もありうるのであり，……」（下線は筆者による）

　このように，見解を示し，学力調査の目的，方法に違法性がないこと，及び学力調査の実施について，文部大臣が地方教育委員会に対して要求する権限は法令上認められていないが，このような調査自体は，地方教育委員会の権限であるとして，手続き上の違法性はないとした。そして，この学力調査作成の基準となった学習指導要領については，次に述べるように，「**必要かつ合理的な基準**」の設定として，適法としたのである。

「国の教育行政機関が法律の授権に基づいて，義務教育に属する普通教育の内容及び方法について遵守すべき基準を設定する場合には，……右教育における機会均等等の確保と全国的な一定の水準の維持という目的のために必要かつ合理的と認められる大綱的なそれにどめられるべきものと解しなければならないけれども，……

　文部大臣は，……普通教育に属する中学校における教育の内容及び方法につき，上述のような教育の機会均等の確保等の目的のために必要かつ合理的な基準を設定することができるものと解すべきところ，本件当時の中学校学習指導要領の内容を通覧するに，おおむね，中学校において地域差，学校差を超えて全国的に共通なものとして教授されることが必要な基準と考えても必ずしも不合理とはいえない事項が，その根幹をなしていると認められるのであり，……それ故，上記指導要領は，全体としてみた場合，教育政策上の当否はともかくとして，少なくとも法的見地からは，上記目的のために必要かつ合理的な基準の設定として是認することができるものと解するのが相当である。」（下線は筆者による）

　また，高等学校の場合，3人の教師が，授業における教科書の不使用，指導内容の学習指導要領違反，期末評価における一律60点評価，課題研究と称する指導

懈怠等が懲戒免職処分を受けたのを不服として行政処分取消し請求訴訟を起こしたもので,「学問の自由」「教基法10条の不当な支配」「学習指導要領の風的拘束性」「教科書の使用義務等」が争点となったいわゆる「伝習館高校事件」における平成2年1月18日の,最高裁判決においても,永山中学校事件最高裁判決を援用し,学習指導要領が法規としての性質を有するとして,実質的理由について次のように述べている。

　「高等学校においても,教師が依然生徒に対して相当の影響力,支配力を有しており,生徒の側には,未だ教師の教育内容を批判する十分な能力は備わっておらず,教師を選択する余地も大きくないのである。これらの点からして,国が,教育の一定水準を維持しつつ,高等学校教育の目的達成に資するために,高等学校教育の内容及び方法について遵守すべき基準を定立する必要があり,特に法規によってこのような基準が定立されている事項については,教育の具体的内容及び方法につき高等学校の教師に認められるべき裁量にも自ずから制約が存するのである。」

6　基準性と大綱的基準

（1）1958（昭和33）年改訂

　従前のように一般編と各教科編を改め,学校種類ごとの現行のような体裁とし,教育課程の基準としてふさわしいものにしようとしていた。内容の程度や範囲は,最低基準という考え方があった。文部省は,授業時数が基準時数より不足した場合,不足分を補充しなければならないことを強調したり,指導内容は最低基準を厳守するよう強く指導することがあり,学習指導要領があたかも,学校教育の細部にわたる事項まで規制するかのような印象を一部の人々に持たれたり,又,当時実施された「一斉学力調査」とも相まって,学校に拘束感を持たせることになった。文部省も,教育の本来の性格に鑑みて弾力的なものであることを説くが十分理解されず,学習指導要領が学校の創造性の発揮に大きな障壁となる嫌いがあった。

（2）1968（昭和43）年改訂

　最低基準ではなく,標準という性格にする。つまり最低の一線ではなく,上下や深浅の幅のある基準とし,具体的に弾力的運用の出来る配慮や創意工夫を加える必要性などを記述するようにする。

(3) 1977（昭和52）年改訂

各学校が創意を生かし，それぞれの地域や児童・生徒の実態に即して適切に教育課程を編成・実施するよう一層の弾力化が図られ，文字通り全国的観点に立った大綱的基準となる。

7 教育課程の意義

1．教育課程の定義

> 学校において編成する教育課程とは，学校教育の目的や目標を達成するために，教育の内容を児童生徒の心身の発達に応じ，授業時数との関連において総合的に組織した学校の教育計画である。（文部科学省・学習指導要領解説書）

この定義では，「学校教育の**目的・目標**」を達成するために，「児童生徒の**心身発達**」と「**授業時数**」との関連を考慮して，「**教育内容**」を「**総合的**」に「**組織**」した「**学校の教育計画**」であるとしているとしている点が重要である。

2．教育課程の沿革

「教育課程」の用語は，英語のカリキュラム（curriculum）の日本語訳として用いられたものである。昭和24年に中学校に関する学習指導要領一般編の一部改訂が行われた際の文部省学校教育局長通達「新制中学校の教科と時間数の改正について」においてである。

昭和24年5月，文部省設置法が制定され，そのときの文部省所掌事務として「次のような方法によつて，学校管理，教育課程，学習指導法，生徒指導その他初等中等教育のあらゆる面について，教育職員その他の関係者に対し，専門的，技術的な指導と助言を与えること。…」という文章が見られる。この法律により教育課程審議会が設けられるようになった。

昭和25年10月，文部省令学校教育法施行規則の一部改正の際，それまでの「教科課程，教科内容及びその取扱」が「教育課程」に改められた。

戦前の教育法令には，「教育課程」の用語はなく，「課程」，「学科及其程度」，「教科目」等の用語が用いられていた。

昭和16年，国民学校令施行規則において，教科以外の行事，団体訓練等が「課

程」の内容に含まれ，今日の「教育課程」と同じような意味で「課程」という用語が用いられている。

　昭和22年の学校教育法施行規則では，「教科課程」という用語であったが，この中には，今日でいう教科の他，「自由研究」が含まれていた。

　昭和25年の学校教育法施行規則の改正において初めて「教育課程」の用語が法令上に登場する。

　昭和26年の学習指導要領一般編においては，「教育課程」に関する説明が随所においてなされ，教科のみでなく児童生徒が学校の指導の下に行う教育活動の全体計画を意味することを明らかにしている。

3．教育課程の内部要素

　教育課程編成の基本的要素として，「教育目標の設定」，「指導内容の組織」，「授業時間の配当」がある。

（1）「教育目標の設定」

　学校教育の目的・目標は教育基本法及び学校教育法に示されている。まず，教育基本法においては，教育の目的（第1条）及び目標（第2条）が定められているとともに，義務教育の目的（第5条第2項）や学校教育の基本的役割（第6条第2項）が定められている。

　これらの規定を踏まえ，学校教育法においては，義務教育の目標，小学校・中学校・高等学校等の目的及び目標に関する規定がそれぞれ置かれている。したがって，各学校において学校の教育目標を設定するに当たっては，法律で定められている教育の目的・目標などを基盤としながら，地域等の外部環境，学校の実態などの内部環境等に即した教育目標を設定することになる。また，教科等においては，教科等の「見方・考え方」を働かせながら，該当教科等に必要な資質能力を到達目標として掲げている。

（2）「指導内容の組織」

　学校における具体的な指導内容については，学校教育の目的・目標に係る教育基本法や学校教育法の規定を踏まえ，学校教育法施行規則及び学習指導要領に各教科等の種類やそれぞれの目標及び指導内容等についての基準を示している。例えば，小学校の場合，学校教育法施行規則においては，教育課程は，国語，社会，算数，理科，生活，音楽，図画工作，家庭，体育，外国語の各教科，特別の教科

道徳，外国語活動，総合的な学習の時間並びに特別活動によって編成するとなっている。また，学習指導要領においては，各教科等の指導内容を学年段階に即して示している。

　各学校においては，これらの基準に従うとともに地域や学校の実態及び児童生徒の心身の発達の段階と特性を考慮して指導内容を組織する。このことを「組織原理」という。

　この「組織原理」には，「分化・統合の原理」と「配列・系列化原理」がある。

「分化・統合の原理」

　一般的には，教育内容は，人間の諸活動から獲得され，産出された知識の全領域を考察し，次に知識の種類を明確にし，その種類を体系的に組織化する，つまり知識のカテゴリー化を図ることが，知識を「分化」し整理することである。この分化により構成されたものが「教科」である。知識のカテゴリーに依拠していない領域を分化することは，学習のコース設定に繋がり，教育目標を達成するためには分化された領域間やコース間の「相互関係」，「統合性」あるいは「融合性」なども考慮する必要がある。内容領域の設定は，知識の分化と統合によって知識の有機的な全体性を図らなければならない。具体的に言えば，「教科カリキュラム」「経験カリキュラム」のような問題，及び「道徳の時間」「総合的な学習の時間」のように全教育活動を通じて行うような問題などであり，このような問題は，「分化・統合の原理」によって，設定されなくてはならない。

「配列・系列化の原理」

　論理的接続，問題解決過程，発達段階の場合がある。

　論理的接続の場合，初歩的で単純な知識の項目から次第に抽象的で複雑な知識項目へと導くように配列をする。いわば，知識の階層的展開による配列ということである。その際に知識の一つの項目から論理的に関係づけられ，次から次へと「接続」し，知識の獲得を拡大しようというものである。論理による内容の系列化である。

　問題解決過程の場合，学習者が自らの必要性により，問題を解決する過程により内容を系列化する。学習者の興味・関心に基づく問題解決の過程による学習の系列化である。

　発達段階の場合，幼児期，少年期や年齢などにによるそれぞれの発達段階にお

ける内容の配列である。普段の学校でよく見ることができる教育内容の配列ではあるが，この場合，論理関連性の接続ではなく，「非接続的継続」あるいは，「螺旋状の継続」の系列化ということになる。この場合でも，継続性や発展性を考慮する必要がある。また，認識の道筋に沿って順次的に内容を配列する「系統性」や，教育目標と関連づけられた課題との「一貫性」についても考慮する必要がある。

(3)「授業時数」

「授業時数」は，学校教育法施行規則に各教科等の標準授業時数を定めており，学校はそれを踏まえ授業時数を定めることになる。

以上の3要素以外に「履修原理」，「教材・教具」，「指導形態」及び「指導方法・指導技術」がある。

「履修原理」

教育課程を履修したとする判断には，「課程主義（修得主義）」と「年齢（年数）主義（履修主義）」の2つの原理がある。

「課程主義（修得主義）」は，教育課程の一定の修得をもって，一定の達成水準に達したとして修了とみなすものである。

「年齢（年数）主義（履修主義）」は，教育課程の修得如何に拘わらず，一定の年齢に達するか，一定の期間就学すれば，修了とみなすものである。

日本の義務教育は，「年齢（年数）主義（履修主義）」であるが，高等学校の場合，「課程主義（修得主義）」に，「年齢（年数）主義（履修主義）」を加味している。大学については，「課程主義（修得主義）」をとっている。

「教材・教具」

これは，どういう教材で教えるかという問題であり，教材の量・質・開発の問題である。我が国は，文部省検定を経た主たる教材が教科書である。

「指導形態」

言語的形態（教師により説明，問答，書物学習など），直感的形態（展示観察など），実践的形態（実験など）や，学習集団として，個別学習，小集団学習，一斉学習などであり，教育方法なども異なる。

「指導方法・指導技術」
　多種多様の方法・技術があり，学習効果を高める重要な要素である。

　以上のように教育課程の内部要素等を考慮に入れ教育課程を要約すると次のようになる。

（小学校の教育課程）　学校において編成される教育課程は，教育基本法や学校教育法をはじめとする教育課程に関する法令に従い，各教科，道徳，外国語活動，総合的な学習の時間及び特別活動についてそれらの目標やねらいを実現するよう教育の内容を学年に応じ，授業時数との関連において総合的に組織した各学校の教育計画である。

（中学校の教育課程）　学校において編成する教育課程は，教育基本法や学校教育法をはじめとする教育課程に関する法令に従い，各教科，道徳，総合的な学習の時間及び特別活動についてそれらの目標やねらいを実現するよう教育の内容を学年に応じ，授業時数との関連において総合的に組織した各学校の教育計画である。

（高等学校の教育課程）学校において編成される教育課程は，教育課程に関する法令に従い，各教科・科目，特別活動および総合的な学習の時間についてそれらの目標やねらいを達成するように教育の内容を課程（全日制，定時制及び通信制課程，並びに教育課程の区分を設ける学年制及び区分を設けない単位制課程）や学科（普通科，総合学科，専門学科（農業科，工業科等））の特色等に応じ，授業時数や単位数との関連において総合的に組織した各学校 の教育計画である。

学習課題

1　学習指導要領「総則」の「小学校（中学校・高等学校）教育の基本と教育課程の役割」において，2008（平成20）年改訂に比べ，特に強調している事項について，その背景，意義，課題について考察せよ。
2　学習指導要領の法的拘束性について考察せよ。

註及び参考文献

安彦忠彦『教育課程編成論』放送大学教育振興会，2006年。
石村卓也『教育課程』昭和堂，2009年。

稲葉宏雄編『教育課程』協同出版，1992年。
学校教務研究会編集『判例　教務提要』ぎょうせい，1979年。
田中耕治・水原克敏・三石初雄・西岡加名恵『新しい時代の教育課程』有斐閣，2005年。
日本教育方法学会編『現代教育方法事典』図書文化社，2004年。
文部科学省「小学校学習指導要領」。
文部科学省「中学校学習指導要領」。
文部科学省「高等学校学習指導要領」。
文部科学省「小学校学習指導要領解説書」。
文部科学省「中学校学習指導要領解説書」。
文部科学省「高等学校学習指導要領解説書」。
文部科学省「幼稚園，小学校，中学校，高等学校及び特別支援学校の学習指導要領等の改善及び必要な方策等について（答申）」（中教審第197号），2016年12月21日。
文部省地方課法令研究会編著『新学校管理読本』第一法規，1985年。

第3章
戦後の教育課程改革
── 学習指導要領の変遷 ──

1 はじめに

　戦後の我が国の教育改革は，1945（昭和20）年8月，連合国軍最高司令官総司令部（GHQ：General Headquarters，以下総司令部と表す）の占領下に置かれることになり，教育文化などを担当する民間情報教育局（CIE：Civil Information and Education Section）が総司令部の特別参謀部の一つとして設立され，旧体制の精算を目標に掲げ，開始された。それは，四大指令と称するもので，総司令部により，同年12月31日まで，矢継ぎ早に，「日本教育制度ニ関スル管理政策」，「教員及教育関係官ニ調査，除外，認可ニ関スル件」，「国家神道，神社神道ニ対スル政府ノ保障，支援，保全，監督並ニ弘布ノ廃止ニ関スル件」，「修身，日本歴史及ビ地理停止ニ関スル件」が相次いで出された。さらに1946（昭和21）年1月，総司令部は，アメリカ陸軍省に対して，教育使節団の派遣を要請した。同年3月上旬，27名の米国教育使節団が来日し，日本側教育家委員会等とも協議して，3月30日に報告書を提出し，4月7日に，その全文が公表された。

　その序論に来日の目的を，「……我々は，征服者の精神をもって来朝したのではなく，全ての人間には，自由を求め更に個人的並びに社会的発展を求める測り知れない力が潜んでいることを確信する教育経験者として，来朝したのである。」とし，「我々の最大の希望は子どもにある。事実彼らは将来という重荷を担っているのであるから，重い過去の遺産に押しつぶされてはならないのである。そこで我々は，誤った教授をやめるだけでなく，子どもたちの心情を硬化させることなくその心を啓発するように，教師や学校やの準備をして，できる限り公平に機会を与えてやりたいと思っている。」と述べている。その「第一章　日本の教育の目的及び内容」において，「日本の教育制度は，その組織とカリキュラムの規定とにおいて，たとえ過激な国家主義，軍国主義がこの中に注入されなかったと

しても，近代の教育理論に従って，当然改正されるべきであろう。その制度は，大衆と少数の特権階級とに対して別々な型の教育を用意して，高度に中央集権化された19世紀の型に基づいたものであった。それは，教授の各水準において，吸収されるべき一定量の知識があるものと断定し，生徒の能力や関心の相違を無視する傾があった。その制度は，規定，教科書，試験，視察等によって，教師が職業上の自由を活用する機会を少なくした。どの程度に標準化並びに画一が確保されたかと言うことが，能率の尺度であった。」と戦前の硬直した学校教育制度を手厳しく批判したのであった。この米国教育使節団報告書がいわば，戦後の教育課程改革の出発点となるのである。

この章においては，教育課程の編成・実施の基準となる学習指導要領の変遷を中心に展開を図るものである。

2 戦後の教育課程改革

米国教育使節団の報告書は，戦前教育の超国家主義とともに中央集権的で画一的な教育課程編成を厳しく批判し，かわって，「生徒が出発点でなければならない」とアメリカのパーカー（Francis Wayland Parker, 1837-1902）やデューイ（John Dewey, 1859-1952）の学派の支持の下，教師，教科書中心の伝統的教育を批判し，児童中心，経験重視を標榜した「進歩主義」教育思想に基づく教育課程編成論を提示しているが，そのことがその後文部省の出した「新教育指針（1946）」に生かされている。その中に，「児童の生活活動に重点を置く教育においては，児童の生活に即して教材も選択せられ，取り扱い方も工夫せられなければならない。それは児童の生活とかけ離れた教材や取り扱い方では，児童の生活活動を活発ならしめることが出来ないからである（新教育方針第2部　新教育の方法「第3章　教材の取扱い」）」と児童中心主義教育を唱えている。これは，「学習指導要領（試案，1947）」にも忠実に受け止められた。

ところで，学習指導要領は戦後の6・3・3制新学校体系発足と同時に我が国の教育界に登場し，その後，ほぼ10年ごとに8回にわたって全面的な改定が行われた。

1．1947（昭和22）年

「学習指導要領一般編（試案）」及び「学習指導要領教科編（試案）」（文部省）
米国教育使節団の報告書の勧告を基に，CIEが文部省に対して指示しその許可

の下，アメリカのコース・オブ・スタデイ（course of study：小学校はバージニア州のもの，中学校はミズリー州のもの）を範として試案が作成された。戦前の「学校令」や「教則」を基にしたものから大きく転換し，「学習指導」を強調した学習指導要領として「学習」を前面に出すことにより，児童中心主義を強調するとともに，学校教育法施行規則25条に基づく**教育課程の基準**として位置づけ，**法的拘束力のない「試案」**という形をとった。それは，アメリカの影響を強く受けた「占領下の学習指導要領」と呼ばれるものであった。

学習指導要領試案（一般編）の「序論」の「一，なぜこの書はつくられたか」において，学習指導要領は，学習指導について述べたもので，児童の要求，社会の要求に相応しい**教育課程**（本文では，教科課程と表記）**の生かし方を教師自ら研究するための手引書**として位置付けている。また同項に，短時間の編集のため十分意を尽くすことができなかったとして試案とした理由を述べ，今後の改定も含め完成を目指すとした。

学習指導要領試案（一般編）の「序論」の「二，どんな研究の問題があるか」において，一般社会と学校を含む地域社会の特性と要求を知ること，児童の生活実情把握の指導効果性，設備等や児童の生活実情を生かす指導方法の工夫の研究問題の存在するとして，生活単元学習導入の準備不足を，研究問題の存在を提起することにより教師とともに埋めていこうという姿勢がうかがえる。

学習指導要領試案（一般編）の「序論」の「三，この書の内容」において，各教科の指導目標，児童の能力の発達，単元の一覧表，教科の指導法，指導結果の考査法の概説と参考となる事項を内容とするとしている。

次に，以下の章立てで構成されている。
第一章　教育の一般目標，一，個人生活については，二，家庭生活については，三，社会生活については，四，経済生活および職業生活については，
第二章　児童の生活，一，なぜ児童の生活を知らなくてはならないのか，二，年齢による児童生活の発達，
第三章　教科課程，一，教科課程はどうしてきめるか，二，小学校の教科と時間数，三，新制中学校の教科と時間数，
第四章　学習指導法の一般，一，学習指導は何を目ざすか，二，学習指導法を考えるにどんな問題があるか，三，具体的な指導法はどうして組みたてるべきか，
第五章　学習結果の考査，一，なぜ学習結果の考査が必要か，二，いかにして考査をするか，

附，予備調査及び知能検査，

「第一章　教育の一般目標」については，教育の目的は教育基本法に定められており，教育のすべての営みにおいて，目的を達成するよう努めなければならないとしている。そしてその目標を，児童・生徒が成長発達を遂げるために必要な諸経験として個人生活，家庭生活，社会生活，経済生活及び職業生活へと拡大させ，それぞれの経験について，具体的な教育目標を掲げたもので，昭和26年改正における「教育の目標」と併せて，完成するものである。これらも児童生徒の生活を重視する新教育思想を色濃く染めたものになっている。

「第二章　児童の生活」については，「一，なぜ児童の生活を知らなくてはならないのか」において，目標の達成には，児童の現実の生活を知ることであるとし，現実の生活や児童の動き方を知って教育の出発点やこれに即した教育方法を考える必要があるとしている。「二，年齢による児童生活の発達」において，年齢（6歳～18歳），学年（第1学年～12学年）ごとの特色を身体的と精神的な両面から不十分としながら述べている。

「第三章　教科課程　一　教科課程はどうしてきめるか」においては，「教科課程」は，「どの学年でどういう教科を課するかをきめ，また，その課する教科と教科内容との学年的な配当を系統づけたもの」と説明し，「社会の要求」「児童青年の生活」「地域の社会生活」などに基づいて考えられるべきものであることを強調している。このように，現在の教育課程編成の条件にも，当てはまるものである。

「第四章　学習指導法一般　一，学習指導は何を目ざすか」においては，「学習指導の目的」は，「児童や青年は，現在ならびに将来の生活に起る，いろいろな問題を適切に解決して行かなければならない。そのような生活を営む力」を養うことであるとしている。また，「学習指導の在り方」について，その第一は，「教師が教えさえすればそれが指導だと考えるような，**教師中心の考え方**」から「**学ぶのは児童**」への転換であるとして，児童中心主義を宣言し，いわば，デューイのコペルニクス的転回を彷彿させるものである。第二は，「学ぶのは児童」の学習の指導は，「ほんとうの学習は，すらすら学ぶことのできるように，こしらえあげた事を記憶するようなことからは生まれて来ない。児童や青年は，まず，自分でみずからの目的をもって，そのやり口を計画し，それによって学習をみずからの力で進め，更に，その努力の結果を自分で反省してみるような，実際の経験を持たなくてはならない。だから，ほんとうの知識，ほんとうの技能は，児童や

青年が自分でたてた目的から出た要求を満足させようとする活動からでなければ，できて来ないということを知って，そこから指導法を工夫しなくてはならないのである」と述べ，児童生徒の主体的な学習を促す指導法の工夫の必要性を説いている。

「第四章　学習指導法一般　二．学習指導法を考えるにどんな問題があるか」においては，「学習過程」について，「学習の目的と意欲」「児童青年の経験と知識」「児童青年の試行の性質」「練習」のそれぞれの過程を具体的に説明している。その後，指導方法の系統付けについて，「児童や青年の自発活動を考える」「教具・設備・施設について」「児童の発達を考える」「学習の進行にそうこと」「学習目的を考えること」と順次説明している。

「学習目的を考えること」においては，問題解決学習，記憶的学習，観察的学習，技術的学習，鑑賞力を養うもの，態度を養うもの，に大別している。

「第五章　学習結果の考査」については，「教材が果たして適当であったかどうか，また，教師の環境のととのえ方や，活動の呼び起し方，すなわち，指導法が適切であったかどうかを反省することができるし，また，一人一人の児童や青年の学習結果を知って，これからの指導の出発点をはっきりさせたり，その指導計画を考えたりするいとぐちを見つけ出すこともでき，これあって，はじめて指導の結果を，よりいっそう，あげることができるのである。」として，考査を学習指導課程における教育評価として，その本質を述べている。さらに，学習指導効果を期待するなら，評価は不可欠である，学習指導目標の明確化は，学習効果の評価を正しく見ることにつながる，評価は総合的な方法を主とし，分析的な方法を併用するなどである。

評価の結果は，目標，指導計画，指導方法，指導内容などの改善のために使うという趣旨のことを述べている。これが，第五章の評価観である。

つまり，これは，教育目標を設定し，教育内容の選択と教材を組織（カリキュラム）し，授業の教育実践プログラムを通じて，教育評価を行うというタイラー（R. W. Tyler, 1902-1994）原理の影響がみられる。

従来の教科等と異なる点を以下に列挙する。

（1）小学校
① 戦前の「修身」，「公民」，「地理」，「歴史」がなくなり，新たに「社会科」が誕生

② 新しい名称，新たな内容の追加のもとに，「家庭科」の誕生
③ 新しい教科「自由研究の時間」を設定
④ ローマ字による国語の読み書きを，第4学年以上
⑤ 各教科の内容やその取扱いについては，児童の生活体験を重視
⑥ 各教科の時間配当は1年間の総時間数で示し，1年間を35週とした場合の週当たり授業時数も併せて示す。
＊　昭和22年度から実施されたが，「体育科」については，学習指導要領の体裁が整えていない「学校体育指導要綱」下の実施となっていることから，要綱発行後，まもなく学習指導要領小学校体育編（試案）を着手し，24年に公となり，以後学習指導要領による「体育科」が実施される。

（2）中学校
① 教育の一般目標を個人生活，家庭生活，社会生活，経済生活及び職業生活の5分野に分けて説明
② カリキュラムを教科課程と呼び，必修教科（「国語科」「習字科」「社会科」「国史科」「数学科」「音科楽」「図画工作科」「体育科」「職業科」）と選択教科（「外国語科」,「習字科」,「職業科」,「自由研究」）に分ける
③ 必修教科に「社会科」,「職業科」を新設
④ 小学校で独立の教科の「家庭科」は，「職業科」の一つの科目となり，生徒は，農，商，工，水産，家庭のうちから一科目又は数科目を選択，男子が「家庭科」を選択する場合，小学校と同じ取扱い
⑤ 選択科目に「自由研究の時間」を設定
　昭24. 5 一部改正…「教科課程」→「教育課程」,「体育」→「保健体育」,「国史」→「日本史」となり，「家庭科」が独立，
　また「自由研究の時間」→「特別教育活動」

（3）昭和20年代の新教育思想
　その主流は，デューイが創設したシカゴ大学附属実験学校において経験主義カリキュラムが試行され，その後この思想の継承ないし改良されたカリキュラム開発が1930年代でなされる。具体的には，カルフォルニア・プラン（1930），キルパトリック（W. H. Kilpatric, 1871-1965）のプロジェクト・メソッド（1918），バージニア・プラン（1933）などである。こうしたアメリカの「進歩主義教育」と呼ばれる教育革新運動が，戦後の日本に奔流のように浸透した。

昭和23年，我が国でも，コア・カリキュラム連盟が発足する。コア・カリキュラム（Core Curriculum）のコアに，学習者の興味・生活経験を設定すると，児童中心カリキュラム（Child-centered Curriculum）となる。また，社会的連帯性，民主的社会の再建に貢献する市民の育成という視点からコアとして社会を設定すると，社会中心カリキュラム（Society-centered Curriculum）となる。当時の政治的，社会的背景から，社会中心カリキュラムが脚光を浴びたが，実際には，各学校においては子供の興味・生活経験をコアに設定した児童中心カリキュラムが編成され実践され，実際の授業においては，「生活単元学習」が導入された。

「生活単元学習」の導入状況（％）
小学校（低学年）…国語（54），算数（63），社会（85），理科（77），
小学校（高学年）…国語（49），算数（62），社会（84），理科（77），
中学校…国語（57），数学（65），社会（77），理科（71），

（昭和25年，「全国小・中学校教育課程調査」国立教育研究所）

（4）学校種と教科・科目

学校種	教科区分	教科，科目		教科以外の教育活動
小学校	教科	国語，算数，社会，理科，音楽，図画工作，家庭，体育，自由研究		
中学	必修教科	国語，習字，社会，国史，数学，理科，音楽，図画工作，体育，職業（農業・商業・水産・工業・家庭）		
	選択教科	外国語，習字，職業，自由研究		
高等学校	教科	国語	国語，漢文	自由研究
		社会	一般社会，国史，世界史，人文地理，時事問題	
		数学	一般数学，解析（1），幾何，解析（2）	
		理科	物理，化学，生物，地学	
		体育		

	芸能	音楽，図画，書道，工作
	家庭	一般家庭，家族，保育，家庭経理，食物，被服
	外国語	
	農業に関する教科，工業に関する教科，商業に関する教科，水産に関する教科，家庭技芸に関する教科，その他職業に関する教科	

(高等学校については，昭和23年改正昭和24年実施のもの)

（5）高等学校

　高等学校については，昭和22年に，「現在の中等学校生徒で，この新制高等学校の第1，2，3学年に相当する学年のものは，それぞれその相当する学年の教科を学ぶことになるので，ここに『学習指導要領』一般編第三章の補遺として，その教科課程が定める」として「新制高等学校の教科課程に関する件」が地方長官宛てに通牒されたものを，昭和23年に，改正されたものである。

① 高等学校の「国語」，「一般社会」，「体育」は必履修。
② 「社会科」は「国史」，「世界史」，「人文地理」，「時事問題」から1科目は必履修。
③ 「数学科」は「一般数学」，「解析（1）」，「幾何」，「解析（2）」から1科目は必履修。
④ 理科は「物理」，「化学」，「生物」，「地学」から1科目は必履修。
⑤ 単位制の導入……『学習指導要領』一般編第三章補遺「新制高等学校の教科課程に関する件」によれば，単位制を採用するとしており，「この単位制については，生徒の修めた課程を計算する方法であって，生徒は自分の修めたいと思う科目を予めきめておいて，その科目を満足に修得した場合にその単位を与えられることとなるのである。そうしてこの単位が一定数与えられたときに，進級したりあるいは卒業することとなるのである」と説明し，新制高校に学年制を基本とした単位制を導入した。
⑥ 生徒は週当たり30〜34時間。
⑦ 年35週以上学校において授業又は指導をうけなければならない。但し夜間及び定時制の課程においてはこの限りではない。

2．1951（昭和26）年学習指導要領（試案）第1次改訂

　昭和22年学習指導要領（試案）[*1]の「試案」を意味するのは，暫定的かつ未完ということであったが，昭和26年改定によりより完全なものとなった。

　それまで「教科課程」と称したものを「教育課程」と改称（昭和25年の学校施行規則一部改正において「教科課程」→「教育課程」となる。）され，教科外の教育活動も含み，「**学校教育における児童生徒の教育的な経験又は諸活動の全体**」として，教育計画的な内容を持つものに位置付けられ，今日の「教育課程」の定義と合致するものであった。また，学習指導要領については，教育課程構成の重要な資料であり，基本的な示唆を与える**指導書**としている。

　また，経験主義カリキュラムの色彩が一層色濃くなったことである。各教科間の総合性も強調され，総合の視点は「子どもの生活体験」が「コア」となることであった。小学校においてみられるように，教科は，四つの経験領域に分けられた。

　本改訂にあたっては，昭和23年から昭和24年にかけて，文部省が行った学習指導要領使用状況調査結果や研究をベースとして作成された。

[*1] 昭和26年版に付記された（試案）の意味は，昭和22年版と異なり，各教育委員会が，現場を指導するための参考資料であるとして，この二文字を付記したもので，CIE指示によるものとされている。

　改善の趣旨
① 1947（昭和22）年以来の学習指導要領の実施の経験にかんがみ，我が国の実情にあわないところを改善する。
② 教科間の関連を図る。
③ 基礎学力の充実を図る。
④ 民主的社会における道徳教育の在り方を明確にする。

　特徴は以下の通りである。

　（1）　小学校
① 道徳教育の重要性を強調し，社会科をはじめ各教科の道徳教育についての役割を明確にして全体計画の作成を強調する。
②「自由研究の時間」を発展的に解消し，「教科以外の活動の時間」を設置

教育課程＝教科＋教科以外の活動
③ 「毛筆習字」は，第4学年以上で国語学習の一部として課す。
④ 「家庭科」は存置するが，他教科との重複を避けるため，目標，内容を整理し，5,6年で，男女に共通であることが望ましいとする。
⑤ 学習の技能を発達させる教科（国語，算数），問題解決の経験を発達させる教科（社会，理科），創造的表現活動を発達させる教科（音楽，図工，家庭），健康の保持増進を助ける教科（体育），の4領域に分類し，配当時間数は4領域の比率で示す。教科と教科外の総授業時数の基準を，低，中，高学年別に分ける。この教科に対する配当時間表は，およその目安としてつくられたものである。

表3-1 小学校教科配当時間表

教科＼学年	1・2	3・4	5・6
国語 算数	45%〜40%	45%〜40%	40%〜35%
社会 理科	20%〜30%	25%〜35%	25%〜35%
音楽 図画工作	20%〜15%	20%〜15%	25%〜20%
家庭			
体育	15%	10%	10%
計	100%	100%	100%

　教科と教科外活動を指導に必要な一年間の総時数は，以下のような基準として定めている。
　1・2学年は870時間，3・4学年は970時間，5・6学年は1050時間。

（2）中学校
　1949（昭和24）年の一部改訂も踏まえ，学習指導要領の全容が整えられた。
① 生徒の生活経験を重視して，単元学習が強調され，「自由研究」をなくし，「特別教育活動」を新設する。すなわち，教育課程＝教科＋特別教育活動と表示できる。

表3-2 中学校教科等配当時間表

教科＼学年		1	2	3
必修科目	国語	175〜280	175〜280	140〜210
	社会	140〜210	140〜280	175〜315
	数学	140〜175	105〜175	105〜175
	理科	105〜175	140〜175	140〜175
	音楽	70〜105	70〜105	70〜105
	図画工作	70〜105	70〜105	70〜105
	保健体育	105〜175	105〜175	105〜175
	職業・家庭	105〜140	105〜140	105〜140
小計		910〜1,015	910〜1,015	910〜1,015
選択教科	外国語	140〜210	140〜210	140〜210
	職業・家庭	105〜140	105〜140	105〜140
	その他の教科	35〜210	35〜210	35〜210
特別教育活動		70〜175	70〜175	70〜175

② 教育課程の編成の際には，学校の主体性を尊重し，授業時間について大幅な弾力性を持たせる。
③ 「習字」を「国語」,「日本史」を「社会」に含め，また,「体育」は「保健体育」となり，「職業・家庭科」が新設される。
④ 「道徳」の重要性を強調される。
⑤ 必修教科の年・学期・月・週・日の指導計画は910～1015時間で計画する。
　　一年間の最低総時数を1015時間とする。この最低時数で授業をする学校は必修教科の時数を，年間のその最低時数たる910時間にすることが望ましいとしている。中学校の教科等の配当時間数も**目安**を示したものである。

(3) 高等学校
① 「国語（甲）」,「一般社会」,「保健・体育」は必履修。
② 「社会科」は「日本史」,「世界史」,「人文地理」,「時事問題」から1科目は必履修。
③ 「数学科」は「一般数学」,「解析（1）」,「幾何」,「解析（2）」から1科目は必履修。
④ 「理科」は「物理」,「化学」,「生物」,「地学」から1科目は必履修。
⑤ 学校は週当たり30ないし38単位時間（1単位時間は50分），年35週以上，すなわち毎年1050単位時間以上1330単位時間以内を教科および特別教育活動の指導にあてる。
⑥ 最低は週当たり30単位時間，できれば週当たり33単位時間以上とすることが望ましい。定時制の課程においては，年1050単位時間を下ることができる。
⑦ 1単位時間は，50分。この50分のうちには，休憩時間や教室移動のための時間は含まないもので，授業または指導だけに使われる時間。したがって45分とか40分とかの短縮授業を行う場合には，5分，10分の授業時間の不足分は，年間計画をたてる当初において予定し，適当な時期にこれを補う。
⑧ 高等学校の卒業必要単位は，必修38単位の外に，自己の必要や能力や興味に応じて，47単位の科目を選択し，3年間に合計85単位以上を履修する。しかし一定の専門的，職業的な知識，技能の履修を目標とする生徒に対しては，必修38単位のほかに，それぞれ専門の科目を必修として課すことができる。必修科目以外については，学校が設けるどの科目を選択してもさしつかえない。したがって，学校としてはできるだけ多くの選択科目を設けて，生徒の必要に応ずるよう努めなければならない。

⑨ 単位制について，次のように説明している。「従来1科目だけに失敗した生徒が1年間原級にとどまってもう1年間，合格の成績をとった他の科目を含めて，全科目のやり直しをやったようなことはなくなる。合格しなかった科目だけをやり直せばよいのであって，他の合格した科目については単位が与えられる。したがって学校の時間割が選択別によってうまくつくられて，3年間にとりもどすことができるならば，3年間で卒業することができる場合もあるわけである。」

⑩ 普通課程と職業課程について

　高等学校には，普通教育を主とする課程と，職業教育を主とする課程とがあり，前者を普通課程，後者を職業課程と呼ぶ。職業課程とは農業・工業・商業・水産・家庭技芸などをいっそう広く深く専門的に学習し，卒業後，それを自己の職業として選択しようとする生徒によって選ばれる課程である。職業課程を選ぶ生徒は，普通課程における必修の単位のほかに，職業関係の科目を最低30単位とらねばならない。

⑪ 「その他特に必要な教科」の設置について

　「その他特に必要な教科」の趣旨は，以下の通りである。

　高等学校の科目は，国語・社会・数学・理科・保健体育・芸能・家庭・外国語・農業・工業・商業・水産・家庭技芸の13教科に属する科目からなりたっているが，なおこのほかに，ある特定の高等学校で，その学校の教育の目的や目標を達成するために，特に必要であって，しかもこの表に示されていない科目がある場合，例えば音楽に関する専門教育を主とする学校があるとすれば，その学校では，音楽史・作曲・器楽などという科目の設置も考えられる。また，私立学校で宗教についての科目を設けたい場合もある。これらの学校においては，その必要とする科目を設けることができるのである。「その他特に必要な教科」というのはこれらの教科をさすのである。この場合これを履修した生徒に対しては，所定の単位が与えられ，これが卒業に必要な85単位のうちに含まれる。しかし，茶道・生花などのように，クラブ活動にふさわしいような科目を設けたり，入学試験準備に悪用したりすることはないようにしなければならない。

＊1956（昭和31）年　高等学校の学習指導要領のみ改訂され，1956（昭和31）年度の第1学年から学年進行で実施。

改訂の趣旨
1．高等学校教育は，この段階における完成教育であるという立場を基本とすること。
2．教育課程は，各課程の特色を生かした教育を実現することを眼目として編成すること。
3．教育に一層の計画性をもたせるため，特に普通課程においては，教育課程の類型を設け，これにより生徒の個性や進路に応じ，上学年に進むにつれて分化した学習を行いうるようにすること。

等。

① 特別教育活動（ホームルーム活動，生徒会活動，クラブ活動）の指導時間数（週1～3時間）が規定された（以前の学習指導要領でも指導時間数の目安は示されていた）。
② 国語（甲），数学Ⅰ，体育及び保健は必履修。
③ 社会科は社会を含めて日本史，世界史，人文地理から3科目必履修。
④ 理科は物理，化学，生物，地学から2科目は必履修。
⑤ 全日制の普通課程においては，上記の必履修科目のほか，「芸術科」，「家庭科」，「農業科」，「工業科」，「商業科」，「水産科」の教科のうちから6単位以上を，すべての生徒に履修させる。この場合，「芸術科」については，すべての生徒に2単位を履修させることが望ましい。女子については，「家庭科」の4単位を履修させることが望ましい。ここで全日制の普通課程の生徒に「農業科」，「工業科」，「商業科」または「水産科」を履修させようとする趣旨は，特定の職業準備教育を目ざすものでなく，一般教養としての意味をもつものである。

＊さらに1958（昭和33）年，通信教育の職業科目の実施拡充のため，高等学校学習指導要領再改訂を行う。

　昭和22年の学習指導要領（試案）及び昭和26年の同第一次改訂は，学習者を中心とする教育課程編成や学習指導法，教育課程を教科外の教育活動も含む「学校教育における児童生徒の教育的な経験又は諸活動の全体」として教育計画的な内容を持つとの位置づけは今日のカリキュラムの意義付けに繋がるものであり，また，子供の生活経験を重視した生活単元学習の展開等，戦前とは全く異なるもので，デューイの「学校と社会」の中にある言葉のように，いわゆるコペルニクス的転回といえるもので，戦後の教師の教育活動の礎となったものでもあり，現在までも脈々と続くものである。

3. 1958（昭和33）年改訂（高……1960年，昭和35年）第2次改訂

　1955年頃から，我が国の文化，科学，産業等が急速に進展し，独立国家（1951年，サンフランシスコ平和条約により主権回復）として，国際社会に新しい位置と役割を占めるようになる。このような状況下で，時代の要請に応えて教育内容の一層の向上が必要となる。それまでの学習指導要領に見られる新教育（進歩主義教育）についての評価や反省がなされ，基礎学力論争が起こるなど，学習指導要領が経験主義や生活単元学習に偏りすぎているとの批判があり，時代の変化に応えて，系統性を重視する，いわゆる「系統学習」の要請が出てくるのである。

　すなわち，戦後の昭和20年代の新教育の特徴は，児童中心カリキュラムと生活単元学習であったが，基礎学力の低下に係る論争を機会として，しだいに教科を重視する伝統的な傾向を強め，教科中心カリキュラム（Subject-centered Crriculum）へ，教科の系統的知識を重視する系統学習へ，と転換することになるのである。

　その背景には，アメリカにおいて，1957（昭和32）年，ソ連の人工衛星の打ち上げによるスプートニック・ショックの影響が大きく作用することになる。1958（昭和33）年，「国家防衛教育法（National Defence Education Act）」が成立し，数学・物理・化学などに対する教育改革に必要な研究費の国の援助措置が認められ，さらに各財団の強力な援助が得られたため，自然科学教育のカリキュラム改造が急速に全米に広がるなど学校カリキュラムの現代化が加速された。我が国においても生活単元学習に対して行き詰まりを感じていた学校は，系統性の学習の解釈について混乱があったものの，学習の展開が容易であることから，教科中心のカリキュラムは，一般には受け入れられた。

　1955（昭和30）年，日本民主党によって，教科書の記述内容の偏向問題が取り上げられ，左翼的傾向にあるとしてその内容について政治問題化してくる。また，当時の国会における55年体制（左派社会党と右派社会党の統一によって再発足した日本社会党と，日本民主党と自由党の保守合同で結成された自由民主党の2党を軸として成立した政党制）から，価値観の違いによる政治的対立により，新教育思想に対する批判とともに，教育の政治的中立が強く求められた。こうした中で文部省は，同年10月に，教科書調査官40名を設置し，教科書批判に応え，教科書検定制度の充実を期した。

　また，文部省は，1956（昭和31）年頃から，小学校・中学校・高等学校の「学力調査」を行い，その結果に照らして，教育内容や条件の整備に役立てようとし

たが、日本教職員組合（日教組）を中心とする反対運動が大きく展開された。

　昭和30年代は、戦後の経済的復興期で、産業界などから科学技術の振興が強く要請され、1953（昭和28）年に成立した「理科教育振興法」が、昭和32年に改正されより充実したものになるもこの現れである。

　第2次改訂の特色は以下の3点である。
1．学習指導要領の性格が変化する。
　学習指導要領は、従来、一般編、各教科編からなっていたが、この改訂から、「試案」が外され、学習指導要領の性格を詳しく述べた「序論」がなくなり、これまでの手引書的性格と異なる**教育課程の基準としての法的根拠を持つ**「**文部省告示**」となり、基準としての必要な事項を規定するようになる。つまり、学校教育法施行規則に、教育課程の基準として文部大臣が別に公示する小学校（中学校・高等学校）学習指導要領によると規定した。
2．道徳教育を重視する（小・中学校に「道徳の時間」が設定）。
　道徳教育の徹底は、学校の教育活動全体を通じて行うという従来の方針と変更しないが、さらに、徹底を期するため、新たに「道徳」の時間を設け、毎学年、毎週継続して、まとまった指導を行う。
3．科学技術教育を重視する。
　科学技術教育の向上は、小学校・中学校を通じて、算数科、数学科、理科およびその他関係教科の内容を充実する。特に、中学校は、数学科および理科の指導時間数を増加し、かつ、技術科を新設して、科学技術に関する指導を強化する。

　この改訂の基本となる方針はいくつか有るが、主権回復後の新たな国家の国民として誇りを持つこと、個性豊かな文化の創造と民主的国家と社会の建設に努め、国際社会において真に信頼され、尊敬されるような日本人の育成を目指すことが、何よりも重要なこととされる。
　改訂の要点は以下の通りである。

（1）小学校
① 教育課程＝各教科＋道徳＋特別教育活動＋学校行事によって編成される。
② 道徳教育の徹底を期するため、「道徳の時間」を特設する。
③ 従来の経験主義や生活単元学習に傾きすぎた学習指導を改め、基礎学力の充実を図る。具体的には、国語、算数の内容を充実し、その授業時間を増やす。

④ 小中学校間に，義務教育としての一貫性を持たせる。
⑤ 科学技術教育振興の必要性から，理科，算数の内容の改善を図る。
⑥ 地理・歴史教育を改善充実する。
⑦ 各教科および道徳の年間授業時数を最低授業時数で表す。

　（2）中学校
① 義務教育の最終段階である位置を明確にし，職業的陶冶が強化され，生徒の進路・特性に応じた指導が強調される。
② 図画工作→美術，職業・家庭→技術・家庭，男子は技術，女子は家庭を学ぶ。
③ 選択教科の幅が広がる。
④ 小・中の教育内容を，義務教育としての，一貫性を持たせる。
⑤ 教育課程＝各教科＋道徳＋特別教育活動＋学校行事によって編成する。
⑥ 道徳教育の徹底を期するため，「道徳の時間」を特設する。
⑦ 各教科および道徳の年間授業時数を最低授業時数で表す。

　（3）高等学校
　小・中・高等学校の教育課程の一貫性をもたせるとともに，昭和31年度の高等学校の教育課程改訂の精神を一層徹底し，時代の進展に即応するようにすることをねらいとする。

　主な改訂方針
1．普通科においては，教養の片寄りを少なくするため，必修科目を多くするとともに，その内容を精選充実し，基本的事項の学習が充分身につくようにした。これは，戦後の高等学校の教育課程改革において，必履修教科科目を最大にしたものとして特筆される。
2．道徳教育は教育活動のすべてを通じて行うものとし，これを一層充実強化するため，社会科の1科目として「倫理・社会」を新設する。
　改訂の要点
① 教育課程＝各教科・科目＋特別活動＋学校行事とする。
② 現代国語，倫理・社会，政治・経済，数学Ⅰ，体育，保健は必履修とする。
③ 国語科は，古典甲または古典乙Ⅰの1科目を必履修（普通・音楽・美術科の生徒は特別の事情のない限り古典乙Ⅰを必履修）とする。
④ 社会科は，普通科の生徒は日本史AまたはB，世界史AまたはB，地理Aまたは

Bの2科目を必履修。職業・音楽・美術科の生徒は日本史AまたはB，世界史AまたはBから1科目，地理AまたはBの1科目を必履修とする。
⑤ 数学科は，普通・音楽・美術科の生徒は数学ⅡAまたはⅡBの1科目を必履修とし，職業科の生徒は数学ⅡAまたはⅡB，応用数学から1科目を必履修とする。
⑥ 理科は，普通科の生徒は物理AまたはB，化学AまたはB，生物，地学の4科目を必ず履修する。職業・音楽・美術科の生徒は物理AまたはB，化学AまたはB，生物，地学から2科目を必ず履修する。
⑦ 芸術科は，普通・職業科の生徒は音楽Ⅰ，美術Ⅰ，工芸Ⅰ，書道Ⅰから1科目を必履修。音楽科の生徒は美術Ⅰ，工芸Ⅰ，書道Ⅰから1科目を必履修。美術科の生徒は音楽Ⅰまたは書道Ⅰの1科目を必履修とする。
⑧ 外国語はいずれか1科目を必ず履修とする。
⑨ 家庭科は，普通科の女子生徒は家庭一般を必履修とする。

4．1968（昭和43）年第3次改訂（中……1969年・昭和44年，高……1970年・昭和45年）

1960年代のアメリカのカリキュラム改革は，第二次世界大戦中に指摘され議論となったハイスクール生徒の学力低下問題を契機として展開され，当時の公教育の主潮としての進歩主義教育に対して批判が向けられ，当時の国際的対立，1957年のソ連のスプートニックの打ち上げ，1958年の国家防衛教育法の成立などにより，数学，理科のカリキュラム改革が進められる。

例えば，1956年のPSSC（The Physical Science Curriculum）の物理，1958年のBSCS（The Biological Science Curriculum Study）の生物，1959年のCBA（The Chemical Bond Approach）及びCHEMS（The Chemical Education Materials Study）の化学，1958年のSMSG（The School Mathematics Study Group）及びUICSM（The University of Illinois Committee on School Mathematics）の数学などの新カリキュラムが開発される。

科学の基本的な概念を中核として，新しい教科の構造を示し，また，教材を基本概念との関連で精選し，日常的応用的な教材を削減し，さらに各種の教育用実験器具を開発するとともに，カリキュラム全体を通して，目標・内容・実験・指導法・評価までも含めた，いわゆる「教授−学習システム」のモデルを示した。

アメリカの教育心理学者ブルーナー（J. S. Bruner, 1915-）は，これらの新カリキュラム開発に対して，「どの教科でも，知的性格をそのままに保って，発達のどの段階の子どもにも効果的に教えることができる（「教育の過程」J. S. Bruner）」とい

う仮説を発表し，強く支持する。

　我が国においても，1961（昭和36）年，東京大学矛誠司とアジア財団日本代表L.スチュアートにより，PSSC研究会が開催され，現代化の思潮，内容，実験及びPSSC教科書及び実験所が紹介された。続いて，CBAやCHEMSなども紹介され，それらが翻訳された。

　このようにして，我が国の初等・中等教育における理科教育の現代化運動に大きい影響を与え，やがてそれらの理念や内容がこの改訂（理科，算数，数学，社会）にも反映されるのである。

　改善の要旨
1．教育内容の一層の向上を図って，時代の要請に応える（調和と統一による教育課程の実現，指導内容の精選・集約）。
2．実施の経験にかんがみて，児童・生徒の発達段階や個性・能力に即し，学校の実情に適合するように改善する。

　主な改善点は以下の通りである。

　（1）小中学校
① 授業時数を「最低」から「標準」に改め，地域や学校の実態に即した弾力的な運用が出来るようになる。
　　一単位時間は45分を常例とするが，40分とすることも考慮し適切に定めるとする（小）。
② 特別教育活動と学校行事の内容を整理統合して，「特別活動」とする。教育課程＝教科＋道徳＋特別活動。
　　新設「特別活動」の授業時間数が増え，クラブ活動が必修になる（中）。
③ 科学技術の急速な進展を考慮して，算数，理科を中心に新しい概念や内容を取り入るなど，いわゆる「現代化」を図る（小）。各教科の目標を明確化（小）。
　　現代化・高度化の例としては，小・中学校の算数・数学・理科などの教科では，新しい数学の概念（「集合」「関数」「確率」など）や科学的概念（「エネルギー概念」，「分子・原子の概念」など）等を取り入れ，理科においては，科学の方法が重視される。学習内容は，基礎的・基本的事項に精選され，それらが系統的・発展的に学習する，スパイラル学習が重視されたが，教育方法としては，発見的・探究的方法がとられた。いずれも，アメリカの新カリキュラム開発の影響である。

小学校の理科の内容は，従来の生活に関係の深い事項，人間生活に関係の深い応用的教材など，経験主義的なカリキュラムでの教材内容は姿を消し，科学中心的なカリキュラム，すなわち学問中心カリキュラム（Discipline-centered Curricurum）になった。

（例）算数…2年　かけ算，不等号，統計，3年　除法，関数，統計，4年　関数，集合，要素，∥，⊃，5年　線対称，点対称，対称の軸，対称の中心，対称の位置，包摂関係，関数，代数，6年　関数，代数，統計など。小学校理科…物理・化学・生物・地学の各分野

④ 学業不振の生徒に対する教育課程編成上の特例が認められる（中）。
⑤ 体育の指導が保健体育の時間だけでなく，特別活動をはじめ，学校の教育活動全体を通じて行われるべきことが強調される（中）。
⑥ 進路指導・生徒指導の充実が強調される（中）。
⑦ 小学校の授業時間の推移
　　昭和26年試案　4335→昭和33年告示　4366→昭和44年告示　4366→昭和52年告示　4399→平成元年告示　4399→平成10年告示　4025（1時間＝60分で計算，文科省調），33年告示と同じく授業時間数は最大となる。
⑧ 中学校の授業時間の推移
　　昭和26年試案　2538→昭和33年告示　2800→昭和44年告示　2946→昭和52年告示　2625→平成元年告示　2625→平成10年告示　2450（1時間＝60分で計算，文科省調），昭和44年告示において授業時間は最大となる。

（2）高等学校

① 現代国語，古典I甲，倫理・社会，政治・経済，体育，保健は必履修とする。ただし，古典I乙を履修する場合は古典I甲の履修は要しない。
② 社会科は，日本史，世界史，地理Aまたは地理Bから2科目を必履修とする。
③ 数学科は，数学一般，数学Iから1科目を必履修。
④ 理科は，基礎理科の1科目または物理I，化学I，生物I，地学Iから2科目を必履修とする。
⑤ 芸術科は，音楽I，美術I，工芸I，書道Iから1科目を必履修とする。
⑥ 家庭科は，女子生徒は家庭一般を必修とする（専門教育を主とする学科で特別の事情のある場合を除く）。

5．1977（昭和52）年改訂（高……1978年・昭和53年）第4次改訂

　1970年代において，アメリカでは，ベトナム反戦運動，マイノリティーの公民権運動，大学改革運動，婦人解放運動，公害問題及び青少年の非行化など，さらには，学問中心の教育論は知的エリートの形成のみに役立つという批判などがあり，「学校を人間化すること，また，同時に学問的にも優秀なものにすること」の方向でカリキュラム改革が目指された。

　こうして，人間性豊かなカリキュラムとして人間中心カリキュラム（Human-centered Curriculum）が開発された。その特徴は，以下の通りである。

① 個人の全体的な発達と自己実現を目標とする。知的発達のみならず，倫理的・道徳的な人格の発達が強調されている。
② 教師と生徒との情緒的な関係が教育方法として強調されている。教師の強制的な指導は拒否され，学習者の意思，興味，経験が重視される。学習内容としては，社会的課題や個人的な問題が取り上げられる。
③ 教材の組織構成については，教科の統合性（インテグレーションintegration）や教育課程の全体的構造が強調される。学習者の情意的・活動的経験が重視されている。

　我が国においても，1973（昭和48）年度の高校進学率は90％を超え高等学校が義務教育機関の観を呈し，学校教育の普及・発展という面での「光」の面を表す反面，学校教育が知識の伝達に著しく偏り，極端な偏差値教育が盛んになるなど，進学競争の歪んだ様相が増大する，または，量的な拡大から，学習意欲の衰退，学習内容の不消化，青少年の非行化など，という「陰」の部分が増大していく。国情は異なるものの，本当の意味での教育が失われてしまう，豊かな人間性の育成を目指すべきだ，児童・生徒の知・徳・体の調和のとれた発達を取り戻すべきだ，などの強い批判の声が挙がる。そこで，1973年，教育課程審議会が諮問を受け，1976年答申を行い，これに基づいて改訂される。以下に示すのは答申文の一部である。

　<u>これからの学校教育においては人間性豊かな児童生徒の育成ということが一層強調されなければならない</u>。そのためには，一人ひとりの児童生徒に対し，自ら考える力を養い創造的な知性と技能を育てること，強靱な意志力を養い自立的な精神を育てること，自然愛や人間愛を大切にする豊かな情操を養うこと，正しい勤労観を培うこと，社会連帯意識や奉仕の精神に基づく実践的な社会性を培うこと，健康でたくましい身体の鍛錬に努めるこ

と，家族，郷土，祖国を愛するとともに国際社会の中で信頼と尊敬を得る日本人を育成することなどに留意する必要がある。

　小学校，中学校及び高等学校の教育課程は，それぞれの学校段階の役割や機能に即しながら，このような人間形成を目指して構想されなければならない。(1976年（昭和51年）教科審答申一部抜粋，下線部は筆者による)

　下線部のように明らかに人間中心カリキュラムを志向することを示唆している。

　改善のねらい
1．人間性豊かな児童生徒を育てること。
2．ゆとりある充実した学校生活が送れるようにすること。
3．国民として必要とされる基礎的・基本的な内容を重視するとともに，児童生徒の個性や能力に応じた教育が行われるようにすること。

　改訂の基本方針
1．知・徳・体の調和のとれた人間性豊かな児童・生徒の育成を図るため，道徳教育や体育を一層重視する。
2．各教科の基礎的・基本的事項を確実に身に付けられるよう教育内容を精選する。
3．各教科の標準授業時数を削減して，ゆとりある，しかも充実した学校生活を実現するとともに，学校が授業時数の運用に創意工夫が出来るようにする。
4．各教科の目標や指導内容を中核的な事項にとどめ，学校や教師の自発的な創意工夫を加えた指導が十分展開できるようにする。

　改訂の要旨
　前回の改訂後，高等学校の進学率は著しく，高等学校は，大部分の青少年を教育する義務教育機関としての性格を強めるに至った。この事実に注目して，小・中・高等学校の教育を一環的に捉え，その内容を精選して，ゆとりある充実した学校生活を可能にするような教育課程の実現を図るため，昭和52年改訂版学習指導要領は，全体的記述は昭和43年改訂版のそれと比較して約半減し，また教科内容も精選集約され，算数・数学や理科を中心として，内容削減は3割に及んだ。
　昭和43年改訂版に見られた，算数の「集合」理科の抽象的な基本概念は，削減又は履修学年の移行を行い，水準の適正化が図られ，全体としてゆとりのある学

習ができるように配慮された。また，小学校・中学校・高等学校の一貫性の立場から，教育内容が検討された。

改訂の特色は以下の通りである。

(1) 小学校
① 各教科の内容を基礎的・基本的事項に精選する（2～3割程）。
② ゆとりある充実した学校生活を実現するために，各教科の標準授業時数を削減した。第4学年以上週当たり2～4単位時間削減する。
③ 学習指導要領に定める各教科等の目標・内容を中核的事項にとどめ，教師の自発的な創意工夫を加えた学習指導を一層展開しやすくした。
④ 特に，教科の授業時数の削減によって生じた時間を活用して，学校の創意工夫を生かした教育活動を実践することなどを期待した。
⑤ 授業の1単位時間は，45分を常例としていたが，今回から，学校や児童の実態に即して適切に定めることとする。
⑥ 教育計画作成に当たって，各教科，道徳及び特別活動について，相互の関連を図り，発展的，系統的な指導ができるようにすることとし，なお，低学年においては，合科的な指導が十分できるようにすることとしており，教育課程編成上の工夫を求めている。

　これは，小学校低学年において，教科の統合，ないしは合科的な指導方法の可能性を探り，生じたゆとりの時間を子どもの遊びを通した身体的活動や体育や音楽などを統合した活動に振り向け，小学校低学年の児童にとって学校が楽しい生活の場となるように工夫を求めたものである。

(2) 中学校
基本的には小学校と同じであるが，加える特色は以下の通りである。
① 高等学校の関連を特に重視し，各教科の内容を基礎的・基本的事項に精選する。
② 「調和のとれた人間の育成」という中学校教育の観点から，学校の教育活動全体に注目することを強調する。
③ 知育偏重を是正するために，道徳教育と特別活動を重視する。

　道徳教育の推進については，教師と生徒及び生徒相互の人間関係を深めるとともに，家庭や地域社会との連携を図りながら，日常生活の基本的行動様式をはじめとする道徳的実践の指導を徹底するよう配慮すること，の必要性

を示している。
④ 体育が一層重視され，学校の体育指導が，日常の生活活動にまで広がるように配慮される。
⑤ 選択科目が拡大される。
　外国語，農業，工業，商業，水産，家庭及び中学校学習指導要領で定めるその他特に必要な教科→音楽，美術，保健体育，技術・家庭，外国語及び中学校学習指導要領で定めるその他特に必要な教科（現行の農業，工業，商業等を含む。）
⑥ 授業の1単位時間は，50分を常例とするが，今回から，学校や生徒の実態に即して適切に定めることとする。
⑦ 教育課程実施上の配慮事項を整理する。
　教材，指導方法などについての規定を整理し，中学校教育の現状からみて，特に必要な次の事項について新たに規定している。言語環境の整備，個性の伸長と進路指導の充実，生徒指導の充実，視聴覚教材などの教材・教具や学校図書館の利用，学習の遅れがちな生徒，心身に障害のある生徒などへの配慮，指導の成果の評価。

(3) 高等学校
① 国語Ⅰ，現代社会，数学Ⅰ，理科Ⅰ，体育，保健は必履修とする。
② 芸術科は，音楽Ⅰ，美術Ⅰ，工芸Ⅰ，書道Ⅰから1科目を必履修とする。
③ 家庭科は，女子生徒は家庭一般を必修とする（専門教育を主とする学科で女子生徒が極めて少数である場合を除く）。
④ 英語ⅡAはオーラルコミュニケーション，英語ⅡBはリーディング，英語ⅡCはライティングに相当する科目が設置する。

　今回の改訂版は，記述が簡素化・少量化，各教科の各学年に亘る目標・内容をごく要約的に示し，実際の指導計画については，学校の創意工夫に委ねるものとし，各学校で弾力的に運用することを前提として大綱的な基準に近いものになり，教育課程の基準の弾力化が図られた。

6．1989（平成元）年改訂　第5次改訂

　1984（昭和59）年8月，臨時教育審議会（臨教審）を内閣直属機関として，中曽根首相の主導により「戦後教育の総決算」をねらいとして，21世紀へ向けた国家

の基本方針を樹立するために，設置した。

　その特色は，「個性重視の原則」を改革の基本的な考え方とし，国際化と情報化に対応した「生涯学習体系の移行」の中で「世界の中の日本人」の育成を目指すための諸方策を打ち出す。とりわけ，「基礎基本の重視」の考え方では，思いやり，責任感や礼節等の徳目を筆頭とする「知・徳・体の調和ある発育」が強調され，「選択の機会の拡大」では，高校や大学教育での一層の多様化や通学区域の弾力化が提案された。

　審議会の内部では，新自由主義の考え方に基づいて教育への規制を緩和し，公共性の相当な部分を市場競争に委ねていこうとする立場と文部省など国家が必要と判断する部分では，管理・統制する面をさらに強めていくべきであるとする立場とぶつかり合い，提案の中にも両者の妥協的な面と相互補強的な面が混在している。

　臨教審のカリキュラム改革案
① 徳育を重視し，社会奉仕活動を促す。
② 教育内容の精選と多様化を図り，選択の拡大を図る。
③ 指導方法の個別化や到達度別指導を検討し，活動や態度などの評価を工夫する。
④ 小学校低学年での教科の総合化を進め，中等教育での社会科の在り方や家庭科の取り扱いについて検討する。

　また，「学習指導要領については，多様な創意工夫が出来るように大綱化を図るとともにより明確に示す（中略）ことにも配慮する」とされ，より大綱的基準の明確化を図る。

　小学校低学年での教科の総合化が問題とされたのは，1971（昭和46）年中央教育審議会答申において「特にその低学年においては，知性・情操・意志及び身体の総合的な教育訓練により生活及び学習の基本的な態度・能力を育てることが大切であるから，これまでの教科の区分にとらわれず，児童の発達段階に即した教育課程の編成の仕方について再検討をする必要がある」とされたが，1977（昭和52）年改訂では，時期尚早ということで見送られた。

　カリキュラムの歴史においては，ペスタロッチ（J. H. Pestalozzi, 1746-1827）の「合科教授」まで遡ることができる。また，ツイラー（T. Ziller, 1817-1882）の「中心統合法」はよく知られた合科論である。この意義は，限りなく細分化していく科

学や文化的な状況の下で，社会もまた専門化し細分化した知的分裂を招来するが，他方，学校カリキュラムも多くの教科が小学校低学年にまで並列し，児童にとっては，負担となる。教科の統合により，生じたゆとりの時間を児童の遊びと通した身体的活動，体育，音楽などを統合した活動に振り向け，児童にとって学校は楽しい生活の場となることが配慮として求められる。

　こうして新設された「生活科」の背景発議は以下の4点である。
① 思考と活動に未分化という小学校低学年の児童の発達特性に適合した教育活動のできる教科。
② 幼稚園教育と小学校教育の継続と発展を目指したこと。
③ 児童の自然離れと生活習慣，生活技能の不足への対応。
④ 低学年における理科と社会の学習指導実態が，表面的な知識の伝達に陥るきらいがあることへの反省。

　「生活科」の現状については，育てる学力，内容の多さから学習課題の設定と指導のねらいの設定の難しさ，指導ではなく援助もしくは支援であるべきであるといわれ躊躇する，児童の把握の含め評価の難しさ，などが課題とされている。

　1987（昭和62）年12月，教育課程審議会が，臨教審の方針を教育課程改訂に生かすべく答申を出す。
① たくましく生きる人間の育成を図ること。
② 自ら学ぶ意欲と社会の変化に主体的に対応できる能力の育成を重視すること。
③ 国民として必要とされる基礎・基本を重視し，個性を生かす教育の充実を図ること。
④ 国際理解を深め，我が国の文化・伝統を尊重する態度の育成を重視すること。

　話題になった変化としては，小学校低学年「生活科」の新設，中学校2年からの選択教科の拡大，「社会科」の廃止と地歴科と公民科再編，国旗掲揚と国歌斉唱の明確化，中学校における習熟度に応じた別々の学習集団編成の工夫を提起等である。

　これらの答申に基づき，1989（平成元）年，幼稚園教育要領，小・中・高・学習指導要領改訂を行う。

改訂の特徴
① 小学校1・2年の社会，理科廃止 →生活科を新設（ねらい：生活上必要な習慣や技能を身に付けさせ，自立への基礎を養う。）し，具体的な活動や生活体験学習を重視する。
　　高校の社会科廃止 →地歴科と公民科の再編し，世界史を必修とする。
② 個性重視の観点から，小学校・中学校において授業時数の弾力的運用を認め，中学校・高校においては，選択履修の幅の拡大を大きくする。
③ 中学校において習熟度別指導，高校において習熟度別学級編成を導入する。
④ 小学校・中学校の道徳の内容を4つの視点から再構成するとともに，児童・生徒の道徳性の発達に即して指導の重点化を図る。
⑤ 各教科の内容を基礎的な内容に一層の精選を図るとともに，個に応じた指導を通して，それらが一人ひとりの児童・生徒に身に付くように配慮する。
⑥ 各教科等において，思考力，判断力，表現力の育成を重視し，特に，論理的思考力，想像力および直感力の育成を重視する。
⑦ 小学校の第1学年および第2学年において，基礎的な国語力の育成を重視し，授業時数を1単位時間ずつ増やす。
⑧ 小学校の社会科の歴史教育において，人物を中心とした歴史学習を徹底するため，取り上げる人物を例示する（卑弥呼，聖徳太子，小野妹子，中大兄皇子，中臣鎌足等）。
⑨ 中学校の年間総授業時数は変更されなかったが，各教科等については，下限・上限の幅を持たせ，学校裁量の幅を広げる。
⑩ 中学校の必修教科との関連で，選択教科に充てる時数を，従前より増加しうるようにする。
⑪ 小学校・中学校・高校の改訂の趣旨を生かすため，体験学習の重視，教師の協力指導体制の工夫改善，帰国子女への配慮など，5項目の配慮事項が追加する。
⑫ 小学校・中学校の特別活動の内，学級会活動と学級指導を統合して「学級活動」とする。
⑬ 中学校の「技術・家庭」に「情報基礎」を新設する。
⑭ 高校の国際化への対応として，英語の授業における会話の重視，世界史必履修，家庭科の男女必履修（カリキュラム上での性差別状況がやっと克服）を実施する。
⑮ 小学校・中学校・高校の学校行事における国旗・国歌の取扱いの明確化等が図られる。

7. 1998（平成10）年改訂（高……1999年，平成11年）　第6次改訂

　今日，国際化，情報化や，科学技術の発展，環境問題への関心の高まり，少子高齢社会の到来など，社会の変化が進む中で，21世紀を生きる人材を育てるため，豊かな人間性をはぐくむとともに，一人ひとりの個性を生かしてその能力を充分に伸ばす新しい時代の教育の在り方が問われているとして，1996（平成8）年7月中央教育審議会第1次答申において，以下のことが提言された。

1. 「ゆとり」の中で「生きる力」を培う教育を実現するため，教育内容の厳選と基礎基本の徹底を図ること。
2. 一人一人の個性を生かすための教育を推進すること。
3. 豊かな人間性とたくましい体を育むための教育を改善すること。
4. 横断的・総合的な指導を推進するため「総合的な学習の時間」を設けること。
5. 完全学校週五日制を導入すること。
6. 国際化，情報化，環境問題への対応など社会の変化に主体的に対応する教育を行うこと。

など。

　そこで，1996（平成8）年8月，文部大臣から教育課程審議会に対し，教育課程の基準の改善について諮問を行い，1998（平成10）年7月に教育課程審議会が答申を行った。

　同答申においては，幼児児童生徒の実態，教育課程実施の状況，社会の変化など踏まえつつ，完全学校週5日制の下，各学校が「ゆとり」の中で「特色ある教育」を展開し，幼児児童生徒に豊かな人間性や基礎・基本を身につけさせ，自ら学び自ら考える「生きる力」を培うことが基本的なねらいであるとしている。そして，以下の方針に基づき教育課程の基準を改定することを提言した。

　教育課程の基準の方針
1. 豊かな人間性や社会性，国際社会に生きる日本人としての自覚を育成すること。
2. 自ら学び，自ら考える力を育成すること。
3. ゆとりある教育活動を展開する中で，基礎・基本の確実な定着を図り，個性を生かす教育を充実すること。
4. 各学校が創意工夫を生かし特色ある教育，特色ある学校作りを進めること。

改訂の特徴
1．「総合的な学習の時間」の新設
　そのねらいは以下のように示している。
① 自ら課題を見つけ，自ら学び，自ら考え，主体的に判断し，よりよく問題を解決する資質や能力を育てること。
② 学び方やものの考え方を身につけること。
③ 問題解決や探求活動に主体的，創造的に取り組む態度を育成し,自己の在り方，生き方を考えることが出来るようにすること。

　学習内容については，教科のような内容についての記述がされていない。つまり，学校や教師の創意に任せており，教師一人ひとりの力量すなわち，教師のカリキュラム開発力が試されたものとなっている。学習内容の事例としては，以下のようなものである。
① 国際理解，情報，環境，福祉，健康などの横断的，総合的な課題
② 児童・生徒の興味・関心に基づく課題
③ 地域や学校の特色に基づく課題

2．完全週5日制実施に伴う授業時数・教育内容の大幅な削減
　完全学校週5日制の移行経過については，以下のようになる。
　1992年9月から土曜毎月1回,1995年4月から土曜毎月2回が週5日制となり,2002年4月から完全週5日制に移行する。その影響は，小学校6年間における総授業時間5785時間→5367時間となり，418時間の減となる。さらに，「総合的な学習の時間」が設定されているので教科学習の時間は減少することになる。これに伴い，教科内容の厳選を行い，高度になりがちな内容や単なる知識の伝達・暗記に陥りがちな内容，重複する内容，学校外で身につけることが適当な内容などが削減された。

3．学習指導要領の大綱化・弾力化
　この傾向は，1989年改訂もみられたが，今回一層進められた。その具体例は以下に示す。
① 教科によっては，2学年まとめた目標と内容を示し，それを各年次でどう取り扱うかは，学校に任せる。
② 従来から，1単位時間は，小学校45分，中学校50分を常例として，弾力的に運用することが認められたが，今回では，1単位時間の規定はなく，各学校

において各教科等の年間授業時数を確保しつつ，児童・生徒の発達段階や学習活動の特質を考慮して適切に定めることが出来る。

4．その他
① 小学校3年から保健を指導する。
② 中学校・高等学校の特別活動からクラブ活動を除く。
③ 高等学校での選択学習拡充と必修教科・科目の再編。
④ 盲・聾・養護学校での「養護・訓　練」を「自立活動」に改める。
　など

8．2008（平成20）年改訂（幼稚園は平成21年度，小学校は平成23年度，中学校は平成24年度，高等学校は平成25年度から全面実施，小中の理数教育については平成21年度，高等学校の総則等については平成22年度，高等学校の理数については平成24年度から前倒し実施）　第7次改訂

改訂の基本的な考え方
1．改正教育基本法等を踏まえた改訂
　改正教育基本法において，「公共の精神」，「生命や自然を尊重する態度」，「伝統や文化を尊重し，我が国と郷土を愛するとともに，国際社会の平和と発展に寄与する態度を養う」ことなどが，教育の目標として新たに規定された。そのことを踏まえた各教科等の教育内容改善の必要性。
2．「生きる力」という理念の共有
　「生きる力」をはぐくむことは，その必要性やその内容を教育関係者や保護者，社会の間で共有することをまず行われるべきである。それゆえ，広く国民に学校教育の目指す方向性の理解を求めるため積極的な情報発信の必要性。
3．基礎的・基本的な知識・技能の習得
　授業時間が増える教科は，知識・技能の確実な定着と活用を重視する。指導内容の増加については，社会的自立の観点から必要な知識・技能や学年間で反復（スパイラル）することが効果的な知識・技能等に限る。
　「読み・書き・計算」などの基礎的・基本的な知識・技能は，例えば，小学校低・中学年では，体験的な理解や繰り返し学習を重視するなど，発達の段階に応じて徹底して習得させ，学習の基盤を構築していくことが大切。
　ここでは，形式知だけでなく，暗黙知も重視すべきであるとし，そのため，家庭との連携を図り，体験的な活動，暗記・暗唱，反復学習などを通じ，基礎的・

基本的な知識・技能を体験的,身体的に理解することの重要さを強調する。
4．思考力・判断力・表現力等の育成
　思考力・判断力・表現力をはぐくむには,観察・実験,レポートの作成,論述など知識・技能を活用する学習活動を充実させる。これらの能力の基盤は言語の能力であり,その育成のために,小学校低・中学年の国語科において音読・暗唱,漢字の読み書きなど基本的な力を定着させた上で,各教科等において,記録,要約,説明,論述といった学習活動に取り組む必要がある。
5．確かな学力を確立するために必要な授業時数の確保
　基礎的・基本的な知識・技能の習得とともに,それらを活用する学習活動を充実することができるよう,国語・理数等の必修教科の授業時数を確保する。
6．学習意欲の向上や学習習慣の確立
　学習習慣の確立には,小学校低・中学年の時期が重要であるとし,つまずきやすい内容をはじめとした基礎的・基本的な知識・技能の確実な定着を図り,分かる喜びを実感させること,体験的な学習やキャリア教育などを通じ,学ぶ意義を認識すること,が必要である。
7．豊かな心や健やかな体の育成のための指導の充実
　言語能力の重視や体験活動の充実により,他者,社会,自然・環境と係り,ともに生きる自分への自信を持たせる。基本的な生活習慣を確立するとともに,社会生活を送る上で人間として持つべき最低限の規範意識を身に付けさせる観点から,道徳教育の改善・充実が必要である。運動を通じて体力を養うとともに,望ましい食習慣など健康的な生活習慣を形成することが必要である。

　教育内容に関する主な改善事項
① 言語活動の充実
　言語は,知的活動（論理や思考）やコミュニケーション,感性・情緒の基盤であり,国語科において,これらの言語の果たす役割に応じた能力,感性・情緒をはぐくむことを重視する。各教科等においては,国語科で培った能力を基本に言語活動を充実することの必要性を十分に理解し,言語活動を各教科等の指導計画に位置付け,授業の構成や進め方を改善する必要がある。
② 理数教育の充実
　90年代半ば以降の学術研究や科学技術の世界的な競争の激化の中で,理数教育の質・量両面の充実が必要である。知識・技能の定着のための繰り返し学習や,思考力や表現力等の育成のための観察・実験,レポートの作成や論述などを行う

ために必要な時間を確保する。国際的な通用性，内容の系統性，小・中・高等学校での学習の円滑な接続を踏まえた指導内容の充実を図る。
③ 伝統や文化に関する教育の充実
　国際社会で活躍する日本人の育成を図るため，我が国や郷土の伝統や文化を受け止め，それを継承・発展させるための教育を充実する必要がある。国語科での古典の重視，社会科での歴史学習の充実，音楽科での唱歌・和楽器，美術科での我が国の美術文化や保健体育科での武道の指導の充実を図る。
④ 道徳教育の充実
　基本的な生活習慣や最低限の規範意識，自分への信頼感や思いやりなどの道徳性を養い，法やルールの意義や遵守について理解し，主体的に判断し，適切に行動できる人間を育てるために，発達の段階に応じた指導内容の重点化，教材の充実，体験活動の充実，家庭や地域との役割分担が必要である。
⑤ 体験活動の充実
　子どもたちの社会性や豊かな人間性をはぐくむため，その発達の段階に応じ，集団宿泊活動（小学校），職場体験活動（中学校），奉仕体験活動や就業体験活動（高等学校）を重点的に推進する。
⑥ 小学校段階における外国語活動
　中学校段階の文法等の英語教育の前倒しではなく，幅広い言語に関する能力や国際感覚の基盤を培うため，英語の音声や基本的な表現に慣れ親しみ，言語や文化に対する理解を深めるとともに，積極的にコミュニケーションを図ろうとする態度を育成し，中学校との円滑な接続を図る。
　なお，中学校の外国語（英語）教育は，4つの言語活動（聞くこと，話すこと，読むこと，書くこと）についてコミュニケーション能力の基礎を養うことで，英語力を総合的に培うことをねらいとしており，小学校の外国語活動とは異なる。
　小学校高学年で，総合的な学習の時間とは別に週1コマ程度実施するが，教科とは位置付けない。
⑦ 社会の変化への対応の観点から教科等を横断して改善すべき事項
　情報教育，環境教育，ものづくり，キャリア教育，食育，安全教育，心身の成長発達についての正しい理解。

　教育課程の基本的な枠組み
1．小・中学校の教育課程の枠組み
　〔小学校の授業時数〕

国語，社会，算数，理科，体育の授業時数を6学年合わせて350時間程度増加する（表3-3参照）。
　外国語活動（高学年で週1コマ相当）を新設する。
　総合的な学習の時間は，教科の知識・技能を活用する学習活動を各教科の中で充実することなどを踏まえ，週1コマ程度縮減する。
　週当たりの授業時数を低学年で2コマ相当，中・高学年で1コマ相当増加する。
〔中学校の授業時数〕
　国語，社会，数学，理科，外国語，保健体育の授業時数を400時間（選択教科の現状を踏まえると230時間）程度増加する（表3-4参照）。
　教育課程の共通性を高めるため，選択教科の授業時数を縮減し，必修教科の授業時数を増加する。
　総合的な学習の時間は縮減し，3学年合わせて190時間とする。
　週当たりの授業時数を各学年で1コマ相当増加する。
〔小・中学校の授業時数に共通する事項等〕
　授業時数の増加は，つまずきやすい内容の繰り返し学習や観察・実験，レポートの作成，論述などの学習活動の充実が目的である。
　増加した授業時間できめの細かい指導を行うためには，指導体制の整備が必要である。
　標準授業時数は可能な限り35の倍数にすることが望ましい。
　中学校において，部活動を教育課程に関連する事項として学習指導要領に記述することが必要である（高等学校も同様）。
2．高等学校の教育課程の枠組み
〔授業時数・単位数等〕
　高校教育については共通性と多様性のバランスの観点から検討。
　週当たりの授業時数は，引き続き30単位時間を標準とした上で，これを超えて授業を行うことが可能であることを明確化。
　卒業までに修得させる単位数は，引き続き74単位以上とする。
〔必履修教科・科目（表3-5参照）〕
　必履修科目の単位数は原則として増加させない。
　学習の基盤である国語，数学，外国語については，共通必履修科目を設定する一方，地理歴史，公民，理科については，現行どおり選択必履修とするが，理科は科目履修の柔軟性を高める。
　総合的な学習の時間については，授業時数等の弾力的な取扱いを検討する。

専門学科では，引き続き専門教科・科目を25単位以上履修とする。
総合学科では，引き続き「産業社会と人間」を履修とする。
3．学校週5日制の下での土曜日の活用
学校週5日制を維持することが適当である。
地域と連携し，総合的な学習の時間の一環として探究活動や体験活動等を行う場合の土曜日の活用を検討する。
4．発達の段階に応じた学校段階間の円滑な接続
幼小の教育課程の工夫による小1プロブレムへの対応を図る。
小学校の教育内容を中学校で再度指導するなどの工夫を行う。

表3-3　小学校の標準授業時数について

〔現　行〕

学年 教科等	1	2	3	4	5	6	計
国語	272 (8)	280 (8)	235 (6.7)	235 (6.7)	180 (5.1)	175 (5)	1377
社会	—	—	70 (2)	85 (2.4)	90 (2.6)	100 (2.9)	345
算数	114 (3.4)	155 (4.4)	150 (4.3)	150 (4.3)	150 (4.3)	150 (4.3)	869
理科	—	—	70 (2)	90 (2.6)	95 (2.7)	95 (2.7)	350
生活	102 (3)	105 (3)	—	—	—	—	207
音楽	68 (2)	70 (2)	60 (1.7)	60 (1.7)	50 (1.4)	50 (1.4)	358
図画工作	68 (2)	70 (2)	60 (1.7)	60 (1.7)	50 (1.4)	50 (1.4)	358
家庭	—	—	—	—	60 (1.7)	55 (1.6)	115
体育	90 (2.6)	90 (2.6)	90 (2.6)	90 (2.6)	90 (2.6)	90 (2.6)	540
道徳	34 (1)	35 (1)	35 (1)	35 (1)	35 (1)	35 (1)	209
特別活動	34 (1)	35 (1)	35 (1)	35 (1)	35 (1)	35 (1)	209
総合的な学習の時間	—	—	105 (3)	105 (3)	110 (3.1)	110 (3.1)	430
合計	782 (23)	840 (24)	910 (26)	945 (27)	945 (27)	945 (27)	5367

〔改　訂〕

学年 教科等	1	2	3	4	5	6	計
国語	306 (9)	315 (9)	245 (7)	245 (7)	175 (5)	175 (5)	1461
社会	—	—	70 (2)	90 (2.6)	100 (2.9)	105 (3)	365
算数	136 (4)	175 (5)	175 (5)	175 (5)	175 (5)	175 (5)	1011
理科	—	—	90 (2.6)	105 (3)	105 (3)	105 (3)	405
生活	102 (3)	105 (3)	—	—	—	—	207
音楽	68 (2)	70 (2)	60 (1.7)	60 (1.7)	50 (1.4)	50 (1.4)	358
図画工作	68 (2)	70 (2)	60 (1.7)	60 (1.7)	50 (1.4)	50 (1.4)	358
家庭	—	—	—	—	60 (1.7)	55 (1.6)	115
体育	102 (3)	105 (3)	105 (3)	105 (3)	90 (2.6)	90 (2.6)	597
道徳	34 (1)	35 (1)	35 (1)	35 (1)	35 (1)	35 (1)	209
特別活動	34 (1)	35 (1)	35 (1)	35 (1)	35 (1)	35 (1)	209
総合的な学習の時間	—	—	70 (2)	70 (2)	70 (2)	70 (2)	280
外国語活動	—	—	—	—	35 (1)	35 (1)	70
合計	850 (25)	910 (26)	945 (27)	980 (28)	980 (28)	980 (28)	5645

注：（　）内は週当たりのコマ数。

表3-4 中学校の標準授業時数について

〔現行〕

学年 教科等	1	2	3	計
国語	140 (4)	105 (3)	105 (3)	350
社会	105 (3)	105 (3)	85 (2.4)	295
数学	105 (3)	105 (3)	105 (3)	315
理科	105 (3)	105 (3)	80 (2.3)	290
音楽	45 (1.3)	35 (1)	35 (1)	115
美術	45 (1.3)	35 (1)	35 (1)	115
保健体育	90 (2.6)	90 (2.6)	90 (2.6)	270
技術・家庭	70 (2)	70 (2)	35 (1)	175
外国語	105 (3)	105 (3)	105 (3)	315
道徳	35 (1)	35 (1)	35 (1)	105
特別活動	35 (1)	35 (1)	35 (1)	105
選択教科等	0～30 (0～0.9)	50～85 (1.4～2.4)	105～165 (3～4.7)	155～280
総合的な学習の時間	70～100 (2～2.9)	70～105 (2～3)	70～130 (2～3.7)	210～335
合計	980 (28)	980 (28)	980 (28)	2940

〔改訂〕

学年 教科等	1	2	3	計
国語	140 (4)	140 (4)	105 (3)	385
社会	105 (3)	105 (3)	140 (4)	350
数学	140 (4)	105 (3)	140 (4)	385
理科	105 (3)	140 (4)	140 (4)	385
音楽	45 (1.3)	35 (1)	35 (1)	115
美術	45 (1.3)	35 (1)	35 (1)	115
保健体育	105 (3)	105 (3)	105 (3)	315
技術・家庭	70 (2)	70 (2)	35 (1)	175
外国語	140 (4)	140 (4)	140 (4)	420
道徳	35 (1)	35 (1)	35 (1)	105
特別活動	35 (1)	35 (1)	35 (1)	105
総合的な学習の時間	50 (1.4)	70 (2)	70 (2)	190
合計	1015 (29)	1015 (29)	1015 (29)	3045

注:( )内は週当たりのコマ数。

5．教育課程編成・実施に関する各学校の責任と現場主義の重視

いわゆる「はどめ規定」の見直し。

独自の教科の創設などの特例措置を，特区制度ではなく，文部科学大臣の認定により認める仕組みを検討する。

人間力の向上を視点とした教育内容の改善

「生きる力」を育てるためには，まずは，生活習慣，学習習慣，読み・書き・計算など，学習や生活の基盤を培うことであり，そして，将来の職業や生活への

表3-5 高等学校の教科・科目について

〔現　行〕

教科	科目	標準単位数	必履修科目
国語	国語表現Ⅰ	2	○
	国語表現Ⅱ	2	
	国語総合	4	
	現代文	4	
	古典	4	
	古典講読	2	
地理歴史	世界史A	2	○
	世界史B	4	
	日本史A	2	○
	日本史B	4	
	地理A	2	
	地理B	4	
公民	現代社会	2	「現代社会」又は「倫理」・「政治・経済」
	倫理	2	
	政治・経済	2	
数学	数学基礎	2	○
	数学Ⅰ	3	
	数学Ⅱ	4	
	数学Ⅲ	3	
	数学A	2	
	数学B	2	
	数学C	2	
理科	理科基礎	2	2科目（「理科基礎」「理科総合A」又は「理科総合B」を少なくとも1科目含む。）
	理科総合A	2	
	理科総合B	2	
	物理Ⅰ	3	
	物理Ⅱ	3	
	化学Ⅰ	3	
	化学Ⅱ	3	
	生物Ⅰ	3	
	生物Ⅱ	3	
	地学Ⅰ	3	
	地学Ⅱ	3	
保健体育	体育	7〜8	○
	保健	2	○
芸術	音楽Ⅰ	2	○
	音楽Ⅱ	2	
	音楽Ⅲ	2	
	美術Ⅰ	2	
	美術Ⅱ	2	
	美術Ⅲ	2	
	工芸Ⅰ	2	
	工芸Ⅱ	2	
	工芸Ⅲ	2	
	書道Ⅰ	2	
	書道Ⅱ	2	
	書道Ⅲ	2	
外国語	オーラル・コミュニケーションⅠ	2	○
	オーラル・コミュニケーションⅡ	4	
	英語Ⅰ	3	
	英語Ⅱ	4	
	リーディング	4	
	ライティング	4	
家庭	家庭基礎	2	○
	家庭総合	4	
	生活技術	4	
情報	情報A	2	○
	情報B	2	
	情報C	2	

〔改　訂〕

教科	科目	標準単位数	必履修科目
国語	国語総合	4	○2単位まで減可
	国語表現	3	
	現代文A	2	
	現代文B	4	
	古典A	2	
	古典B	4	
地理歴史	世界史A	2	○
	世界史B	4	
	日本史A	2	○
	日本史B	4	
	地理A	2	
	地理B	4	
公民	現代社会	2	「現代社会」又は「倫理」・「政治・経済」
	倫理	2	
	政治・経済	2	
数学	数学Ⅰ	3	○2単位まで減可
	数学Ⅱ	4	
	数学Ⅲ	5	
	数学A	2	
	数学B	2	
	数学活用	2	
理科	科学と人間生活	2	「科学と人間生活」を含む2科目又は基礎を付した科目を3科目
	物理基礎	2	
	物理	4	
	化学基礎	2	
	化学	4	
	生物基礎	2	
	生物	4	
	地学基礎	2	
	地学	4	
	課題研究	1	
保健体育	体育	7〜8	○
	保健	2	○
芸術	音楽Ⅰ	2	○
	音楽Ⅱ	2	
	音楽Ⅲ	2	
	美術Ⅰ	2	
	美術Ⅱ	2	
	美術Ⅲ	2	
	工芸Ⅰ	2	
	工芸Ⅱ	2	
	工芸Ⅲ	2	
	書道Ⅰ	2	
	書道Ⅱ	2	
	書道Ⅲ	2	
外国語	コミュニケーション英語基礎	2	○2単位まで減可
	コミュニケーション英語Ⅰ	3	
	コミュニケーション英語Ⅱ	4	
	コミュニケーション英語Ⅲ	4	
	英語会話	2	
	英語表現Ⅰ	2	
	英語表現Ⅱ	4	
家庭	家庭基礎	2	○
	家庭総合	4	
	生活デザイン	4	
情報	社会と情報	2	○
	情報の科学	2	

見通しを与える，国際社会に生きる日本人としての自覚を育てるなど，実生活を視野に入れて，学習や生活の目標を持たせることである。こうした学習や生活の基盤づくりは必要である。その際,「確かな学力」を形成するための基盤である「言葉」と，体を育て，心を育てる源である「体験」を充実すること，が重要であるとして,「言葉」や「体験」などの学習や生活の基盤づくりを重視している。

次に,「確かな学力」を育成することである。

「確かな学力」を育成することは学校教育の基本的な役割であるとして，学ぶ意欲や知的好奇心を育て,「確かな学力」を育成する道筋（手立て）を次のように明らかにしている。

いわゆる「習得型教育」としての「基礎的・基本的な知識・技能の育成」と，いわゆる「探究型教育」としての「自ら学び自ら考える力の育成」とは，対立的，二者択一的にとらえるべきものではなく，両方を総合的に育成することである。

「知識・技能の習得」と「考える力の育成」との関係は，図3-1のように，まず，基礎的・基本的な知識・技能を確実に「定着」させることを基本とする。次に，こうした理解・定着を基礎として，知識・技能を実際に「活用」する力の育成を目指す「活用教育」を重視して取り組む。さらに，この「活用」する力を基礎として，実際に課題を「探究」する活動を行うことで，自ら学び自ら考える力を高めることできる「探究教育」が必要となる。これらは，決して一つの方向で進むだけではなく,相互に関連しあって力を伸ばしていくものと考えられる。「知識・技能の活用」が「定着」を促進したり,「探究的な活動」が「知識・技能の定着」や「活用」を促進したりする。

つまり，子どもの「確かな学力」を育成するためには，各教科を通じて，基礎的・基本的な知識・技能の「習得」を図るとともに，観察・実験やレポートの作成，論述といったそれぞれの教科の知識・技能を「活用」する学習活動を充実させることが必要なのである。

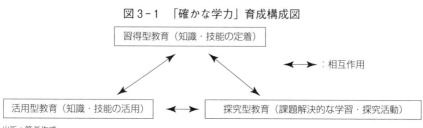

図3-1 「確かな学力」育成構成図

出所：筆者作成。

figure 3-2　習得－探究　過程図

習得　→　活用　→　探究

出所：筆者作成。

　各教科におけるこのような取組みがあってこそ「総合的な学習の時間」における教科等を横断した課題解決的な学習や探求的な活動も充実するし，各教科の知識・技能の確実な定着にも結びつく。
　図3-2のように，「習得」と「探究」との間に，知識・技能を「活用」するという過程を位置付けて重視していくことで，「知識・技能の習得と活用」，「活用型の思考や活動」と「探究型の思考や活動」との関係を明確にし，子どもの発達などに応じて，これらを相乗的に育成することができる。
　探究的な活動を行うことは，子どもの知的好奇心を刺激し，学ぶ意欲を高めたり，知識・技能を体験的に理解させたりする上で重要なことであり，自ら学び自

図3-3　改正教育基本法等の「教育の目標」と「生きる力」との関連図

1. 改正教育基本法（平成18年12月改正）
同法第2条　第1号…知・徳・体の調和のとれた発達
　　　　　　第2号…個人の自立
　　　　　　第3号…他者と社会との関係
　　　　　　第4号…自然と環境との関係
　　　　　　第5号…日本の伝統と文化を基盤として国際社会に生きる日本人
2. 学校教育法一部改正（平成19年6月公布）
同法30条　第2項（第49条，第62条）…（義務教育の目標が具体的に示され，小・中・高等学校等）生涯にわたり学習する基盤が培われるよう，基礎的な知識及び技能を習得させるとともに，これらを活用して課題を解決するために必要な思考力，判断力，表現力その他の力をはぐくみ，主体的に学習に取り組む能力を養うことに，特に意を用いなければならない。

学力の要素　　基礎的・基本的な知識・技能の習得
　　　　　　　知識・技能を活用し課題解決するため必要な思考力，判断力，表現力等
　　　　　　　学習意欲

「生きる力」の育成

出所：筆者作成。

ら考える力を高めるためには、積極的に推進する。

　平成10年の学習指導要領においてみられなかった「確かな学力」育成過程が、今回の改訂により理論的に明らかにしたことは、大きな特徴の一つである。

　その他、子どもの社会的自立を推進するに当たっては、「確かな学力」の育成とともに、「豊かな心」と「健やかな体」を育み、社会的自立の基礎を培うことが、その基盤となることと、社会の変化の中で、自らの責任ということを十分自覚した上で、情報を獲得し、判断して、行動できる人材の育成を目指すという社会に変化への対応を、基本的な考えとしてあげている。

学習課題

1　1947年（昭和22年）の「学習指導要領（試案）」及び1951年（昭和26年）の第一次改訂（試案）は、教育課程改革から見て、どのような意義を持つか。
2　1958年（昭和33年）学習指導要領の第2次改訂は、教育課程の基準としての法的根拠を持つ文部省告示とし、「道徳の時間」が新設されたその背景について、考察せよ。
3　1968年（昭和43年）の学習指導要領第3次改訂における教育内容の現代化の意義について述べよ。
4　1977年（昭和52年）学習指導要領第4次改訂において、ゆとり教育が強調された背景について考察せよ。
5　1989年（平成1年）の学習指導要領の特色とその背景について考察せよ。
6　1998年（平成10年）の学習指導要領第6次改訂において、ゆとり教育と生きる力が強調されたその背景について考察せよ。
7　2008年の学習指導要領改訂の特徴とその背景について考察せよ。

註及び参考文献

稲葉宏雄編『教育課程』協同出版，1992年。
奥田真丈監修『教科教育百年史』建帛社，1985年。
加藤地三ほか編『戦後日本教育史料集成　第十二巻』三一書房，1997年。
佐藤三郎監修『日本世界教育史年表』山文社，1991年。
柴田義松『教育課程――カリキュラム入門』有斐社，2000年。
中央教育審議会教育課程部会「審議経過報告」（2006年2月13日）。
中央教育審議会教育課程部会「教育課程部会におけるこれまでの審議のまとめ」（2007年11月7日）。
中央教育審議会「幼稚園，小学校，中学校，高等学校及び特別支援学校の学習指導要領

等の改善について（答申）」（2008年1月17日）。

Robert S. Zais, *Curricurum: Principles and Foundations,* HARPER & ROW, PUBLISHERS, New York, 1976.

第4章
2017（平成29）年の教育課程改革

1　小・中学校学習指導要領の改訂の概要

　2017年3月，幼稚園教育要領，小学校学習指導要領，中学校学習指導要領が改訂された。新しい幼稚園教育要領は2018年度から，小学校学習指導要領は2020年度から，そして中学校学習指導要領は2021年度からそれぞれ施行される。今回の改訂は，2016年12月の中央教育審議会答申「幼稚園，小学校，中学校，高等学校及び特別支援学校の学習指導要領等の改善及び必要な方策等について」を踏まえ，幼稚園，小学校，中学校の教育課程の基準の改善を図ったものである。

　以下では，これらの改訂の概要を，「幼稚園教育要領，小・中学校学習指導要領等の改訂のポイント」（文部科学省ホームページ，http://www.mext.go.jp/a_menu/shotou/new-cs/__icsFiles/afieldfile/2017/06/16/1384662_2.pdf）をもとに整理して説明する。

1．今回の改訂の基本的な考え方

　今回の改訂の基本的な考え方として次のものがある。第1に，教育基本法，学校教育法などを踏まえ，これまでの学校教育の実践や蓄積を活かし，子どもたちが未来社会を切り拓くための資質・能力を確実に育成するということである。ここで今回示されたのが「社会に開かれた教育課程」という概念である。それは，子どもたちに求められる資質・能力とは何かを社会と共有し，連携することを教育課程においてよりいっそう重視するという考え方である。

　第2に，「知識及び技能の習得」と，「思考力・判断力・表現力等の育成」というこれら2つのバランスを重視する現行学習指導要領の枠組みや教育内容は今回の学習指導要領の改訂でも継続された。その上で，知識の理解の質をさらに高め，確かな学力を育成することが求められている。

最後の第3として，豊かな心，健やかな体の育成である。このために，2015年3月の学習指導要領の一部改訂により特別の教科となった道徳における教育の充実，体験活動の重視，体育・健康に関する指導の充実が挙げられている。

2．知識の理解の質を高め，資質・能力を育む「主体的・対話的で深い学び」

ここでは次の2点が重視されている。

（1）「何ができるようになるか」の明確化

知・徳・体にわたる「生きる力」を子どもたちに育むべく，「何のために学ぶのか」という学習の意義を共有しながら，授業の創意工夫や教科書等の教材の改善を引き出していくことが求められた。このためにすべての教科等が，1）知識及び技能，2）思考力，判断力，表現力等，3）学びに向かう力，人間性等の3つの柱で再整理されている。この例として中学校理科が挙げられており，それをこの3つの柱をもとに整理すると次のようになる。

1）生物の体のつくりと働き，生命の連続性などについて理解させる
2）観察，実験など科学的に探究する活動を通して，生物の多様性に気付くとともに規則性を見いだしたり，表現したりする力を養う
3）科学的に探究しようとする態度や，生命を尊重し自然環境の保全に寄与する態度を養う

（2）「主体的・対話的で深い学び」の実現に向けた授業改善

これからの時代に求められる資質・能力として，「主体的・対話的で深い学び」が提示された。これを子どもたちに実現させるためには，これまでに蓄積してきた教育実践に基づいて授業改善を活性化することで，子どもたちの知識に関する理解の質を向上させていくことが重要である，としている。つまり，小・中学校では，今までと全く異なる指導方法を導入しなければならないと「浮足立つ必要」はないとし，これまでの教育実践の蓄積を若手教員にも引き継ぎつつ，授業を工夫・改善することが必要であると述べている。

この例として，次のものが例として挙げられた。
　　・語彙を表現に生かす
　　・社会について資料に基づき考える
　　・日常生活の文脈で数学を活用する
　　・観察・実験を通じて科学的に根拠をもって思考する

3．各学校におけるカリキュラム・マネジメントの確立

　今回の改訂では,「カリキュラム・マネジメント」という概念が新たに提示された。それは,学校全体として,教育内容や時間の適切な配分,必要な人的・物的体制の確保,実施状況に基づいた改善などを通して,教育課程に基づいた教育活動の質を向上させ,学習の効果の最大化を図るというものである。各学校においてこのカリキュラム・マネジメントを確立することが今回の改訂で新たに求められたのである。

　今後,学校においては教科等の目標や内容を見渡し,特に学習の基盤となる資質・能力（言語能力,情報活用能力,問題発見・解決能力等）や現代的な諸課題に対応して求められる資質・能力を育成するために,教科等横断的な学習を充実させることが必要である。また,「主体的・対話的で深い学び」を充実させるためには,単元など数コマ程度の授業のまとまりの中で,習得・活用・探究のバランスを工夫することが重要となる。これらを行うためには,上で述べたカリキュラムマネジメントが各学校において求められることになるのである。

4．小・中学校の教育内容の主な改定事項

（1）幼稚園の教育内容の主な改定事項

　まず,小学校就学前の教育段階として幼稚園教育要領の今回の改定内容を確認しておこう。幼稚園教育要領では,次の3点が主な改善事項として挙げられている。まず,幼稚園教育において育みたい資質・能力を明確にした点である。それは,「知識及び技能の基礎」,「思考力,判断力,表現力等の基礎」,「学びに向かう力,人間性等」である。

　第2として,5歳児修了時までに育ってほしい具体的な姿を「幼児期の終わりまでに育ってほしい姿」として明確にした点である。具体的には,「健康な心と体」,「自立心」,「協同性」,「道徳性・規範意識の芽生え」,「社会生活との関わり」,「思考力の芽生え」,「自然との関わり・生命尊重」,「数量や図形,標識や文字などへの関心・感覚」,「言葉による伝え合い」,「豊かな感性と表現」が挙げられている。

　最後に,幼稚園において,例えば,正月,わらべうたや伝統的な遊びなど日本や地域社会の様々な文化や伝統に親しむことなど,教育内容の充実が図られた点である。

(2) 小・中学校の教育内容の主な改定事項

それでは次に小学校，中学校の学習指導要領の具体的な改定事項を見る。ここでは次の6点が挙げられている。以下に，各項目に該当する学校種と総則，教科等の別を列記する。

1) 言語能力の確実な育成
○小・中学校国語
　発達の段階に応じて，語彙の確実な習得を図ったり，意見と根拠，具体と抽象を押さえて考えるなど，情報を正確に理解し適切に表現する力の育成を図る。
○小中学校総則，各教科等
　学習の基盤として各教科等での言語活動を充実させる。このための具体例として，実験レポートの作成，立場や根拠を明確にして議論することなどが挙げられている。

2) 理数教育の充実
○小学校算数，中学校数学，小・中学校理科
　前回の改訂で授業時数を2割から3割程度増やして充実させた内容を今回の改訂でも引きつづき維持する。その上で，日常生活などから問題を見いだす活動（小学校算数，中学校数学）や見通しをもった観察・実験（小・中学校理科）などの取り組みを充実させる。
　また，必要なデータを収集・分析し，その傾向を踏まえて課題を解決するための統計教育（小学校算数，中学校数学）や自然災害に関する内容（小・中学校理科）を充実させる。

3) 伝統や文化に関する教育の充実
○小・中学校国語，小学校社会，小・中学校音楽，中学校保健体育，小学校家庭，中学校技術・家庭
　古典などの日本の言語文化（小・中学校国語），都道府県内の主な文化財や年中行事の理解（小学校社会），日本や郷土の音楽，和楽器（小・中学校音楽），武道（中学校保健体育），和食や和服（小学校家庭，中学校技術・家庭）などの指導を充実させる。

4) 道徳教育の充実
　小学校では平成30年4月，中学校では平成31年4月から道徳を「特別の教科　道徳」として先行実施する。これにより，道徳的価値を自分の事として

理解し，多面的・多角的に深く考えたり，議論したりすることを通じて道徳教育を充実させる。

5）体験活動の充実

　〇小・中学校総則

　　体験活動を充実させ，生命の有限性や自然の大切さ，挑戦や他者との協働の重要性を実感させる。

　〇小・中学校特別活動等

　　自然の中での集団宿泊体験活動や職場体験を重視する。

6）外国語教育の充実

　　小学校で，中学年で「外国語活動」を，高学年で「外国語科」を導入する。さらに，小学校，中学校，高等学校を通じた一貫的な学びを重視し，外国語能力の向上を図る目標を設定する。これとともに，国語教育との連携を図り，日本語の特徴や言語の豊かさに気づく指導を充実させる。

（3）その他の重要事項

1）初等中等教育の一貫した学びの充実

　〇小学校総則，各教科等

　　小学校の入学当初の時期に行う，生活科を中心とした「スタートカリキュラム」を充実させる。

　〇小・中学校総則，各教科等

　　教科等横断的な学習や，幼小（幼稚園から小学校），小中（小学校から中学校），中高（中学校から高等学校）といった学校段階間の円滑な接続を重視する。

2）主権者教育，消費者教育，防災・安全教育などの充実

　〇小・中学校社会，特別活動

　　市区町村による公共施設の整備や租税の役割を理解する，国民としての政治への関わり方について自分の考えをまとめる（以上，小学校社会），民主政治の推進と公正な世論の形成や国民の政治参加との関連について考察する（中学校社会），主体的な学級活動，児童会・生徒会活動を実施する（小・中学校特別活動）

　〇中学校社会

　　少子高齢社会での社会保障の意義，仕事と生活の調和と労働保護立法，情報化による産業等の構造的な変化，起業，国連の持続可能な開発のための取組

○小学校家庭，中学校技術・家庭
　　売買契約の基礎（小学校家庭），計画的な金銭管理や消費者被害への対応（中学校技術・家庭）
○小学校社会，小・中学校理科
　　都道府県や自衛隊などの国の機関による災害対応（小学校社会），自然災害に関する内容（小・中学校理科）
○小学校社会，小学校体育，中学校保健体育，小・中学校総則，道徳，特別活動
　　オリンピック・パラリンピックの開催を手掛かりにした戦後の日本の展開に関する理解（小学校社会），オリンピック・パラリンピックに関連したフェアなプレイを大切にするなどスポーツの意義の理解（小学校体育，中学校保健体育），障害者理解・心のバリアフリーのための交流（小・中学校総則，道徳，特別活動）
○小・中学校社会
　　海洋に囲まれ，多数の島からなる日本の国土に関する指導を充実させる。
3）情報活用能力（プログラミング教育を含む）
　○各教科等
　　コンピュータなどを活用した学習活動を充実させる。
　○小学校総則，各教科等（算数，理科，総合的な学習の時間など）
　　コンピュータでの文字入力などを習得させる。プログラミング的思考を育成する。
4）部活動
　　教育課程外の学校教育活動である部活動について教育課程との関連に留意する。また，社会教育関係団体などと連携して持続可能な運営体制を整える（中学校総則）
5）子どもたちの発達の支援（障害に応じた指導，日本語の能力等に応じた指導，不登校等）
　○小・中学校総則，特別活動
　　学級経営や生徒指導，キャリア教育を充実させることを小学校段階から明記。
　○小・中学校総則，各教科等
　　特別支援学級や通級による指導では個別の指導計画などを全員分，作成する。さらに，各教科などの指導に当たって，学習上の困難に応じて指導の内

容や方法を工夫する。
○小・中学校総則
　日本語の習得に困難のある児童生徒や不登校の児童生徒への教育課程について定める（小・中学校総則）。また，中学校で夜間などの特別の時間に授業を行う課程についても定める（中学校総則）。

2　小・中学校学習指導要領総則の改訂内容

〈第1　小学校教育，中学校教育の基本と教育課程の役割〉
　ここでは，小学校学習指導要領では小学校教育，中学校学習指導要領では中学校教育の基本的な在り方を提示しており，学習指導要領のまさに根幹的な部分といえる。前回の学習指導要領と比較して次の4点が特に重要である。
① 児童・生徒に生きる力の育成を目指すことは前回の学習指導要領と同様だが，学校の教育活動において「主体的・対話的で深い学びの実現に向けた授業改善」を求めていること（第1の2）。
② 育成すべき資質・能力として，1）知識及び技能の習得，2）思考力，判断力，表現力等の育成，3）学びに向かう力，人間性等の涵養，の3点が明示されたこと（第1の3）。
③ 道徳教育や体験活動，多様な表現や鑑賞の活動などによって，豊かな心や創造性の涵養を目指した教育を充実させるとしていること（第1の2）。
④ 各学校は，教育課程に基づいて組織的かつ計画的に教育活動の質の向上を図っていくというカリキュラム・マネジメントに努めるとされたこと（第1の4）。

〈第2　教育課程の編成〉
　次に，上記の小・中学校教育の基本的な在り方を受けて，それではどのようにしてそのための教育課程を編成するのかが示されている。
　まず，第2の1は，各学校の教育目標と教育課程の編成の在り方が述べられている。学校は，育成すべき前掲の3つの資質・能力を踏まえて学校の教育目標を明示し，教育課程の基本的な編成方針が家庭や地域とも共有されるよう努めるべきとされている。これには，今回の学習指導要領の理念である「社会に開かれた教育課程」を目指すという趣旨が踏まえられていると捉えられる。
　第2の2では，教科等横断的な視点に立って教育課程を編成していくよう求め

ている。こうした形で育成すべき資質・能力の具体例として，（1）では，言語能力，情報活用能力（情報モラルを含む），問題発見・解決能力等，（2）では，児童・生徒や学校，地域の実態及び児童・生徒の発達の段階を考慮して豊かな人生の実現や災害等を乗り越えて次代の社会を形成することに向けた現代的な諸課題に対応して求められる資質・能力が挙げられている。

第2の3は，教育課程の編成においての共通事項が示されている。ここでは，（1）内容等の取扱い，（2）授業時数等の取扱いについて述べられているが，その多くが，前回学習指導要領の該当箇所をほぼ踏襲した内容である。しかし，（2）のウ（イ）において，10分から15分程度の短い時間を活用して特定の教科等の指導を行う場合，教師（中学校では当該教科等を担当する教師）が責任を持って行う体制が整備されているならば，その時間をその教科等の年間授業時数に含めることができるとしている。これは，今日の「モジュール学習」に対応した新たな方針といえる。

小学校，中学校の標準授業時間数（各教科等の各学年における授業時数と総授業時数）は表4-1の通りである。小学校の教育課程には新たに外国語科が加えられた。なお，中学校では前回から変更はない。

そして，指導計画の作成等に当たっての配慮事項を示す（3）では，アで，「主体的・対話的で深い学びの実現に向けた授業改善を通して資質・能力を育む効果的な指導ができるようにすること」という文章が新たに追加されている。これは今回の学習指導要領できわめて重要な視点である。

第2の4は，学校段階間の接続の在り方を示している。まず，小学校学習指導要領では（1）で，低学年の教育全体において幼児期の教育及び中学年以降の教育との円滑な接続を求めるとともに，特に，生活科を中心にして合科的・関連的な指導や弾力的な時間割を設定するなど，指導の工夫や指導計画の作成を行うこととしている。（2）では，中学校教育とその後の教育との円滑な接続を求めることに加え，特に，義務教育学校，中学校連携型小学校，中学校併設型小学校では義務教育9年間を見通した計画的かつ継続的な教育課程を編成することとしている。

次に中学校学習指導要領では（1）で，小学校教育までの学習の成果が中学校教育に円滑に接続され，義務教育段階の終わりまでに育成することを目指す資質・能力を生徒が確実に身に付けられるよう工夫すること，また，特に，義務教育学校，小学校連携型中学校及び小学校併設型中学校で，義務教育9年間を見通した計画的かつ継続的な教育課程を編成することを求めている。（2）では，高等学

表4-1 小学校，中学校の標準授業時間数

①小学校

区分		第1学年	第2学年	第3学年	第4学年	第5学年	第6学年
各教科の授業時数	国語	306	315	245	245	175	175
	社会	—	—	70	90	100	105
	算数	136	175	175	175	175	175
	理科	—	—	90	105	105	105
	生活	102	105	—	—	—	—
	音楽	68	70	60	60	50	50
	図画工作	68	70	60	60	50	50
	家庭	—	—	—	—	60	55
	体育	102	105	105	105	90	90
	外国語	—	—	—	—	70	70
特別の教科である道徳の授業時数		34	35	35	35	35	35
外国語活動の授業時数		—	—	35	35	—	—
総合的な学習の時間の授業時数		—	—	70	70	70	70
特別活動の授業時数		34	35	35	35	35	35
総授業時数		850	910	980	1015	1015	1015

注1：この表の授業時数の1単位時間は，45分とする。
　2：特別活動の授業時数は，小学校学習指導要領で定める学級活動（学校給食に係るものを除く。）に充てるものとする。

②中学校

区分		第1学年	第2学年	第3学年
各教科の授業時数	国語	140	140	105
	社会	105	105	140
	数学	140	105	140
	理科	105	140	140
	音楽	45	35	35
	美術	45	35	35
	保健体育	105	105	105
	技術・家庭	70	70	35
	外国語	140	140	140
特別の教科である道徳の授業時数		35	35	35
総合的な学習の時間の授業時数		50	70	70
特別活動の授業時数		35	35	35
総授業時数		1015	1015	1015

注1：この表の授業時数の1単位時間は，50分とする。
　2：特別活動の授業時数は，中学校学習指導要領で定める学級活動（学校給食に係るものを除く。）に充てるものとする。

校教育とその後の教育との円滑な接続ができるよう工夫することに加えて，特に，中等教育学校，連携型中学校及び併設型中学校で中等教育6年間を見通した計画的かつ継続的な教育課程を編成することとしている。

〈第3　教育課程の実施と学習評価〉

　第3の1は，「主体的・対話的で深い学び」の実現に向けて授業を改善するために各教科等の指導で配慮しなければならない事項が示されている。

　（1）では，第1の3で示された1）知識及び技能の習得，2）思考力，判断力，表現力等の育成，3）学びに向かう力，人間性等の涵養の3点が偏りなく育成されるように，「単元や題材など内容や時間のまとまりを見通しながら」，児童・生徒の主体的・対話的で深い学びの実現に向けて授業改善を行うべきことが述べられている。特に，児童生徒が「各教科等の特質に応じた見方・考え方を働かせながら，知識を相互に関連付けてより深く理解したり，情報を精査して考えを形成したり，問題を見いだして解決策を考えたり，思いや考えを基に創造したりすることに向かう」ように，授業において「過程を重視した学習の充実」を図ることとしている。

　これに続く（2）から（7）のうち（4），（6）については前回学習指導要領の総則の内容からの変更は基本的には見られない。今回変更が加えられたものとして，まず（2）は言語能力の育成について，国語科を「要」としながらも各教科等でも各々の特質に応じて言語活動を充実すべきことが示されている。

　次に（3）は情報活用能力の育成のために必要な環境の整備とそれを活用した学習活動の充実を求めている。小学校ではこれに加えて，各教科等の特質に応じ，「児童がコンピュータで文字を入力するなどの学習の基盤として必要となる情報手段の基本的な操作を習得するための学習活動」，「児童がプログラミングを体験しながら，コンピュータに意図した処理を行わせるために必要な論理的思考力を身に付けるための学習活動」を計画的に実施することとしている。

　また，（5）は児童・生徒が，生命の有限性や自然の大切さ，主体的な挑戦，多様な他者との協働の重要性などを実感し理解するように，各教科等の特質に応じて体験活動を重視すべきことを述べている。さらに，それは家庭や地域社会と連携しながら体系的・継続的に実施できるよう工夫する，としている。つまり，体験活動を「社会に開かれた教育課程」との関連の中で充実させていこうとしていると捉えられる。

　最後に（7）は，児童の主体的・対話的で深い学びの実現に向けた授業改善に

学校図書館を活用すること，そして，地域の図書館や博物館，美術館，劇場，音楽堂等の施設を積極的に活用し，資料をもとにした情報収集や鑑賞等の学習活動を充実することを求めている。

そして第3の2は，学習評価の実施に当たって配慮すべき事項を示している。特に今回の改訂で新設された（2）において，学年や学校段階を越えて児童の学習の成果が円滑に接続されるように学習評価の仕方を工夫することとされたことは重要である。

〈第4　児童・生徒の発達の支援〉

第4の1では，教育課程の編成，実施にあたって一人ひとりの児童，生徒の発達をどのように支援するのかについて述べられている。（1）から（4）の中で，今回の改訂ではとりわけ（1）と（3）について指摘しておきたい。

まず（1）では，「主に集団の場面で必要な指導や援助を行うガイダンス」と，個々の児童・生徒の「多様な実態を踏まえ，一人一人が抱える課題に個別に対応した指導を行うカウンセリング」の双方から児童・生徒の発達を支援するとしている。こうした2つの視点に立って一人ひとりの発達の特性等に応じて個別指導を充実させるとしている点は重要である。さらに小学校では，低学年，中学年，高学年の各時期の特長を生かした指導の工夫を求めている。

次に（3）では，児童・生徒が，「学ぶことと自己の将来とのつながりを見通しながら，社会的・職業的自立に向けて必要な基盤となる資質・能力を身に付けていくことができるよう，特別活動を要としつつ各教科等の特質に応じて，キャリア教育の充実を図ること」としている。さらに中学校では，生徒が主体的に進路を選択できるよう，学校の教育活動全体を通じて組織的かつ計画的な進路指導を行うことも求めている。すでに高等学校では平成10年改訂の学習指導要領で「キャリア教育」が位置づけられていたが，小・中学校では今回の改訂で初めてその文言が総則に明記されることになった。これにより，小学校から中学校，高等学校を通じて継続的，体系的なキャリア教育の実施が想定されることになったと捉えられる。

第4の2は，特別な配慮を必要とする児童・生徒への指導の在り方が述べられている。まず，（1）は障害のある児童・生徒についてである。特別支援学級，障害のある児童・生徒への通級による指導における特別の教育課程の編成に関して新たな項目が追加されたことで（イ，ウ），障害のある児童・生徒などへの指導の在り方がより丁寧に示されるようになった。そして，エでは，家庭，地域及び

医療や福祉,保健,労働等の業務を行う関係機関との連携を図ること,また,個々の児童・生徒の実態を的確に把握し,個別の教育支援計画や指導計画を作成することを求めている点も重要である。

（2）では,海外から帰国した児童・生徒などの学校生活への適応,日本語の習得に困難のある児童・生徒に対する日本語指導について述べている。新設のイでは,後者の児童・生徒に関して,個々の実態に応じた指導内容や指導方法の工夫を組織的かつ計画的に行うなどとしている。

そして,不登校児童・生徒への配慮に関する（3）もまた新設の項目である。ここでは,「保護者や関係機関と連携を図り,心理や福祉の専門家の助言又は援助を得ながら」,個々の児童・生徒の実態に応じた情報の提供等の必要な支援を行うこと（ア）,相当の期間にわたる欠席が認められる児童・生徒への特別の教育課程を編成する場合,「個別学習やグループ別学習など指導方法や指導体制の工夫改善に努める」こと（イ）としている。

さらに中学校では（4）が新設され,夜間中学の生徒など,学齢を経過した者への配慮が新たに明記された。

〈第5　学校運営上の留意事項〉

第5の1の「教育課程の改善と学校評価等」（中学校学習指導要領では「教育課程の改善と学校評価,教育課程外の活動との連携等」）は,今回の学習指導要領で新たに提示されたカリキュラム・マネジメントについて述べている。それは,各学校で「校長の方針の下に,校務分掌に基づき教職員が適切に役割を分担しつつ,相互に連携しながら,各学校の特色を生かした」ものであり,各学校にカリキュラム・マネジメントの実施義務を定めている。そして,各学校が実施する学校評価もまた,このカリキュラム・マネジメントと関連づけて実施することを求めている（ア）。また,教育課程の編成,実施にあたっては,学校保健計画,学校安全計画,食に関する指導の全体計画,いじめの防止等のための対策に関する基本的な方針など,各分野の学校の全体計画等と関連づけて効果的な指導が行われるように留意するものとしている（イ）。

さらに中学校では,教育課程外の学校教育活動として,特に部活動は学校教育が目指す資質・能力の育成に資するものであるとし,学校教育の一環として教育課程との関連が図られるよう留意すべきとしている。そして,「社会に開かれた教育課程」の理念の下,地域の人々の協力や各種団体との連携などの運営上の工夫と持続可能な運営体制の整備を求めている（ウ）。

第5の2の「家庭や地域社会との連携及び協働と学校間の連携」では，教育課程の編成，実施にあたって，教育活動の実施に必要な人的，物的な体制を家庭や地域の人々の協力を得ながら整えること，また，高齢者や異年齢の子供など，地域での世代を越えた交流の機会を設けることを配慮事項として示している（ア）。さらに，他の小学校や幼稚園，認定こども園，保育所，中学校，高等学校，特別支援学校などとの連携や交流を図ることに加えて，「障害のある幼児児童生徒との交流及び共同学習の機会を設け，共に尊重し合いながら協働して生活していく態度を育む」こととしている（イ）。

〈第6　道徳教育に関する配慮事項〉
　ここでは，現行の学習指導要領の総則からの大きな変更は見られない。前述のように2015年3月に学習指導要領が一部改訂され，新設された総則の規定を踏襲している。ここで示される道徳教育は平成30年度から先行して全面実施される。学校の教育活動全体を通じて道徳教育を充実させていくことが求められる。

3　高等学校学習指導要領の改訂

　高等学校の学習指導要領の改訂案が2018年2月14日に公表された。およそ1カ月間にわたって募集されるパブリックコメントをもとに修正されて告示された後，2022年4月よりこの新学習指導要領の実施が開始される。本節では，この改訂案をもとに次期高等学校学習指導要領について解説する。

1．高等学校学習指導要領の改訂（案）の概要

　高等学校学習指導要領の改訂（案）の「基本的な考え方」として3点が示されている。このうち2点は，先述した今回改訂の小・中学校学習指導要領における「基本的な考え方」と同一のものである。それは，1点目として「社会に開かれた教育課程」を重視すること，2点目に，知識及び技能の習得と思考力，判断力，表現力等の育成のバランスを重視する現行学習指導要領の考え方を維持した上で確かな学力を育成することの2点である。そして，高等学校学習指導要領では，高大接続改革という，高等学校教育を含む初等中等教育改革と，大学教育改革，そして両者をつなぐ大学入学者選抜改革の一体的改革の中でこの改訂を実施することが3点目として挙げられている。大学入試センター試験の後継として2020年度から「大学入学共通テスト」が実施される。このテストでは，国語，数学に加

えて地理歴史，公民や理科でも記述式問題が拡大される方向であり，今後，高等学校までの学習指導要領で示される思考力・判断力・表現力の育成がより一層重視されることになる。

　また，「主体的・対話的で深い学び」を重視すること，このために「何ができるようになるか」を明確化すること（すべての教科等を，① 知識及び技能，② 思考力，判断力，表現力等，③ 学びに向かう力，人間性等の 3 つの資質・能力の柱で再整理），各学校でカリキュラム・マネジメントの確立を求めていることも小・中学校学習指導要領で見た内容と基本的には同じである。しかし，高等学校段階において「主体的・対話的で深い学び」の実現に向けた授業改善が必要な背景として，「選挙権年齢が18歳以上に引き下げられ，生徒にとって政治や社会が一層身近なものとなっており，高等学校においては，社会で求められる資質・能力を全ての生徒に育み，生涯にわたって探究を深める未来の創り手として送り出していくことがこれまで以上に求められる」と述べている。こうした「主体的・対話的で深い学び」を授業において実現するために，生徒が知識を相互に関連付けてより深く理解したり，情報を精査して考えを形成したり，問題を見いだして解決策を考えたり，思いや考えを基に創造したりすることに向かう過程を重視した学習の充実が必要とされている。

　今回の高等学校の学習指導要領では教科・科目の構成が大幅に見直された。国語科では「現代の国語」，「論理国語」，「国語表現」，さらには日本の言語文化への理解を深める学習の充実のために「言語文化」，「文学国語」，「古典探究」に再編された。また地理歴史科では，「歴史総合」と「地理総合」を必修科目とし，その上で社会的な事象を広く，深く学ぶ「地理探究」，「日本史探究」，「世界史探究」が選択科目として設置された。そして公民科では新科目「公共」が設置され，現代社会の出来事や課題を考察し，主体としての自立，他者との協働でより良い社会を形成する態度を育てる。また，新しい教科として「理数」が，さらにその科目として「理数探究基礎」と「理数探究」が新設された。これらの科目の授業では，理科や数学的な見方や考え方を組み合わせて解決する力や教科・科目の枠にとらわれない視点で事象を考察する力を育てる。そして，必修科目とされた「情報Ⅰ」では，プログラミングやネットワーク，情報セキュリティの基礎をすべての生徒が学ぶことになる。

　高等学校の各学科に共通する教科・科目等及び標準単位数は表 4 - 2 の通りである。

表4-2　高等学校の各学科に共通する教科・科目等及び標準単位数

教科	〔改訂案〕科目	標準単位数	必履修科目	教科	〔現行〕科目	標準単位数	必履修科目
国語	現代の国語	2	○	国語	国語総合	4	○ 2単位まで可
	言語文化	2	○		国語表現	3	
	論理国語	4			現代文A	2	
	文学国語	4			現代文B	4	
	国語表現	4			古典A	2	
	古典探究	4			古典B	4	
地理歴史	地理総合	2	○	地理歴史	世界史A	2	○
	地理探究	3			世界史B	4	
	歴史総合	2	○		日本史A	2	
	日本史探究	3			日本史B	4	
	世界史探究	3			地理A	2	
					地理B	4	
公民	公共	2	○	公民	現代社会	2	「現代社会」又は「倫理」・「政治・経済」
	倫理	2			倫理	2	
	政治・経済	2			政治・経済	2	
数学	数学Ⅰ	3	○ 2単位まで可	数学	数学Ⅰ	3	○ 2単位まで可
	数学Ⅱ	4			数学Ⅱ	4	
	数学Ⅲ	3			数学Ⅲ	5	
	数学A	2			数学A	2	
	数学B	2			数学B	2	
	数学C	2			数学活用	2	
理科	科学と人間生活	2	「科学と人間生活」を含む2科目又は基礎を付した科目を3科目	理科	科学と人間生活	2	「科学と人間生活」を含む2科目又は基礎を付した科目を3科目
	物理基礎	2			物理基礎	2	
	物理	4			物理	4	
	化学基礎	2			化学基礎	2	
	化学	4			化学	4	
	生物基礎	2			生物基礎	2	
	生物	4			生物	4	
	地学基礎	2			地学基礎	2	
	地学	4			地学	4	
					理科課題研究	1	
保健体育	体育	7～8	○	保健体育	体育	7～8	○
	保健	2	○		保健	2	○
芸術	音楽Ⅰ	2	○	芸術	音楽Ⅰ	2	○
	音楽Ⅱ	2			音楽Ⅱ	2	
	音楽Ⅲ	2			音楽Ⅲ	2	
	美術Ⅰ	2			美術Ⅰ	2	
	美術Ⅱ	2			美術Ⅱ	2	
	美術Ⅲ	2			美術Ⅲ	2	
	工芸Ⅰ	2			工芸Ⅰ	2	
	工芸Ⅱ	2			工芸Ⅱ	2	
	工芸Ⅲ	2			工芸Ⅲ	2	
	書道Ⅰ	2			書道Ⅰ	2	
	書道Ⅱ	2			書道Ⅱ	2	
	書道Ⅲ	2			書道Ⅲ	2	
外国語	英語コミュニケーションⅠ	3	○ 2単位まで可	外国語	コミュニケーション英語基礎	2	○ 2単位まで可
	英語コミュニケーションⅡ	4			コミュニケーション英語Ⅰ	3	
	英語コミュニケーションⅢ	4			コミュニケーション英語Ⅱ	4	
	論理・表現Ⅰ	2			コミュニケーション英語Ⅲ	4	
	論理・表現Ⅱ	2			英語表現Ⅰ	2	
	論理・表現Ⅲ	2			英語表現Ⅱ	4	
					英語会話	2	
家庭	家庭基礎	2	○	家庭	家庭基礎	2	○
	家庭総合	4			家庭総合	4	
					生活デザイン	4	
情報	情報Ⅰ	2	○	情報	社会と情報	2	○
	情報Ⅱ	2			情報の科学	2	
理数	理数探究基礎	1					
	理数探究	2～5					
総合的な探究の時間		3～6	○ 2単位まで可	総合的な学習の時間		3～6	○ 2単位まで可

出所:「高等学校学習指導要領の改訂(案)のポイント」(文部科学省ホームページ)より。

2．高等学校学習指導要領の改訂（案）総則の内容

〈第1款　高等学校教育の基本と教育課程の役割〉

　この個所は，第2節で解説した小・中学校学習指導要領における〈第1　小学校教育，中学校教育の基本と教育課程の役割〉とほぼ同一の内容となっており，その点については第2節を参照してほしい。高等学校の学習指導要領では次のことが加えられている。すなわち，学校においては地域や学校の実態等に応じて，就業やボランティアに関わる体験的な学習の指導を適切に行うよう求めている点である。これを通じて，勤労の尊さや創造することの喜びを生徒に体得させ，望ましい勤労観や職業観の育成や社会奉仕の精神の涵養を図るとしている（第1款4）。

〈第2款　教育課程の編成〉

　ここでも，第2節の小・中学校学習指導要領で見た〈第2　教育課程の編成〉と基本的に同一の内容が多い。つまり，「1　各学校の教育目標と教育課程の編成」では，各学校の教育目標と教育課程の編成のあり方として，各学校は，育成すべき前述の3つの資質・能力を踏まえて学校の教育目標を明示し，教育課程の基本的な編成方針が家庭や地域とも共有されるよう努めること，「2　教科等横断的な視点に立った資質・能力の育成」では，教科等横断的な視点に立って教育課程を編成していくこと（これを通じて（1）言語能力，情報活用能力（情報モラルを含む），問題発見・解決能力等や，（2）次代の社会を形成することに向けた現代的な諸課題に対応して求められる資質・能力等を育てること）が挙げられた。

　「3　教育課程の編成における共通的事項」では，卒業までに履修させる単位数は74単位以上で，現行からの変更はない。また，（6）「指導計画の作成等に当たっての配慮事項」では小・中学校学習指導要領と共通して，アで，主体的・対話的で深い学びの実現に向けた授業改善を通して資質・能力を育む効果的な指導ができるようにすることが示されている。

　さらに（7）「キャリア教育及び職業教育に関して配慮すべき事項」では，学校でキャリア教育や職業教育を推進するために，地域や産業界等と連携して長期間の実習をはじめとする就業体験活動の機会を積極的に設けることが求められた。これにより，勤労の尊さなどを体得させ，望ましい勤労観や職業観を育成したり，社会奉仕の精神を涵養するとしている（ア）。また，普通科でも，生徒の特性や進路，学校や地域の実態等を考慮し，必要に応じて職業に関する各教科・

科目の履修の機会を適切に確保するよう配慮するとされた。
　「4　学校段階等間の接続」では，現行の学習指導要領で求められている義務教育段階の学習内容の確実な定着を図ること等に加えて，今回の新しい高等学校学習指導要領では，高等学校を卒業してからの教育や職業との円滑な接続ができるよう，教育機関や企業等と連携して卒業後の進路で求められる資質・能力を着実に育成することが新たに示された。

〈第3款　教育課程の実施と学習評価〉
　まず，1の（1）において小・中学校と同じく高等学校でも，生徒の主体的・対話的で深い学びの実現に向けた授業改善を行うことが求められている。さらに，（2）では，学習の基盤として，各教科等の授業において言語活動を充実することとしている。それは具体的には，自らの考えを表現して議論すること，観察や調査などの過程と結果を整理して報告書にまとめることなどが例示されている。
　そして，「2　学習評価の充実」では，（1）で，学習したことの意義や価値を生徒が実感できるようにすること，また，単元や題材など内容や時間のまとまりを見通しながら評価の場面や方法を工夫すること，そして（2）では，創意工夫の中で学習評価の妥当性や信頼性が高められるよう組織的で計画的な取り組みを推進するとともに，学年や学校段階を越えて生徒の学習の成果が円滑に接続されるように工夫することが求められた。特に（1）は，主体的・対話的で深い学びの実現を求める今回の学習指導要領の特徴と捉えられる。

〈第4款　単位の修得及び卒業の認定〉
　ここでは，現行の高等学校学習指導要領からの変更は見られない。1では，各学校で生徒が各教科・科目，総合的な探究の時間を履修し，その成果がそれらの目標からみて満足できると認められる場合，その履修した単位の修得が認定される。また，2では，卒業までに修得する単位数は前述のとおり74単位以上（このうち普通科では学校設定科目及び学校設定教科に関する科目の修得単位数は合わせて20単位以内）であり，これも現行と変わらない。この単位数を修得し，特別活動の成果がその目標からみて満足できると認められれば，高等学校の全課程の修了が認定される。
　なお，教育課程の学習成果の評価や各学校の修了の認定に当たっては，「履修主義」（「年齢主義」）と「修得主義」（「課程主義」）の2つの考え方がある。「履修主義」とは，所定の教育課程をその能力に応じて一定年限の間履修すれば修了と

認定され，最終試験の合格が必要などの所定の目標を満足させるだけの履修の成果を上げることは求めないとする考え方である（「年齢主義」とは，一定の年齢に達したならば自動的に修了と認める）。日本の小・中学校ではこの「履修主義」が採用されている。他方で「修得主義」とは，所定の教育課程を履修し，目標に関して一定の成果を上げて単位を修得することが必要とする考え方である（「課程主義」とは，一定の教育課程の習得をもって修了とみなす）。単位制を採用している日本の高等学校では，前述のように74単位以上を修得することが卒業要件になっていることから修得主義であるが，「必履修科目」については履修主義が採られている。なお，大学では「修得主義」が採られている。

〈第5款　生徒の発達の支援〉

「1　生徒の発達を支える指導の充実」では，教育課程の編成及び実施に当たって配慮する事項として6点が示されている。ここでは，現行と比較して今回の高等学校学習指導要領で特徴的なものとして特に(3)を挙げておきたい。この(3)では，社会的・職業的自立に向けて必要な基盤となる資質・能力を生徒が身につけていけるよう，特別活動を要としつつ各教科・科目等の特質に応じてキャリア教育を充実させることが示された。そしてこれとともに，学校の教育活動全体を通じて組織的，計画的に進路指導を行うとしている。

次に「2　特別な配慮を必要とする生徒への指導」では，同じく今回の高等学校学習指導要領で特徴的なものとして次の2点を挙げたい。まず（1）では，障害のある生徒の中で通級による指導を受ける生徒については，個々の生徒の障害の状態等を把握して個別の教育支援計画や指導計画を全員分，作成することとされた。また，各教科等での学習上の困難に応じて指導を工夫することも求められている。そして（2）では日本語の習得に困難のある生徒への配慮が，（3）では不登校の生徒の実態に配慮した教育課程の編成がそれぞれ定められた。

〈第6款　学校運営上の留意事項〉

ここでは，小・中学校学習指導要領ですでに見た〈第5　学校運営上の留意事項〉とほぼ同一の内容が記載されている。すなわち，各学校ではそれぞれの特色を生かしたカリキュラム・マネジメントを行うよう努めるほか，部活動を教育課程外の学校教育活動として教育課程との関連に留意すること等が求められている（具体的には前述の小・中学校学習指導要領の該当箇所を参照のこと）。

〈第7款　道徳教育に関する配慮事項〉

　今回改訂の高等学校学習指導要領では道徳教育に関する事項が新たに立てられ，記載内容が大幅に拡充された点が特徴である。まず1では，各学校で道徳教育の目標を踏まえて道徳教育の全体計画を作成し，校長の方針の下で，道徳教育の推進を主に担当する教師（「道徳教育推進教師」）を中心にしてすべての教師が協力して道徳教育を展開することが新たに求められた。そして，公民科の「公共」，「倫理」，特別活動が，高等学校での人間としての在り方，生き方に関する中核的な指導の場面であるとされている。

　以下，小・中学校学習指導要領とほぼ同一の内容が列記されている。2では，道徳教育を進めるにあたって配慮することが具体的に示されている。そして3では，就業体験活動やボランティア活動，自然体験活動，地域の行事への参加などで豊かな体験を充実させること，道徳教育の指導が生徒の日常生活に生かされるようにするとともに，いじめの防止や安全の確保等を図るようにもすること，4では，学校の道徳教育の全体計画や諸活動などの情報を積極的に公表したり，道徳教育の充実のために家庭や地域の人々の積極的な参加や協力を得ること等を求めている。

学習課題
2017年の学習指導要領改訂の特徴についてキーワードをもとに考察せよ。

参考文献
中央教育審議会「幼稚園，小学校，中学校，高等学校及び特別支援学校の学習指導要領等の改善及び必要な方策等について（答申）」2016年12月。
文部科学省「小学校学習指導要領解説　総則編」2017年6月。
文部科学省「中学校学習指導要領解説　総則編」2017年7月。
文部科学省「高等学校学習指導要領（案）」2018年2月。

第5章
「カリキュラム・マネジメント」と「主体的・対話的で深い学び」
――2017（平成29）年改訂での新たな視点――

1 はじめに

　教員が，教育をつかさどる仕事の主たるものは，教育課程編成，学習指導，生徒指導及び学級経営（高校：ホームルーム経営）である。この章では，社会に開かれた教育課程，カリキュラム・マネジメント，主体的・対話的で深い学び，学習指導，特別支援教育について取り上げる。

2 社会に開かれた教育課程

　教育課程とは，学校教育の目的や目標を達成するために，教育の内容を子供の心身の発達に応じ，授業時数との関連において総合的に組織した学校の教育計画であり，その編成主体は各学校である。各学校には，学習指導要領等を受け止めつつ，子供たちの姿や地域の実情等を踏まえて，各学校が設定する学校教育目標を実現するために，学習指導要領等に基づき社会に開かれた教育課程を編成し，それを実施・評価し改善していくことが求められる。これが，いわゆる「カリキュラム・マネジメント」である。

　「社会に開かれた教育課程」とは，よりよい学校教育を通じて，よりよい社会を創るという目標を共有し，社会と連携・協働しながら，未来の創り手となるために必要な資質・能力を育むものである。

　2030年の社会と子どもたちの未来を見てみよう。図5-2のように，今後，生産年齢人口は減り続け，2010年に8173万人であった人口は，2030年には，6773万人に，さらに，2060年には，4418万人にまで半減する見込みである。そして，4割が，65歳以上の高齢社会となる見通しであり，世界のGDPに占める日本の割合も，2010年 5.8%→2030年 3.4%→2050年 1.9%と，我が国の国際的な存在感が

図5-1 学習指導要領改定の方向性

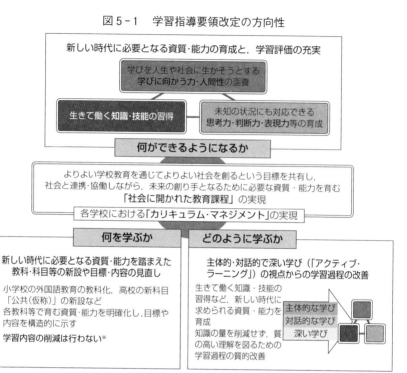

出所：文部科学省資料「教育課程企画特別部会（第19回）配布資料1 審議のまとめ（素案）のポイント」より作成。

低下する。

このような社会状況を鑑み，子どもの課題解決能力，探究学習能力，コミュニケーション能力の育成が重要な課題と考えられる。「学級やグループでの話し合いなどの活動で，自分の考えを深めたり，広げたりできているか」について，図5-3のように，肯定的回答の方が平均正答率が高い状況であった。

3 カリキュラム・マネジメント

1．教育課程の意義

（高等学校）学校において編成する教育課程は，教育課程に関する法令に従い，各教科・科目，特別活動及び総合的な学習の時間についてそれらの目標やねらい

第5章 「カリキュラム・マネジメント」と「主体的・対話的で深い学び」　109

図5-2　生産年齢人口の推移

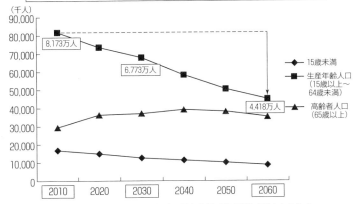

出所：文部科学省資料「教育課程企画特別部会　論点整理　補足資料（1）」より作成．

図5-3　深い学びと学力の関係

【質問項目】
調査対象学年の児童生徒は，学級やグループでの話合いなどの活動で，自分の考えを深めたり，広げたりすることができていると思いますか．

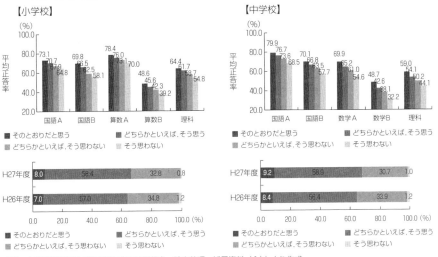

出所：文部科学省資料「教育課程企画特別部会　論点整理　補足資料（1）」より作成．

を達成するように教育の内容を課程や学科の特色等に応じ、授業時数や単位数との関連において総合的に組織した各学校の教育計画である。

「課程」は、全日制、定時制及び通信制課程、並びに教育課程の区分を設ける学年制、区分を設けない単位制課程。「学科」は、普通科、専門学科（農業科、工業科等）及び総合学科。

（中学校）学校において編成する教育課程は、教育課程に関する法令に従い、各教科（必修教科及び選択教科）、道徳、特別活動及び総合的な学習の時間についてそれらの目標やねらいを実現するように教育の内容を学年に応じ、授業時数との関連において総合的に組織した各学校の教育計画である。

（小学校）学校において編成する教育課程は、教育課程に関する法令に従い、各教科、道徳、特別活動及び総合的な学習の時間についてそれらの目標やねらいを実現するように教育の内容を学年に応じ、授業時数との関連において総合的に組織した各学校の教育計画である。

2．教育課程に関する法制

（1）教育課程と基準

学校教育がその目的や目標を目指して組織的、継続的に実施されていくためには、各学校において教育課程が編成される。学校は公教育として公の性質を持つものであるから、全国的に一定の教育水準を確保し、全国どこにおいても同水準の教育を受けることのできる機会を国民に保障することが要請されている。したがって、各学校において編成・実施される教育課程の必要性は、国として一定の基準を設け、国全体としての統一性を保つことにある。

（2）教育課程に関する法令

教育基本法…教育の目的（第1条），教育の目標（第2条），教育の機会均等（第4条），義務教育（第5条），学校教育（第6条），政治教育（第14条）及び宗教教育（第15条）

学校教育法…小学校教育の目的（第29条），小学校教育の目標（第30条第1項），義務教育の目標（第21条），小学校の教育課程（第33条）

同法施行規則…学校教育法の規定に基づいて文部科学大臣によるいくつかの規定を設けている。小学校の教科（第24条，第24条の2），小学校の教育課程の基準「小学校の教育課程については、この節に定めるもののほか、教育課程の基準として文部科学大臣が別に公示する小

学校学習指導要領によるものとする。(第25条)」

　学習指導要領は同法施行規則第25条の規定に基づいて，文部科学大臣が告示という形式で定めている。各学校における教育課程の編成・実施に当たっては，これに従わなければならない。

　地方教育行政の組織及び運営に関する法律には，教育委員会は，学校の教育課程に関する事務を管理，執行し（第23条第5号），法令又は条例に違反しない限度において教育課程について必要な教育委員会規則を定めるものとする（第33条第1項）と規定されている。

3．教育課程の編成主体

　学習指導要領「第1章　総則　第1教育課程編成の一般方針」において「1　各学校においては，…適切な教育課程を編成するものとする。」と示している。学校において教育課程を編成するとあるのは，学校教育法第37条第4項にある規定「校長は，校務をつかさどり，所属職員を監督する。」により，校長が学校の長たる責任者として編成するということである。もちろん，これは，権限と責任の所在を示したものであり，学校は組織体であるから，教育課程の編成作業は，当然ながら全教職員の協力の下に行われることになる。

　各学校において，校長は，地域や学校の実態を十分考慮し，児童生徒の発達段階や特性に留意し，教育基本法，学校教育法をはじめ各種の法規，学習指導要領，さらに都道府県及び市町村教育委員会の基準，指導・助言に従い，教育目標・教育内容を選定するとともに，教科等を編成する。

4．教育課程編成の原則

① 法令及び学習指導要領に従う（教育基本法，学校教育法など）
　　学習指導要領とは，学校教育法に基づく学校教育法施行規則の委任により文部科学大臣が告示するもので，各学校における教育課程編成及び実施に当たって基準となるものである。
② 生徒の人間として調和のとれた育成を目指す
③ 地域や学校実態を十分配慮
④ 課程や学科の特色を十分考慮
⑤ 生徒の心身の発達段階及び特性等を十分考慮

5. 教育課程とカリキュラム

　カリキュラム（curriculum）は，ラテン語の語源では，競争路のコースを意味し，「人生の来歴」をも含意，転じて学校で教えられる教科目やその内容及び時間配当など，学校の教育計画を意味する用語となる。戦前，小学校では「教科課程」1951（昭和26）年の学習指導要領から「教育課程」の用語を使用する。
　一般的には「教育課程」は国家的「基準」をはじめ地方教育委員会の示す地域レベル及び学校レベルまで制度化された「公的な教育課程」を指し，潜在的カリキュラムを含む教義の教育課程を「カリキュラム」と呼ぶ。
　カリキュラムの概念を「学校教育における児童生徒の経験の総体」と広義に捉えると，それは，顕在カリキュラムと潜在カリキュラムに分類できる。
　顕在的カリキュラムには，意図されたつまり計画されたカリキュラムとして教育課程がある。
　潜在的カリキュラムには，公の教育知識を選択・正当化・配分，伝達したりすることと，これらの知識の受容過程を背後で規定する価値・規範・信念の体系をいっている。具体的には，社会の統制や階級的不平等を再生産するのに好都合な価値内容すなわち，規則，規制，慣例，生活に必要な諸規範などをいう。さらに，教師が無意識に伝え，児童生徒が無自覚に学習する価値内容すなわち，学校建築，教室空間，制服，儀式的行事，校歌等をいう。
　教員がカリキュラムづくりや学校が独自にカリキュラムをづくりをするとき，学校内外の環境を分析することが第1のステップである。外部環境については，学校教育に寄せられる社会的要請と期待を把握し，また，カリキュラムを展開するのに必要な内部環境については，カリキュラムを展開するのに必要な条件が整っているかどうかを事前に見積もっておくことは大切である。内部環境として，生徒の特性，能力，ニーズ，教員の価値観，知識，経験，学校の雰囲気，学校の政治構造，資料の蓄積，施設設備，現行カリキュラムの不十分な点，が挙げられる。特に，現行カリキュラムの不十分さは，カリキュラム開発の出発点となり，また他の内部環境をデータ化を図り，これらを含めて分析する。したがって，カリキュラムマネジメントは，A（action）→P（plan）→D（do）→C（check）のマネジメントサイクルによって行われる。
① 個人レベル…教員が教科目，学級活動を担当するとき，その学習指導案の作成は，カリキュラム開発であり，その1単位時間の授業の中で，形成的評価，総括的評価を行い，改善し次回の授業のカリキュ

図5-4　育成すべき資質能力の3つの柱を踏まえたカリキュラム・デザインの概念（イメージ図）

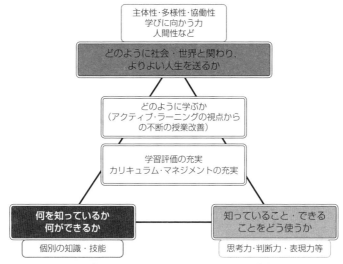

出所：文部科学省資料「教育課程企画特別部会　論点整理　補足資料（1）」より作成。

ラム開発に生かすこととなる。
② 学年レベル…教員が教科目，学級活動を担当するとき，教科内容の選択，配列や，学年単位で取り組む学級活動などの場合，同一学年担当者が協議し，カリキュラム開発を行う。
③ 多学年レベル…教科毎に，多学年を見通した教科内容の選択，配列を行うため多学年担当者が協議をし，カリキュラム開発を行う。
④ 他の分掌組織のレベル…例えば，分掌部である進路指導部が行うガイダンス機能としての生徒の進路学習は，該当学年と進路指導部協働で特別活動の学級活動として，カリキュラム開発が行っている。
⑤ 全体のレベル…総合的な学習の時間や特別活動としての学校行事等は，全教職員が行うカリキュラム開発になる。

「どのように社会・世界と関わり，よりよい人生を送るか」については，主体性・多様性・協働性・学びに向かう力・人間性などの資質・能力の育成が必要である。また，「何を知っているか，何ができるか」については，個別の知識・技能など

の資質・能力の育成が必要であり,「知っていること・できることをどう使うか」については,思考力・判断力・表現力等の資質・能力の育成が必要である。そして,その資質・能力3つの柱を機能させる方法として,「主体的・対話的で深い学び」(アクティブ・ラーニング)の視点からの不断の授業改善」と「カリキュラム・マネジメントの充実」が求められるのである。

4 主体的・対話的で深い学び

　選挙権年齢が18歳以上に引き下げられ,生徒にとって政治や社会が一層身近なものとなっており,特に,高等学校においては,社会で求められる資質・能力を全ての生徒に育み,**生涯にわたって探究を深める未来の創り手として送り出していくことがこれまで以上に求められる**。そのため,**主体的・対話的で深い学びの実現に向けた授業改善**が必要である。

　「主体的」な学びとは,自己が学びの主体になり,個性を伸長することであり,ジョン・デューイ (John Dewey, 1859-1952) の「自由」の概念に通じるものである。つまり,デューイ教育論では生長が自由 (freedom) と同一視されており,「自由」(freedom) は,行動の自由に加えて,目標や意図を形成し評価する力と手段を選択し組織する力からなるのである。

　「対話的」な学びとは,他の人と考えを交流させ,コミュニケーションを図ることであり,デューイのいう「協同」の概念に通じるものである。デューイの「協同」は,英知的で自由な参加の態度を養うための民主主義の生活法則であり,民主的な学校の規律とは,英知的な探究能力と民主的な生活能力であり,両者は別のものではなく一体のものである。つまり,英知的な探究能力は「自由」,民主的な生活能力は「協同」を意味し,両者は一体のものであり,どちらか一方だけでは教育は成立しないとデューイは考えていたのである。彼は,教育的過程は二つの面をもっており,心理的な面と社会的な面であって,どちらかを他の一方に従属したり無視したりすれば必ず悪い結果を伴うと述べている。

　「深い学び」とは,デューイの「探究」(inquiry) の概念であり,我が国が目指している問題解決的な「探究学習」に通じるものである。デューイによれば,「探究」とは,「不確定な状況を,確定した状況に方向づけられた仕方で転化させることである」としており,上述の「自由」と「協同」を融合調和させることで生み出される,問題解決学習の基礎理論である。「自由」と「協同」の融合調和レベルとは,デューイの「経験」の理論的発展段階より,セルフアクション (self-action)

——「自由」と「協同」は別々に存在し，相互の関わりがないレベル，インタラクション（interaction）——「自由」と「協同」は同時に存在し，相互作用しているレベル，トランズアクション（transaction）——「自由」と「協同」は根元的に統合され，双方向作用によって，有機的に関わり合って場を形成しているレベルである。

教育的「経験」の質をトランズアクションへと近づけることによって，人間形成的意義のある民主主義教育が実現される。「トランズアクション」のレベルでは，コミュニケーション能力の発達によって，「内発的動機づけ」や「メタ認知」を伴う「自己調整学習」，「批判的思考」及び「反省的思考」による「探究」（inquiry）が生まれ，子どもの行動が自律的で，難しい課題を与えられてもあきらめずに問題を解決する粘り強い取り組みや，深く持続する学習がなされる。これが，「主体的・対話的で深い学び」（アクティブ・ラーニング）である。

1．学習指導要領改訂と育成すべき資質能力のイメージ図

学習指導要領改訂の視点については，3つの柱から考えることができる。「何ができるようになるか」については，個別の知識・技能，思考力・判断力・表現力等，人間性や学びに向かう力を基礎とした「メタ認知」に関するもの，多様性を尊重する態度や互いの良さを生かして協働する力，リーダーシップやチームワーク，優しさや思いやりなど，人間性に関するものなどの資質・能力の育成が必要である。「何を学ぶか」については，グローバル社会において不可欠な英語の能力の強化，我が国の伝統的文化に関する教育など，教科・科目等の新設や目標・内容の見直しを踏まえた資質・能力の育成が必要であり，「どのように学ぶか」については，習得・活用・探究という学習プロセスの中で，問題発見・解決を念頭に置いた深い学びの過程が実現できているかどうか，他者との対話的な学びの過程が実現できているかどうか，子どもたちが見通しを持って粘り強く取り組み，主体的な学びの過程が実現できているかどうかを常に問い，アクティブ・ラーニング（「主体的・対話的で深い学び」）の視点からの不断の授業改善が必要である。

図5-5　学習指導要領改訂と育成すべき資質能力のイメージ図

新しい時代に必要となる資質・能力の育成

① 「何を知っているか，何ができるか（個別の知識・技能）」
　各教科等に関する個別の知識や技能など。身体的技能や芸術表現のための技能等も含む。
② 「知っていること・できることをどう使うか（思考力・判断力・表現力等）」
　主体的・協働的に問題を発見し解決していくために必要な思考力・判断力・表現力等。
③ 「どのように社会・世界と関わり，よりよい人生を送るか（人間性や学びに向かう力等）」
　①や②の力が働く方向性を決定付ける情意や態度等に関わるもの。以下のようなものが含まれる。
・主体的に学習に取り組む態度も含めた学びに向かう力や，自己の感情や行動を統制する能力など，いわゆる「メタ認知」に関するもの。
・多様性を尊重する態度と互いの良さを生かして協働する力，持続可能な社会作りに向けた態度，リーダーシップやチームワーク，感性，優しさや思いやりなど，人間性に関するもの。

何ができるようになるか

育成すべき資質・能力を育む観点からの
学習評価の充実

何を学ぶか

育成すべき資質・能力を踏まえた教科・科目等の新設や目標・内容の見直し

◆グローバル社会において不可欠な英語の能力の強化（小学校高学年での教科化等）や，我が国の伝統的な文化に関する教育の充実
◆国家・社会の責任ある形成者として，また，自立した人間として生きる力の育成に向けた高等学校教育の改善（地理歴史科における「地理総合」「歴史総合」，公民科における「公共」の設置等，新たな共通必履修科目の設置や科目構成の見直しなど抜本的な検討を行う。）等

どのように学ぶか

アクティブ・ラーニングの視点からの
不断の授業改善

◆習得・活用・探究という学習プロセスの中で，問題発見・解決を念頭に置いた深い学びの過程が実現できているかどうか
◆他者との協働や外界との相互作用を通じて，自らの考えを広げ深める，対話的な学びの過程が実現できているかどうか
◆子供たちが見通しを持って粘り強く取り組み，自らの学習活動を振り返って次につなげる，主体的な学びの過程が実現できているかどうか

出所：文部科学省資料「教育課程企画特別部会　論点整理　補足資料（1）」より作成。

2.「主体的・対話的で深い学び」（アクティブ・ラーニング）

　「主体的・対話的で深い学び」（アクティブ・ラーニング）は，形式的に対話型を取り入れた授業や特定の指導の型を目指した技術の改善に留まるものではなく，子供たちの質の高い深い学びを引き出すことを意図するものであり，さらに，それを通してどのような資質・能力を育むかという観点から，学習の在り方そのものの問い直しを目指すものである。文部科学省の定義では，「主体的・対話的で深い学び」（アクティブ・ラーニング）は，「教員による一方向的な講義形式の教育とは異なり，学修者の能動的な学修への参加を取り入れた教授・学習法の総称。

学修者が能動的に学修することによって，認知的，倫理的，社会的能力，教養，知識，経験を含めた汎用的能力の育成を図る。発見学習，問題解決学習，体験学習，調査学習等が含まれるが，教室内でのグループ・ディスカッション，ディベート，グループ・ワーク等も有効なアクティブ・ラーニングの方法」である。

また，「カリキュラム・マネジメント」は，学校の組織力を高める観点から，学校の組織及び運営について見直しを迫るものである。その意味において，「主体的・対話的で深い学び」（アクティブ・ラーニング）と「カリキュラム・マネジメント」は，授業改善や組織運営の改善など，学校の全体的な改善を行うための鍵となる2つの重要な概念として位置付けられるものであり，相互の連動を図り，機能させることが大切である。教育課程を核に，授業改善及び組織運営の改善に一体的・全体的に迫ることのできる組織文化の形成を図り，「主体的・対話的で深い学び」（アクティブ・ラーニング）と「カリキュラム・マネジメント」を連動させた学校経営の展開が，それぞれの学校や地域の実態を基に展開されることが求められる。

これからの教員には，学級経営や幼児・児童・生徒理解等に必要な力に加え，教科等を越えた「カリキュラム・マネジメント」のために必要な力や，「主体的・対話的で深い学び」（アクティブ・ラーニング）の視点から学習・指導方法を改善していくために必要な力，学習評価の改善に必要な力等が求められる。教員一人ひとりが社会の変化を見据えながら，これからの時代に必要な資質・能力を子供たちに育むことができるよう，教員の養成・採用・研修を通じて改善を図っていくことが必要である。

つまり，「主体的・対話的で深い学び」（アクティブ・ラーニング）とは，「教員による一方向的な講義形式の教育とは異なり，学修者の能動的な学修への参加を取り入れた教授・学修法の総称」（文部科学省，2012）である。また，「主体的・対話的で深い学び」の実現とは，特定の指導方法のことでも，学校教育における教員の意図性を否定することでもない。教員が教えることにしっかりと関わり，子供たちに求められる資質・能力を育むために必要な学びの在り方を絶え間なく考え，授業の工夫・改善を重ねていくことである。「主体的・対話的で深い学び」（アクティブ・ラーニング）の技法は，以下のようなものがある。

・Think‒Pair‒Share
・ジグソー法
・ポスターツアー

・ピア・インストラクション
・PBL

　PBL（Project-Based Learning）は，一定期間内に一定の目標を実現するために，生徒が自立的・主体的に自ら発見した課題に取り組み，それを探究するためにチームで協同してプロジェクトを遂行する創造的・社会的な学びである。次のような能力をはぐくむ。

　　企画力
　　創造力
　　課題探究力
　　コミュニケーション力
　　批判的思考力
　　プレゼンテーション力

　その特徴は以下のようなものである。

・数人の生徒で一つのグループ（6〜9人）を作り，学習に取り組む
・予備知識に関わらず取り組むべき問題事例が示される
・グループで問題解決のための学習計画を立てる
・授業時間外に個人で自己学習を進める
・学習に必要な学習資源（文献・資料）も自分で適切なものを選択する

　PBLを経験した生徒からは，「仲間が増えた」「プレゼンがうまくなった」「自分で調べ物ができるようになった」「学習が楽しくなった」という声が聞かれる。なぜなら，その主な点として，PBLは生徒が主役の授業形態であることがあげられる。

　これは，デューイによる教育方法の流れを汲むものである。デューイは，著書『学校と社会』において，「いまやわれわれの教育に到来しつつある変革は，重力の中心の移動である。……このたびは子どもが太陽となり，その周囲を教育の諸々の営みが回転する。」と，「教育におけるコペルニクス的転回」を述べ，児童中心主義を主張した。

　近代の教育思想家のルソーやペスタロッチ等は，学習の主体を子どもに置いて教育思想を展開していた。その思想が，制度として実現するのは，第二次世界大戦後である。しかし，今日においても，すべての子どもが，学習権・教育権等の

権利を享受し，学習の主体を子どもに置いた教育思想の実現が可能となっているかは，重要な課題であるといえる。

デューイは，子どもを取り巻く環境との相互作用において生じる経験を重視し，子どもの生活を中心として，カリキュラムを構成しようとした。その結果，従来の学問体系に即した教科の枠組みではなく，子どもの生活を単元とする「生活単元学習」にもつながっていく。子どもにとって，生活上の困難（問題）が課題になり，その困難を解決するプロセスに注目する，問題解決学習の展開を主張した。デューイは，シカゴの実験学校（デューイ・スクール）を創設し，プラグマティズムの哲学を持って教育理論を実証した。学校とは，理想化され，単純化され，均衡化された「小社会」であるとして，教育とは，社会における実生活の「経験」の実用性（プラグマティズム）による再構成であるとした。彼の主張した「問題解決学習」とは，諸問題解決の試みの中で知識と人格の真の形成が達成されるものである。主な著書は，『学校と社会』，『民主主義と教育』である。彼は，『民主主義と教育』において，「教育とは，経験の意味を増加させ，その後の経験の進路を方向づける能力を高めるように経験を改造ないし再組織することである」と主張した。

子供たちが，学習内容を人生や社会の在り方と結び付けて深く理解し，これからの時代に求められる資質・能力を身に付け，生涯にわたって能動的に学び続けたりすることができるようにするため，子供たちが「どのように学ぶか」という学びの質を重視した改善を図っていくことである。学びの質を高めていくためには，「主体的・対話的で深い学び」の実現に向けて，日々の授業を改善していくための視点を共有し，授業改善に向けた取組を活性化していくことが重要である。これが「アクティブ・ラーニング」（「主体的・対話的で深い学び」）の視点からの授業改善であるが，形式的に対話型を取り入れた授業や特定の指導の型を目指した技術の改善にとどまるものではなく，子供たちそれぞれの興味や関心を基に，一人ひとりの個性に応じた多様で質の高い学びを引き出すことを意図するものであり，さらに，それを通してどのような資質・能力を育むかという観点から，学習の在り方そのものの問い直しを目指すものである。

5 学習指導

1. 教科指導の基本的な考え方

　学校教育の中で,教科指導のもつ意義は,先人が創り出し蓄積してきた文化（科学・技術・芸術など）の基礎を児童生徒に系統的に習得させるとともに,よりよい社会を形成するための知識やものの見方や感じ方,考え方を身に付け,個性や創造性を発揮しながら生きていく資質や能力を育成することにある。

　自ら学び自ら考えるなどの「生きる力」を育成するためには,指導方法の一層の改善に努め,基礎・基本の徹底による学力の充実・向上と個性を生かす教育を推進しなければならない。そのため,教師は能力・適性,興味・関心等が異なる児童生徒一人ひとりの特性を理解し,指導方法や指導体制を工夫改善し,個に応じた指導を行うことが必要である。

　学習の主体は児童生徒であり,教師の役割は児童生徒の主体的な学習を通して,目標を達成できるように適切な指導を行うことである。

（1）基礎基本の確実な定着

　「生きる力」を育成する上で,基礎・基本の確実な定着は,欠くことができない要素である。教育課程審議会答申（平成12年）によると「基礎・基本には,知識や技能だけでなく,自ら学ぶ意欲や思考力,判断力,表現力も含まれる。」と示されている。つまり,学習指導要領に示す各教科等の知識や技能とともに,学ぶ意欲や思考力,判断力,表現力も併せて,基礎的・基本的な内容である。したがって,基礎的・基本的な知識・技能を繰り返し教えるなど指導方法を工夫して確実に身に付けさせるとともに「自ら学び,自ら考える力」を育成することが必要である。そのためには,児童生徒が自ら課題を見付け,追究し,解決するという学習過程を授業において具体化し,学ぼうとする意欲・態度,思考力,判断力,表現力などを育成することが重要である。

（2）個に応じた指導

　個に応じた指導には,そのねらいから見て2つの側面がある。

　第一は,児童生徒が学習内容を確実に習得することができるようするため,個に応じた指導を充実することである。

第二は，児童生徒の関心や興味，ものの見方，考え方，感じ方の違いを個の持つよさや可能性ととらえ，それらを伸ばし，自ら学び自ら考える力を高めるため個に応じた指導を充実することである。

児童生徒一人ひとりの特性を的確に把握し，個に応じた多様な指導方法を工夫改善することが必要である。

(3) 主体的な学習態度の育成

児童生徒が主体的に学ぶ力を身に付けるためには，まず，学習に対する興味を引き出すことが重要である。そのためには，教材や題材にかかわる児童生徒の実態を十分に考慮し，個に応じた目標を設定することにより成就感を味わえるようにするなどして，主体的に取り組んでいこうとする意欲・態度を育てる必要がある。

また，児童生徒が互いのよさを認め合い，協力し合って学習することは，自己存在感や自己実現の喜びを実感し，自ら学習する意欲や最後までやり遂げるという意志の力などを育てることにつながる。

(4) 適切な指導過程の工夫

児童生徒一人ひとりが主体的に学ぶ力を身に付けるとともに，論理的思考力や判断力，表現力などを培うためには，体験的な学習や問題解決的な学習を導入するなど適切な指導過程を工夫することが必要である。

また，児童生徒の達成状況を基に指導の評価を行い，指導の工夫・改善に生かすことも必要である。特別支援学校においては，障害により，児童生徒の全体像やプロフィール，生活の様子，授業に対する関心・意欲・態度などを把握するのが困難な場合がある。学習指導を行う際には，適宜実施した各種の調査や検査を参考に，きめ細かな日常観察による判断を指導に反映させていくことが大切である。

2．学習指導の基本的な在り方

(1) 教科の目標や内容の把握

学習指導要領に示された目標・内容をよく理解し，各教科・科目のねらいがどのような資質や能力の育成を目指しているのかを十分把握して指導することが大切である。同時に，地域や学校の実態を考慮し，児童生徒の心身の発達段階や特性に応じて基礎的・基本的な内容を確実に身に付けさせるため多様な指導方法を

工夫しなければならない。

(2) 綿密な指導計画

限られた授業時数の中で目標を達成するためには,学校や地域の実態を考慮し,教材・教具の活用や,各教科・科目及び各学年相互の関連を図り,年間指導計画や単元(または題材,教材)指導計画を立てなければならない。この計画を週案に整理し,さらに1時間ごとの学習指導案を作成し,計画的・効果的な指導を進めることが大切である。同時に評価計画を立て,指導と評価の一体化を図ることが必要である。

(3) 学習指導案の立て方

学習指導案は授業の設計図であり,単元指導計画を踏まえ,1時間ごとの指導のねらいや内容を明らかにし,児童生徒がどのような学習活動を展開し,結果としてどのような教育効果を期待するかを具体的に示したものである。学習指導案を立てる際には,特に次の点に留意しなければならない。

ア 授業のねらいをはっきりさせる。

目標のあいまいな授業からは大きな成果を期待することはできない。単元(題材・教材)目標との関連を明らかにしながら,毎時間の授業のねらいを具体的かつ明確にして,授業に臨まなければならない。

イ 児童生徒の実態を的確にとらえる。

個々の児童生徒の学力や学習意欲,興味・関心などを的確にとらえることによって目標の焦点化,指導の具体化を図る。それによって,個を生かす学習指導も可能となる。

ウ 指導方法を工夫する。

教材開発,指導過程,指導形態,発問や助言の仕方,板書計画,ノート指導など具体的な指導方法を工夫する。

エ 成果の評価方法を検討し,工夫する。

児童生徒が,授業内容をどのように,どの程度理解しているかを知ることは,効果的な授業展開のために大変重要なことである。児童生徒が確かな学力を身に付けられるように,指導の前後及び指導の過程や結果における評価方法を工夫・改善し,指導と評価の一体化を図る。

(4) 学習指導案の形式

　学習指導案は，略案と細案に分けられる。略案は指導の要点を簡略に記したもので，主として日常の授業で用いられ，細案は1時間の授業の展開を詳細に記したもので，主として授業研究を行う場合などに用いられる。

(5) 個に応じた指導の充実

　個に応じた指導として，学習内容を確実に習得させる「指導の個別化」及び児童生徒の興味や関心，意欲など自ら学び自ら考える力を高める「学習の個性化」がある。

　「指導の個別化」……児童生徒の学習速度や達成度，習熟度の違いなどに考慮した個に応じた指導である。基礎的・基本的な内容の確実な定着を主眼として，共通の学習目標を達成するために，個に応じた学習内容及び学習方法を設定するものである。

　「学習の個性化」……児童生徒一人ひとりの興味・関心やものの見方，考え方，感じ方等の違いを個性的な人間形成につながる可能性としてとらえ，尊重し，伸ばし，生かす指導である。そのためには，学習方法や学習過程を個別化したり，学習の題材を選択したりする工夫が考えられる。

　「指導の個別化」や「学習の個性化」による個に応じた指導を行う具体的方策としては，指導形態（一斉指導，グループ別指導，個別指導等）の効果的な組合せ，繰返し指導，教材の開発と工夫，学習課題の選択，学習コースの選択，教師の発問や板書など指導方法の工夫，指導体制の工夫，評価の工夫などが考えられる。こうした学習を進めるためには，児童生徒の主体的な学習態度や前向きな学級・講座の雰囲気づくり，さらに，児童生徒との信頼関係の確立などが必要になってくる。その際，指導前に個々の児童生徒の個性や学習状況を把握する必要がある。授業の場だけで指導しようとしても思い通りには進まない。

　事前の準備として，児童生徒一人ひとりの特徴を正しく，しかも多面的にとらえておく必要がある。例えば，学習の記録以外にも標準化された検査や適性検査などの各種検査，作品やノート・日誌なども個人の特徴をとらえるのに役立つものである。

　しかし，事前に綿密な資料を準備しても，学習過程での一人ひとりの行動を完全に予測することは難しい。指導の過程でも個々の状況の把握が必要となる。指導中に児童生徒の反応を見ながら，授業展開の手順や方法を考えて，補助的な説明や発問を追加するなどの手立てが必要である。

(6) 発展的な学習と補充的な学習

児童生徒の理解や習熟の状況等に応じ，発展的な学習や補充的な学習により個に応じた指導の充実を図ることも必要である。

発展的な学習では，学習指導要領に示す内容を身に付けている児童生徒に対して，学習指導要領に示す内容の理解をより深める学習を行ったり，さらに進んだ内容についての学習を行ったりするため，指導内容を適宜工夫することが求められる。その際，学習指導要領に示す内容と全く関連のない学習や児童生徒の負担過重となるような指導にならないように留意しなければならない。

補充的な学習では，学習指導要領に示す基礎的・基本的な内容の確実な定着を図るため，様々な指導方法や指導体制の工夫改善を進めることが重要である。例えば，繰り返し指導を行う場合でも，多様な教材を用意したり，同じ内容を別の場面，別の方法などで学び直させたりするなど多面的な学習による補充を行うことが大切である。

(7) 指導形態

指導形態は，学習内容の定着を左右する極めて大切なものである。したがって，授業の目標，教材の種類や内容，児童生徒の実態をよく把握して，最も適切な指導形態を採用し，効果的な学習が行えるように工夫することが大切である。

　ア　一斉指導……同一の教材によって，学級・講座全部の児童生徒を対象にして進める指導形態である。教師が説明したり，児童生徒と問答をしたり，意見を出し合ったりして，全員で同じ内容の学習を進める。

　イ　グループ指導……同一教材あるいは異なる教材によって，学級・講座を幾つかのグループに分け授業を進める形態である。児童生徒相互のコミュニケーションが図られ，集団の機能が生かされる。指導に際しては，グループでの学習状況の把握や各個人への支援などに配慮が必要である。

(グループ学習の類型)

	自由討議型		結論推考型
情報交換活動	ブレーンストーミング型	評価検討活動	グループ討議検討型
	役割分担型		
研究調査活動	課題選択型		
	発見様式型		
劇・作業・制作・練習・ゲーム等		共同型	

共通型

　ウ　個別指導……同一教材あるいは異なる教材によって，児童生徒を個別的に指導する指導形態である。個々の児童生徒の実態に合わせて指導することができる。

　なお，共通の目標を達成することを前提として，個に応じた指導を進める方法である「指導の個別化」は，個性の重視が要請される中で，より一層の工夫を加えることが必要である。

　エ　少人数授業……少人数授業とは，国語，算数（数学），理科，英語等において，通常の学級（生活集団）とは別に20人程度の少人数グループ（学習集団）を設定して授業を展開することであり，個に応じたきめ細かな指導により基礎学力の充実・向上を図ることと，児童生徒一人ひとりの特性をしっかりと見つめ個性を生かす教育の推進を図ることをねらいとしている。そのためには，各学校の創意工夫により，児童生徒の興味・関心に基づく課題別学習や習熟の程度に応じた学習活動の充実を図ることが大切である。

　オ　ティームティーチングによる指導……ティームティーチングとは，個に応じた多様な教育を推進するため複数の教員がティームを組み，それぞれの持ち味を生かして協力し合いながら，一人ひとりの児童生徒の個性によりきめ細かく，より幅広く対応する指導方法である。

　現在実施されている一般的な指導形態としては，一斉指導援助型，学習コース別分担型，授業過程分担型・学習場所分担型，習熟の程度に応じた分担型等がある。

　少人数授業やティームティーチングにおいては，習熟の程度に応じて学級の枠を超えた学習集団を編成して行うなど指導の工夫により，基礎的・基本的な内容を確実に身に付けさせることができる。

　ティームティーチングについては，「第6次公立義務教育諸学校教職員配置改善計画」により平成5年度から，少人数授業については，「第7次公立義務教育諸学校教職員配置改善計画」により平成13年度から，小・中学校に加配教員が配置されている。

　カ　特別非常勤講師等による指導……特別非常勤講師等による授業を積極的に実施したり，保護者や地域の人々の協力を得たりすることも大切である。

(8) 体験的・問題解決的な学習の促進

　変化の激しい社会を生きる資質・能力の育成や，生涯にわたる学習の基礎を培うためには，自ら学び自ら考える力の育成を重視した教育を行い，自ら学ぶ意欲を高め，主体的に学ぶ力を身に付けさせるとともに，論理的な思考力や判断力，表現力などの能力の育成を図ることは，極めて重要である。このような資質や能力を育成するために，体験的な学習や問題解決的な学習など児童生徒が主体的にかかわる学習の充実が求められている。このため，各教科等において，自然体験，観察・実験，調査，見学，課題学習などの活動を一層重視し，内容の改善を図ることが必要である。

　　意義……体験的な学習や問題解決的な学習は，児童生徒に学ぶことの楽しさや成就感を体得させ，自ら学ぶ意欲を高め，主体的に学ぶ態度や学び方を身に付けさせる上で有効である。また，体験的な学習や問題解決的な学習を通して獲得した知識や技能は，定着率が高く，実践的な能力が獲得でき，自ら学び自ら考える力を高めることができる。

　これらの意義を踏まえ，体験的な学習や問題解決的な学習を発達段階に応じ，じっくりとゆとりをもって取り組めるように計画することが望まれる。各教科等において習得すべき知識や技能もこれらの主体的な学習を通じて，児童生徒一人ひとりの学習や生活に総合的に働くようになるものと考えられる。

　　実施……体験的な学習では「なすこと」と「考えること」とが一体となって働き，学習への関心・意欲を高め，学習後の満足感を体得できる。体験的な学習を一層効果的なものにするために，体験をその場限りのものにするのではなく，事前事後の学習を工夫するなどして，より深い学習へと有機的・発展的につなげていくことが必要である。

　問題解決的な学習では，学習の過程を形式化したり，教師の指示による活動に偏らないようにすることが必要である。そのために，問題設定の在り方，学習過程の弾力化，多様な学習活動の組合せなど意欲的・主体的に問題解決に取り組む態度や能力を養えるように工夫していきたい。このような学習を展開する際には，そのねらいや目標等を明確にし，前後の指導との関連を十分に配慮した指導計画を立て，興味・関心を生かした学習指導を展開することが大切である。児童生徒の興味・関心を生かすことは，学習意欲を喚起し，自主的・自発的な学習を促すことにつながる。指導に当たっては・学習の目的の自覚を促し，進歩の状況の意

識化を図り，進んで学習しようとする態度を育てるように配慮する。

　体験的・問題解決的な学習の充実……体験的・問題解決的な学習は，学習の対象や方法への興味や関心を高めたり，場面に応じて自ら考え判断する力を育てたりする重要な役割を果たしている。

　価値あるものに直接触れたり，学習の内容や方法を生活と結び付けたりする体験的な学習活動では，実際的な場面で，自ら考え工夫することから，学習する内容の価値を実感できるようになる。

　また，問題解決的な学習は，学びの中でもった学習課題を個人やグループで試行錯誤する学習過程を設定することで，知的好奇心や探究心を喚起し，「学び」と「その振り返り」を繰り返し，児童生徒の興味・関心や意欲を持続させつつ課題解決の方向へと導くことが容易になる。

　そのため，各教科において，観察・実験，調査，見学，課題学習などの活動を一層重視することが求められている。学習指導要領において，例えば，国語科では説明や討論など言語活動例を示し，社会科では学び方を学ぶ学習，算数（数学）科では算数（数学）的活動や課題学習，理科では日常生活との関連を図り，目的意識をもった観察・実験や探究的な活動を充実するように示されている。

　このような学習活動は，特定の教科等にとどまらず学校教育全体を通じて重視し，その充実を図ることが大切である。

　留意点……このような学習を学校教育全体を通じて取り組むためには，指導内容の精選を図り，教材，指導形態，授業時数の運用などに創意工夫を加え，指導計画に積極的かつ適切に位置付けることが必要である。その際，教師は様々な気付きを促し，児童生徒が最後まで取り組めるよう共に学び考え，励ますことが大切である。なお，これらの学習を展開するに当たっては，学習の内容と児童生徒の発達段階に応じて安全への配慮を十分に行わなければならない。

（9）発問と助言

　発問や助言は，様々な個性をもつ児童生徒の気付きや思考活動を促すために特に工夫が必要である。また，児童生徒の発言を活発にするためには，学級・講座の誰もが発言しやすい雰囲気をつくることが何よりも重要である。

ア【発問・助言の基本】

- ○ 指導目標を具体的に押さえ，個々の児童生徒の学習状況を正しく把握して行う。
- ○ 発問の意図を明確にし，分かりやすい言葉を用いる。
- ○ 個々の児童生徒の反応を見て，発問を修正する。

イ【発問・助言の種類】
- ○ 動機付けの発問，学習意欲を喚起する発問・助言
- ○ 児童生徒の既有の知識や書かれていることの確認のための発問
- ○ 新たな疑問や問いを起こさせる発問・助言
- ○ 児童生徒の感性をゆさぶり，学習意欲を持続させる発問・助言

ウ【発問・助言についての留意点】
- ○ 児童生徒の学習状況を把握するとともに，教材に対する疑問や問題意識，興味などを把握し，発問に生かすようにする。
- ○ 発問や助言は，児童生徒の反応を予想し，組立てを考え，計画的に構成し，反応を見ながら臨機応変に対応することが大切である。
- ○ 一問一答でなく，一つの発問や助言でいろいろな考え方や答えが生まれたり，児童生徒間の問答が始まったりするような，いわゆる一問多答や一問多問答などになるよう工夫することも大切である。
- ○ 即答が期待できる児童生徒だけを対象にした発問にならないように配慮する。
- ○ 発問や助言によって児童生徒の思考活動を促すためには，様々な発想を受け入れ，意欲を高め，次の発問や助言につないでいくことが大切である。

(10) 板　書

　板書は，学習指導の一環として，分かりやすい授業を進めていくための大切な要素の一つであり，前述の発問と関連付けながら，授業の展開が把握できるようにすることが必要である。

　板書については，次のような点に留意する。

- ○ その時間に行う授業の中心的な目標を書く。
- ○ 学習意欲の高まりを意図して，児童生徒の発言内容などを書く。
- ○ 授業の最後にまとめができるように文字の配置をよく考えて書く。
- ○ 図解や図式，色チョークによる強調などの工夫をする（色覚障害のある児童生徒がいれば配慮する）。

○ 児童生徒の発達段階に応じて，板書速度・文字の大きさなどに配慮する。
○ 正しい筆順や仮名遣いで，誤字・脱字・略字がないように注意して楷書で丁寧に書く。
○ 必要に応じて板書した事柄をノートに整理・記録させる。

(11) 実習・実技を伴う授業の充実

実習・実技を伴う授業は，児童生徒の身体と頭脳を通した学びの場である。具体物や具体的活動を伴うこの学びの場では，誰もが学習への第一歩を踏み出しやすく，踏み出した第一歩によって感じた「疑問」「驚き」「感動」などが，授業内容への意欲や見通しをもたせて，さらには主体的に学習課題を認識することを容易にする。

新しい学習課題や場面に直面した児童生徒が，自ら探究を始め，経験や知識のすべてを使ってかかわろうとする学習の中で，経験の蓄積や知識の再構築がなされ，そこで得られた「わかった」という発見の喜びが次の学習への自信につながる。

このように具体性をもつ学習活動は，児童生徒相互や教師との交流をも充実させ，主体性を養い，一層豊かな学びをもたらすことから，その充実を図ることが大切である。

6 インクルーシブ教育，特別支援教育

子供たちの発達の支援（障害に応じた指導，日本語の能力等に応じた指導，不登校等）

特別支援学校学習指導要領等の改訂のポイントは，自立と社会参加を推進するため，幼稚園，小学校，中学校及び高等学校の教育課程の改善，一人ひとりに応じた改善指導を一層充実する。主な改善事項は，以下の通り，障害の重度・重複化，多様化への対応である。

① 障害の重度・重複化，発達障害を含む多様な障害に応じた指導を充実するため，「自立活動」の指導内容として，「他者とのかかわりの基礎に関すること」などを規定する。
② 重複障害者の指導に当たっては，教師間の協力した指導や外部の専門家を活用するなどして，学習効果を高めるようにすることを規定し，一人ひとりに応じた指導を充実する。

③ 一人ひとりの実態に応じた指導を充実するため，すべての幼児児童生徒に「個別の指導計画」を作成することを義務付ける。
④ 地域や産業界と連携し，職業教育や進路指導の充実を図ることを規定し，交流及び共同学習を推進する。
⑤ 障害のある子どもと障害のない子どもとの交流及び共同学習を計画的・組織的に行うことを規定する。

　発達障害等のある児童生徒への対応はどの教師も直面していることであり，指導や評価上の配慮事項もしっかり整理する必要がある。
　平成25年6月，「障害者の権利に関する条約」の批准に向けた国内法制度の整備の一環として，全ての国民が，障害の有無によって分け隔てなく，相互に人格と個性を尊重し合いながら共生する社会の実現に向け，障害を理由とする差別の解消を推進するために「障害を理由とする差別の解消の推進に関する法律」が制定され，平成28年4月1日に施行された。本法律においては，国立・公立の学校を含めた行政機関等に対して，① 障害を理由とする不当な差別的取扱いを禁止するとともに，② 障害のある幼児児童生徒から，社会的障壁の除去を必要としている旨の意思の表明があった場合において，その実施に伴う負担が過重でないときは，当該障害者の性別，年齢及び障害の状態に応じて，社会的障壁の除去の実施について必要かつ合理的な配慮をすることが義務づけられている。また，私立の学校に対しては，上記①の不当な差別的取扱いの禁止の義務及び②の「合理的配慮」の提供の努力義務が課されている。
　このうち，「合理的配慮」については平成24年7月に中央教育審議会初等中等教育分科会が取りまとめた「共生社会の形成に向けたインクルーシブ教育システムの構築のための特別支援教育の推進（報告）」や，平成27年11月に策定した「文部科学省所管事業分野における障害を理由とする差別の解消の推進に関する対応指針」等において，その基本的な考え方や留意点等が示されている。
　また，学習指導要領の総則においても，配慮事項として，「障害のある児童（生徒）などについては，特別支援学校等の助言又は援助を活用しつつ，…（中略）…個々の児童（生徒）の障害の状態等に応じた指導内容や指導方法の工夫を計画的，組織的に行うこと」と規定されている。
　学習指導要領全体の改訂についての審議の中でも，小学校，中学校等における特別支援教育の在り方について検討がなされており，その中で，困難さの状況に応じた指導や評価上の配慮の在り方について議論されている。具体的には，育成

すべき資質・能力の育成や各教科等の目標の実現を目指し，児童生徒の十分な学びが実現できるよう，学習の過程で考えられる「困難さの状態」に対する「配慮の意図」や「手立て」の例を示すことなどについて検討されており，道徳科においては，「相手の気持ちを理解することが苦手で，字義通りの解釈をする場合には，他者の心情を理解するために，役割を交代して動作化や劇化した指導を取り入れる」ことや，「話を最後まで聞いて答えることや順番を守ったりすることが困難であったり，衝動的に行動し，他者の行動を妨げてしまったりする場合，注意が持続できるよう，適度な時間で活動を切り替えるなどの配慮をする。また，他の児童からも許容してもらえるような雰囲気のある，学級づくりにも配慮する」ことが例として示されている（発達障害等のある児童生徒に対する道徳科の指導及び評価上の配慮）。

文部科学省が定義する「特別支援教育の理念」には，「幼児児童生徒一人一人の教育的ニーズを把握し……：幼稚園から高等学校にわたって行われるものである。これまでの特殊教育の対象だけでなく，知的な遅れのない発達障害も含めて……：器質的な障害（視覚障害・聴覚障害・運動機能障害・知的障害等）に加え，発達障害者支援法に定義されるLD，ADHD，高機能自閉症等も対象とする。障害の有無やその他の個々の違いを認識しつつ様々な人々が生き生きと活躍できる共生社会の形成の基礎となるものであり……：障害のない子供たちにとっても意味を持つものである。」つまり，特別支援教育とは，単に障害児をどう教えるか，どう学ばせるかではなく，障害を一つの個性としてもった子，つまり「特別なニーズをもつ子ども (children with special needs)」が，どう年齢とともに成長，発達していくか，そのすべてにわたり，本人の主体性を尊重しつつ，できる援助のかたちとは何かを考えていこうとする取り組みである。

学習課題

1　専門教科の学習指導案を作成せよ。
2　作成した学習指導案にみられる授業構想に適切な教育方法について述べよ。
3　「カリキュラム・マネジメント」と「アクティブ・ラーニング」（「主体的・対話的で深い学び」）の意義について述べよ。
4　「探究学習」につながる学習指導を提案せよ。
5　インクルーシブ教育，特別支援教育の意義について述べよ。

■■ 参考文献

石村卓也・伊藤朋子『教育の見方・考え方——教育の思想・歴史——』晃洋書房，2017年。

伊藤朋子「ドルトン・プランにおける J.デューイの影響——「自由」と「協同」の理論をめぐって——」『日本デューイ学会紀要』第45号，2004年。

伊藤朋子『ドルトン・プランにおける「自由」と「協同」の教育的構造』風間書房，2007年。

奥田真丈編，熱海則夫ほか『学校経営実践講座3』第一法規，1979年。

奥田真丈編，熱海則夫ほか『学校経営実践講座6』第一法規，1979年。

児島邦宏・天笠茂編『柔軟なカリキュラムの経営』ぎょうせい，2001年。

文部科学省「次期学習指導要領等に向けたこれまでの審議のまとめ」。

文部科学省「教育課程企画特別部会論点整理　補足資料」。

文部科学省「幼稚園，小学校，中学校，高等学校及び特別支援学校の学習指導要領等の改善及び必要な方策等について（答申）」【概要】。

文部科学省「チームとしての学校の在り方と今後の改善方策について（答申）」（中教審第185号），2015年12月21日。

文部科学省「幼稚園，小学校，中学校，高等学校及び特別支援学校の学習指導要領等の改善及び必要な方策等について（答申）」（中教審第197号），2016年12月21日。

文部科学省「特別支援学校小学部・中学部学習指導要領」2017年4月。

Department for Education and Employment, Excellence for all children: Meeting Special Educational Needs, The Stationary Office U. K., 1977.

第6章
探究学習・道徳教科化・外国語活動
――学習指導要領改訂のポイント――

1 総合的な学習（高校：探究）の時間

　2017（平成29）年3月公示の新学習指導要領では，第5章　総合的な学習の時間の「目標」として，「探究的な見方・考え方」を掲げ，以下の通り，（1）（2）（3）の項目が新設された。

> 　探究的な見方・考え方を働かせ，横断的・総合的な学習を行うことを通して，よりよく課題を解決し，自己の生き方を考えていくための資質・能力を次のとおり育成することを目指す。
> （1）探究的な学習の過程において，課題の解決に必要な知識及び技能を身に付け，課題に関わる概念を形成し，探究的な学習のよさを理解するようにする。
> （2）実社会や実生活の中から問いを見いだし，自分で課題を立て，情報を集め，整理・分析して，まとめ・表現することができるようにする。
> （3）探究的な学習に主体的・協働的に取り組むとともに，互いのよさを生かしながら，積極的に社会に参画しようとする態度を養う。

　1998（平成10）年の学習指導要領の改訂において，「総合的な学習の時間」は創設され，小学校3年から中学校，高等学校までの全課程に位置づけられた。これは，我が国のカリキュラム史上画期的な出来事である。
　石村卓也『教育課程――これから求められるカリキュラム開発力――』では，「1872年（明治5年）の「学制」という公教育制度発足以来，時代により，教科数や名称は変化してきたものの，それは，主として，分離型の教科カリキュラムが中心であった。したがって，「総合的な学習の時間」の創設は，教育課程編成，教育内容，リソースの選択・組織，教授組織，評価，児童生徒の学習活動など根

本的に見直したものであり，まさに学校教育の基調を転換したものであり，学校パラダイムの転換を図ったものであった」としている。

このような「総合的な学習の時間」における，1872（明治5）年の「学制」以来の学校パラダイムの転換について，ここでは，総合的な学習の時間の創設にまでさかのぼってその経緯を解説した上で，その後の改訂について，その趣旨を述べる。

1．創設の経緯

1998（平成10）年の学習指導要領の改訂においては，中学校の教育課程に新たに総合的な学習の時間を創設することとし，各学校が地域や学校，生徒の実態等に応じ，横断的・総合的な学習など創意工夫を生かした教育活動を行うようにした。総合的な学習の時間については，これからの教育の在り方として「ゆとりの中で「生きる力」をはぐくむ」との方向性を示した1996（平成8）年7月の中央教育審議会「21世紀を展望した我が国の教育の在り方について」（第一次答申）において創設が提言された。この答申では，「「生きる力」が全人的な力であるということを踏まえると，横断的・総合的な指導を一層推進し得るような新たな手立てを講じて，豊かに学習活動を展開していくことが極めて有効であると考えられる」とし，「一定のまとまった時間（総合的な学習の時間）を設けて横断的・総合的な指導を行うこと」を提言した。

この提言を受けて，教育課程の基準の改善について具体的な検討を進めてきた1998（平成10）年7月の教育課程審議会の答申において，その改善のねらいを効果的に実現するように，各学校が創意工夫を生かした特色ある教育活動を展開できるようにするとともに，新たに総合的な学習の時間を創設することが提言されたのである。この1998（平成10）年の答申を踏まえ，学校教育法施行規則において，総合的な学習の時間を各学校における教育課程上必置とすることを定めるとともに，その標準授業時数を定め，総則において，その趣旨，ねらい等について定めた。

2．2003（平成15）年の一部改正の趣旨

2003（平成15）年10月の中央教育審議会「初等中等教育における当面の教育課程及び指導の充実・改善方策について」（答申）を受けた学習指導要領の一部改正では，各学校の総合的な学習の時間の一層の充実を図ることとし，学習指導要領の記述の見直し，各学校における取組内容の不断の検証等が示された。2002（平

成14)年の学習指導要領全面実施以降，総合的な学習の時間の成果は一部で見られてきたものの，実施に当たっての難しさも指摘されてきた。例えば，各学校において目標や内容を明確に設定していない，必要な力が生徒に付いたかについて検証・評価を十分に行っていない，教科との関連に十分配慮していない，適切な指導が行われず教育効果が十分に上がっていないなど，改善すべき課題が少なくない状況にあった。そこで，2003（平成15）年12月に，学習指導要領の一部を改正した。具体的には，各教科や道徳，特別活動で身に付けた知識や技能等を関連付け，学習や生活に生かし総合的に働くようにすること，各学校において総合的な学習の時間の目標及び内容を定めるとともにこの時間の全体計画を作成する必要があること，教師が適切な指導を行うとともに学校内外の教育資源の積極的な活用などを工夫する必要があること，について学習指導要領に明確に位置付けた。

　教科横断的な課題について，児童・生徒が課題探求することを学習の理念とする授業は，1998（平成10）年の学習指導要領の改訂に伴って導入が決定し，全国の小学校3年～中学校と盲・聾（ろう）・養護学校（現，特別支援学校）の小・中学部では2002（平成14）年度から，高等学校と盲・聾・養護学校の高等部では2003年度から実施された。

　「総合的な学習の時間」は，「総合的学習」「総合学習」ともよばれる。決められた教科書はなく，教科の枠をこえ，児童・生徒が自ら課題をみつけ，学び，調べ，考え，主体的な思考力や問題解決能力を培うことを目ざす。授業内容や授業方法は各学校にゆだねられており，学習指導要領には国際理解，情報，環境，福祉・健康などの横断的総合的課題のほか，児童・生徒の興味・関心に基づく課題，地域や学校の特色に応じた課題，グループ学習や個人研究などの多様な学習形態といった大まかな観点が例示されている。具体的には，地域環境教育，防災・減災教育，ボランティア体験，農業・林業・水産業体験，自然体験，観察・実験・調査・発表・討論などの各種の体験学習，地域の人々や学外の人を講師に招いての交流学習，ものづくりなど地場産業の生産活動・作業学習，新聞を活用した教育，ネイティブ・スピーカー（特別非常勤講師）との英会話など外国語の時間や国際教育，パソコンやタブレット型端末を使ったIT（情報技術）教育などが行われている。

　授業時間数は導入当初は，週3時間程度であったが，ゆとり教育の象徴的な学習時間とみられてきたために「ゆとり教育が学力低下を招いた」「総合的な学習の時間が学力向上に寄与するか疑問」との批判を受け，2008年の学習指導要領の改訂に伴い，2011年度から週2時間程度に削減された。しかし2013年の全国学力

テスト（対象は小学6年，中学3年）の結果を分析すると，「総合的な学習の時間」に積極的に取り組む学校や児童・生徒ほどテスト結果がよいことが判明しており，学力との関係から「総合的な学習の時間」や教科横断的な学習方法について，文部科学省や教育の専門家の間では再評価する動きが出ている。

　21世紀は，新しい知識・情報・技術が政治・経済・文化をはじめ社会のあらゆる領域での活動の基盤として飛躍的に重要性を増す，いわゆる「知識基盤社会」の時代であると言われている。このような知識基盤社会化やグローバル化は，アイディアなど知識そのものや人材をめぐる国際競争を加速させる一方で，異なる文化や文明との共存や国際協力の必要性を増大させている。このような状況において，確かな学力，豊かな心，健やかな体の調和を重視する「生きる力」をはぐくむことがますます重要になっている。

　他方，OECD（経済協力開発機構）のPISA調査など各種の調査からは，我が国の児童生徒については，例えば，① 思考力・判断力・表現力等を問う読解力や記述式問題，知識・技能を活用する問題に課題，② 読解力で成績分布の分散が拡大しており，その背景には家庭での学習時間などの学習意欲，学習習慣・生活習慣に課題，③ 自分への自信の欠如や自らの将来への不安，体力の低下といった課題が見られるところである。このため，2005（平成17）年2月には，文部科学大臣から，21世紀を生きる子どもたちの教育の充実を図るため，教員の資質・能力の向上や教育条件の整備などと併せて，国の教育課程の基準全体の見直しについて検討するよう，中央教育審議会に対して要請し，同年4月から審議が開始された。この間，教育基本法改正，学校教育法改正が行われ，知・徳・体のバランス（教育基本法第2条第1号）とともに，基礎的・基本的な知識・技能，思考力・判断力・表現力等及び学習意欲を重視し（学校教育法第30条第2項），学校教育においてはこれらを調和的にはぐくむことが必要である旨が法律上規定されたところである。中央教育審議会においては，このような教育の根本にさかのぼった法改正を踏まえた審議が行われ，2年10カ月にわたる審議の末，2008（平成20）年1月に「幼稚園，小学校，中学校，高等学校及び特別支援学校の学習指導要領等の改善について」答申を行った。この答申においては，上記のような児童生徒の課題を踏まえ，① 改正教育基本法等を踏まえた学習指導要領改訂，②「生きる力」という理念の共有，③ 基礎的・基本的な知識・技能の習得，④ 思考力・判断力・表現力等の育成，⑤ 確かな学力を確立するために必要な授業時数の確保，⑥ 学習意欲の向上や学習習慣の確立，⑦ 豊かな心や健やかな体の育成のための指導の充実を基本的な考え方として，各学校段階や各教科等にわたる学習指導要領の

改善の方向性が示された。

　この答申を踏まえ，平成20年3月28日に学校教育法施行規則を改正するとともに，幼稚園教育要領，小学校学習指導要領及び中学校学習指導要領を公示した。中学校学習指導要領は，平成21年4月1日から移行措置として数学，理科等を中心に内容を前倒しして実施するとともに，平成24年4月1日から全面実施することとしている。

3．2008（平成20）年改訂の趣旨

　改訂は，2008（平成20）年1月の中央教育審議会の答申に基づいて行われた。この答申においては，総合的な学習の時間の課題について，次のように指摘された。総合的な学習の時間の実施状況を見ると，大きな成果を上げている学校がある一方，当初の趣旨・理念が必ずしも十分に達成されていない状況も見られる。また，小学校と中学校とで同様の学習活動を行うなど，学校種間の取組の重複も見られる。こうした状況を改善するため，総合的な学習の時間のねらいを明確化するとともに，子どもたちに育てたい力（身に付けさせたい力）や学習活動の示し方について検討する必要がある。総合的な学習の時間においては，補充学習のような専ら特定の教科の知識・技能の習得を図る教育が行われたり，運動会の準備などと混同された実践が行われたりしている例も見られる。そこで，関連する教科内容との関係の整理，中学校の選択教科との関係の整理，特別活動との関係の整理を行う必要がある。これらを受け，答申では，総合的な学習の時間の改善の基本方針について，以下のようにまとめられた。

　①　総合的な学習の時間は，変化の激しい社会に対応して，自ら課題を見付け，自ら学び，自ら考え，主体的に判断し，よりよく問題を解決する資質や能力を育てることなどをねらいとすることから，思考力・判断力・表現力等が求められる「知識基盤社会」の時代においてますます重要な役割を果たすものである。その課題を踏まえ，基礎的・基本的な知識・技能の定着やこれらを活用する学習活動は，教科で行うことを前提に，体験的な学習に配慮しつつ，教科等の枠を超えた横断的・総合的な学習，探究的な活動となるよう充実を図る。

　②　総合的な学習の時間の教育課程における位置付けを明確にし，各学校における指導の充実を図るため，総合的な学習の時間の趣旨等について，総則から取り出し新たに章立てをする。

　③　総合的な学習の時間において，学校間・学校段階間の取組の実態に差がある状況を改善する必要がある。そのため，教科において，基礎的・基本的な知識・

技能の確実な習得やその活用を図るための時間を確保することを前提に，総合的な学習の時間と各教科，選択教科，特別活動のそれぞれの役割を明確にし，これらの円滑な連携を図る観点から，総合的な学習の時間におけるねらいや育てたい力を明確にすることが求められる。

　④　学校段階間の取組の重複の状況を改善するため，子どもたちの発達の段階を考慮し，各学校における実践を踏まえ，各学校段階の学習活動の例示を見直す。今回の改訂では，総合的な学習の時間の教育課程における位置付けを明確にし，各学校における指導の充実を図るため，総則から取り出し新たに第4章として位置付けることとした。

　内容の取扱いの改善では，探究的な学習としての充実－総合的な学習の時間については，自ら学び自ら考える力などの「生きる力」をはぐくむために，既存の教科等の枠を超えた横断的・総合的な学習となることを目指して実施されてきた。このことに加えて探究的な学習となることを目指している。基礎的・基本的な知識・技能の定着やこれらを活用する学習活動は，教科で行うことを前提に，総合的な学習の時間においては，体験的な学習に配慮しつつ探究的な学習となるよう充実を図ることが求められている。すなわち，総合的な学習の時間と各教科等との役割分担を明らかにし，総合的な学習の時間では探究的な学習としての充実を目指している。このことについては目標において明示するとともに，内容の取扱いにおいても「探究的な学習」「探究活動」「問題の解決や探究活動の過程」などとして複数箇所に示している。学校間の取組状況の違いと学校段階間の取組の重複については，総合的な学習の時間の課題として，学校間の取組の実態に差がある状況や学校段階間の取組が重複していることが挙げられる。学校間の取組の状況に違いがあることを改善するために，総合的な学習の時間において育てようとする資質や能力及び態度の視点を例示することとした。例示する視点としては，「学習方法に関すること，自分自身に関すること，他者や社会とのかかわりに関することなど」とした。このことにより，各学校において設定する育てようとする資質や能力及び態度が一層明確になることを目指した。併せて，学校段階間の取組の重複を改善するために，学校段階間の学習活動の例示を見直した。従前から示されていた学習活動は，「例えば国際理解，情報，環境，福祉・健康などの横断的・総合的な課題，生徒の興味・関心に基づく課題，地域や学校の特色に応じた課題などについて，学校の実態に応じた学習活動を行うものとする」とされていた。

4．2017（平成29年）年の改訂

　今回の改訂では，「探究的な見方・考え方を働かせ，横断的・総合的な学習を行うことを通して」，探究的な学習のよさを理解すること，自分で課題を立て，情報を集め，整理・分析して，まとめ・表現すること，積極的に社会に参画しようとする態度を養うことが掲げられている。
　中学校の新学習指導要領には，以下の通り，目標が掲げられている。

> 　探究的な見方・考え方を働かせ，横断的・総合的な学習を行うことを通して，よりよく課題を解決し，自己の生き方を考えていくための資質・能力を次のとおり育成することを目指す。
> （1）探究的な学習の過程において，課題の解決に必要な知識及び技能を身に付け，課題に関わる概念を形成し，探究的な学習のよさを理解するようにする。
> （2）実社会や実生活の中から問いを見いだし，自分で課題を立て，情報を集め，整理・分析して，まとめ・表現することができるようにする。
> （3）探究的な学習に主体的・協働的に取り組むとともに，互いのよさを生かしながら，積極的に社会に参画しようとする態度を養う。

　総合的な学習の時間において，「横断的・総合的な学習や探究的な学習を通して」としたのは，「生きる力」が全人的な力であることを踏まえると，横断的・総合的な指導を一層推進する必要があるためである。また，各教科等の学習を通して身に付けた知識・技能等は，本来生徒の中で一体となって働くものと考えられるし，一体となることが期待されている。さらに，容易には解決に至らない日常生活や社会，自然に生起する複合的な問題を扱う総合的な学習の時間において，その本質を探って見極めようとする探究的な学習によって，この時間の特質を明確化する必要がある。
　高等学校における総合的な探究の時間は，特定の分野を前提とせず，実社会・実生活から自ら見いだした課題を探究することを通じて，小・中学校における学びを基盤としながら，より自分のキャリア形成の方向性を考えることにつなげるものである。いわば，生涯にわたって探究する能力を育むための，初等中等教育最後の総仕上げとなる重要な時間である。一方で，小・中学校と比較して高等学校での取組が低調であるとの指摘もあるところである。
　探究的な学習とは，物事の本質を探って見極めようとする一連の知的営みのこ

とである。探究的な学習では，次のような生徒の学習の姿を見出すことができる。事象をとらえる感性や問題意識が揺さぶられて，学習活動への取組が真剣になる。身に付けた知識・技能を活用し，その有用性を実感する。見方が広がったことを喜び，さらなる学習への意欲を高める。概念が具体性を増して理解が深まる。学んだことを自己と結び付けて，自分の成長を自覚したり自己の生き方を考えたりする。このように，探究的な学習においては，生徒の豊かな学習の姿が現れる。国際理解，情報，環境，福祉・健康などの課題及び日常生活や社会とのかかわりの中から見出される課題は，「答えが多様で正答の定まらない問い」といった性質のものであることが多い。また，それらは，多様な視点から積極的に探究する中で，納得できる見方や考え方，解決の方途等を自分たちで生み出すことが求められている課題でもある。生徒は主体性，創造性，協同性を発揮し，試行錯誤しながらも学習対象とのやりとりを通じて，複雑に入り組んだ社会や生活の諸問題を解き明かしていく。そうした中で，新たな認識を得たり，資質や能力及び態度を身に付けたりしながら，自己の生き方を考えることができるようにする学習活動が望まれている。

　創設時より，総合的な学習の時間では，「生きる力」をはぐくむために，自ら課題を見付け，自ら学び，自ら考え，主体的に判断し，よりよく問題を解決する資質や能力の育成を重視してきた。日常生活や社会には，解決すべき問題が多方面に広がっている。その問題は，複合的な要素が入り組んでいて，答えが一つに定まらず，容易には解決に至らないことが多い。「自ら課題を見付け」とは，そうした問題と向き合って，自分で取り組むべき課題を見出すことである。この課題は，解決を目指して学習するためのものである。その意味で課題は，生徒が解決への意欲を高めるとともに，解決への具体的な見通しをもてるものであり，そのことが主体的な課題の解決につながっていく。課題は，問題をよく吟味して生徒が自分でつくり出すことが大切である。

　「総合的な学習の時間」の目標は，「横断的・総合的な学習や探究的な学習を通して，自ら課題を見付け，自ら学び，自ら考え，主体的に判断し，よりよく問題を解決する資質や能力を育成するとともに，学び方やものの考え方を身に付け，問題の解決や探究活動に主体的，創造的，協同的に取り組む態度を育て，自己の生き方を考えることができるようにする」ことである。また，「指導計画の作成と内容の取扱い」については，全体計画及び年間指導計画の作成に当たっては，学校における全教育活動との関連の下に，目標及び内容，育てようとする資質や能力及び態度，学習活動，指導方法や指導体制，学習の評価の計画などを示すこ

と，地域や学校，児童の実態等に応じて，教科等の枠を超えた横断的・総合的な学習，探究的な学習，児童の興味・関心等に基づく学習など創意工夫を生かした教育活動を行うこと，日常生活や社会とのかかわりを重視すること，育てようとする資質や能力及び態度については，例えば，学習方法に関すること，自分自身に関すること，他者や社会とのかかわりに関することなどの視点を踏まえること，学習活動については，学校の実態に応じて，例えば国際理解，情報，環境，福祉・健康などの横断的・総合的な課題についての学習活動，児童の興味・関心に基づく課題についての学習活動，地域の人々の暮らし，伝統と文化など地域や学校の特色に応じた課題についての学習活動などを行うこと，各教科，道徳，外国語活動及び特別活動で身に付けた知識や技能等を相互に関連付け，学習や生活において生かし，それらが総合的に働くようにすること等が，あげられている。

　内容の取扱いについては，各学校において定める目標及び内容に基づき，児童の学習状況に応じて教師が適切な指導を行うこと，問題の解決や探究活動の過程においては，他者と協同して問題を解決しようとする学習活動や，言語により分析し，まとめたり表現したりするなどの学習活動が行われるようにすること，自然体験やボランティア活動などの社会体験，ものづくり，生産活動などの体験活動，観察・実験，見学や調査，発表や討論などの学習活動を積極的に取り入れること，体験活動については，問題の解決や探究活動の過程に適切に位置付けること，グループ学習や異年齢集団による学習などの多様な学習形態，地域の人々の協力も得つつ全教師が一体となって指導に当たるなどの指導体制について工夫を行うこと，学校図書館の活用，他の学校との連携，公民館，図書館，博物館等の社会教育施設や社会教育関係団体等の各種団体との連携，地域の教材や学習環境の積極的な活用などの工夫を行うこと，国際理解に関する学習を行う際には，問題の解決や探究活動に取り組むことを通して，諸外国の生活や文化などを体験したり調査したりするなどの学習活動が行われるようにすること，情報に関する学習を行う際には，問題の解決や探究活動に取り組むことを通して，情報を収集・整理・発信したり，情報が日常生活や社会に与える影響を考えたりするなどの学習活動が行われるようにすること等があげられる。

5．探究学習とデューイの「探究」，統合カリキュラム

　J.デューイ（John, Dewey, 1859-1952）の「探究」（inquiry）は，我が国が目指している「総合的な学習（高校：探究）の時間」における問題解決的な「探究学習」に通じるものであり，1930年代のアメリカで，その影響を受けて開発されたドル

トン・スクールの「統合カリキュラム」の原理である。

　それは,「コアとしての教科」を設定するのではなく, 教職員との綿密な話し合いを通して, 生徒の興味を喚起しひとりひとりの充実した経験を生み出すような「方向づけの軸 (center of orientation)」を定め, それを基礎としたドルトン・スクール独自の「統合カリキュラム (integrated curriculum)」を生み出すという方法がとられた。「方向づけの軸」として, 1934年〜1935年に定められたものは以下のとおりである。

　　9年生：大都市共同体としてのニューヨーク市における生活。
　　10年生：今日のアメリカ合衆国における生活を特徴づける政治的経済的文化的傾向。
　　11年生：今日のわたしたちの生活へのヨーロッパ文化の影響。
　　12年生：顕著な国際問題とアメリカとの関係。

　八年研究の「統合カリキュラム」は, 3人のカリキュラム・ディレクター (Curriculum Director) を迎え, パーカーストら教職員が生徒の意見を考慮して開発したものであり, 9年生の「保育 (Nursery)」として知られているプログラムもその一つであった。それは, 生徒たちがボランティアで恵まれない家庭の幼児の世話をするものであり, ドルトン・スクールの「社会奉仕活動 (Community Service)」の基礎となった。そして, この時研究された「統合カリキュラム」は, 八年研究が終了した後もドルトン・スクールに長年影響を与えたのである。

　アメリカ進歩主義教育運動の時代, 1919年に, ヘレン・パーカースト (Helen Parkhurst, 1887-1973) によってニューヨークに創立されたドルトン・スクール (The Dalton School) の教育は, ジョン・デューイ (John Dewey, 1859-1952) の多大な影響を受けている。ドルトン・スクールでは, ドルトン・プラン (Dalton Plan) における教育方法の三本柱といわれている「ハウス (House)」「アサインメント (Assignment)」「ラボラトリー (Laboratory)」を通して, 今日まで,「自由」と「協同」の融合調和によって生み出される「探究」や「経験」の質を向上させることに努力してきた。つまり, 今日注目されてきている「自己調整学習 (Self-Regulated Learning)」や,「反省的思考 (Reflective Thinking)」及び「批判的思考 (Critical Thinking)」を, ほぼ一世紀にわたり追求し実践してきたのである。

　デューイやパーカーストが主張した「探究」,「真の経験」は, 八年研究への参加によって実現され始めた。セメルは,「パーカーストと彼女のスタッフは八年研究の間彼らの教育哲学を完全にし, その考えをカリキュラムの中に実践した」,

「人間形成，社会的自覚，協同精神は，ドルトンにおける経験から得られた質（qualities）として明らかにされ，ドルトン教育固有の価値が発見されるようになった」と述べている。ドルトン・スクールでは，反省的思考のベースとなる教育的な経験を生み出すために，子どもの興味を反映した「方向づけの軸」（center of orientation）を基礎として，カリキュラムの枠組みを越えた生活経験重視の統合カリキュラムが構成された。

デューイは，『行動の論理学——探求の理論』において，反省的思考を「探究」としてとらえている。「探究」について，デューイは「人びとが現実にどのように思考するかは，私の解釈では，その時代に人々がどのような探究を行うか，ということを端的にしめしている」と述べている。デューイによれば，「探究」とは，「不確定な状況を，確定した状況に方向づけられた仕方で転化させることである」としており，問題解決学習の基礎理論である。

パーカーストはデューイの「探究」，「経験」，「習慣」などの考えの影響を受け，八年研究において「自由」と「協同」の融合調和の実現に努め，経験の質を教育的なものへと改善しようとしたのである。ゆえにドルトン・プランにおける「真の経験」，「完結した経験」とは，「審美的質」（esthetic quality）に満ちあふれた経験，直接的に体感する「質的」（qualitative）な経験，次の経験へと流れ込み統合され新しい経験を創造するように移行していく経験であり，「探究」が生まれる母体となる「完全な経験」である。

この「探究」が生まれる母体となる「完全な経験」についてデューイは，『経験としての芸術』（Art as Experience, 1934）の中で，リズムを伴った経験の流れが不断に融合され内的に完成されているものであると述べ，「リズム」を自然との関係において捉え，経験を助長して限りなく「完全な経験」にする基礎となるものであるとしている。パーカーストが主張した「真の経験」は，八年研究への参加によって実現され始めた。セメルは，「パーカーストと彼女のスタッフは八年研究の間彼らの教育哲学を完全にし，その考えをカリキュラムの中に実践した」，「人間形成，社会的自覚，協同精神は，ドルトンにおける経験から得られた質（qualities）として明らかにされ，ドルトン教育固有の価値が発見されるようになった」と述べている。

ドルトン・プランの原理である「自由」と「協同」の融合調和レベルとは，デューイの「経験」の理論的発展段階より，セルフアクション（self-action）—「自由」と「協同」は別々に存在し，相互の関わりがないレベル，インタラクション（interaction）—「自由」と「協同」は同時に存在し，相互作用しているレベル，

トランズアクション（transaction）―「自由」と「協同」は根元的に統合され，有機的に関わり合って場を形成しているレベルである。

　教育的「経験」の質をトランズアクションへと近づけることによって，人間形成的意義のある民主主義教育が実現される。「トランズアクション」のレベルでは，コミュニケーション能力の発達によって，「内発的動機づけ」や「メタ認知」を伴う「自己調整学習」，「批判的思考」及び「反省的思考」による「探究」（inquiry）が生まれ，子どもの行動が自律的で，難しい課題を与えられてもあきらめずに問題を解決する粘り強い取り組みや，深く持続する学習がなされる。

　以上のようなコミュニケーション能力の発達によって，「内発的動機づけ」や「メタ認知」を伴う「自己調整学習」，「批判的思考」及び「反省的思考」による「探究」を実現させるような「統合カリキュラム」を作成することによって，問題解決的な「総合的な学習の時間」が実現されなければならない。

2　「特別の教科　道徳」

1．道徳の教科化

　先行する道徳の特別教科化（小：平成30年4月，中：平成31年4月）による，道徳的価値を自分事として理解し，多面的・多角的に深く考えたり，議論したりする道徳教育の充実を図る。今後は，道徳教育推進教師を中心とした指導体制を充実する。先人の伝記，自然など児童生徒が感動する魅力的な教材を充実する。発達の段階に応じて指導内容を重点化〔人間としてしてはならないことをしない，きまりを守る（小），社会の形成への参画（中）など〕する。

　平成29年3月公示の小学校学習指導要領では，第3章「特別の教科　道徳」の「目標」として，以下の通り新設された。

> 　第1章総則の第1の2の（2）に示す道徳教育の目標に基づき，<u>よりよく生きるための基盤となる道徳性を養うため</u>，道徳的諸価値についての理解を基に，自己を見つめ，物事を多面的・多角的に考え，<u>自己の生き方</u>についての考えを深める学習を通して，<u>道徳的な判断力，心情，実践意欲と態度を育てる</u>。

　中学校学習指導要領では，以下の通り，目標が掲げられた。

> 第1章総則の第1の2の（2）に示す道徳教育の目標に基づき，<u>よりよく生きるための基盤となる道徳性を養うため</u>，道徳的諸価値についての理解を基に，自己を見つめ，物事を広い視野から多面的・多角的に考え，<u>人間としての生き方</u>についての考えを深める学習を通して，<u>道徳的な判断力，心情，実践意欲と態度を育てる。</u>

　高等学校でも，各学校において，校長のリーダーシップの下，道徳教育推進教師を中心に，全ての教師が協力して道徳教育を展開することを新たに規定（総則）している。

　戦後我が国の道徳教育は，学校教育の全体を通じて行うという方針の下に進められてきた。昭和33年の学習指導要領において，小・中学校に各学年週1単位時間の「道徳の時間」が設置されて以降は，この「道徳の時間」が，学校における道徳教育の要として，各教科等における道徳教育としては取り扱う機会が十分でない内容項目に関わる指導を補うことや，児童生徒や学校の実態等を踏まえて指導をより一層深めること，内容項目の相互の関連を捉え直したり発展させたりすることを指導する時間としての役割を果たしてきた。しかし，これまで学校や児童生徒の実態などに基づき道徳教育の重点目標を設定し充実した指導を重ね，確固たる成果を上げている学校がある一方で，主題やねらいの設定が不十分な単なる生活経験の話合いや読み物の登場人物の心情の読み取りのみに偏った形式的な指導が行われる例があることなど，多くの課題が指摘されている。このような状況を踏まえ，道徳教育の実質化及びその質的転換を図るため，文部科学省においては，平成27年3月に，これまでの「道徳の時間」を「特別の教科　道徳」と位置付けるための学習指導要領等の一部改正を行った。小学校は平成30年度から，中学校は31年度から「特別の教科　道徳」となる。

　改正前の学習指導要領においては，学校教育全体で行う道徳教育と道徳の時間の目標との関係が必ずしも明確ではなかったが，今回の改正により，道徳教育と道徳科の目標を「よりよく生きるための道徳性を養う」と統一した。これからの時代を生きる子供たちは，様々な価値観や言語，文化を背景とする人々と相互に尊重し合いながら生きていくことが今まで以上に重要となっており，中央教育審議会答申（「道徳に係る教育課程の改善等について」(平成26年10月21日)）において「道徳教育の本来の使命に鑑みれば，特定の価値観を押し付けたり，主体性をもたず言われるままに行動するよう指導したりすることは，道徳教育が目指す方向の対

極にあるものと言わなければならない。むしろ，多様な価値観の，時に対立がある場合を含めて，誠実にそれらの価値に向き合い，道徳としての問題を考え続ける姿勢こそ道徳教育で養うべき基本的資質である」と指摘されている所以である。そのような中，社会を構成する主体である一人ひとりが，高い倫理観をもち，人間としての生き方や社会の在り方について，多様な価値観の存在を認識しつつ，自ら考え，他者と対話し協働しながら，よりよい方向を模索し続けるために必要な資質・能力を備えることが求められている。中央教育審議会教育課程企画特別部会の「論点整理」（平成27年8月）においては，「確かな学力」，「健やかな体」，「豊かな心」をそれぞれ単独で捉えるのではなく，「何を理解しているか，何ができるか（知識・技能）」，「理解していること・できることをどう使うか（思考力・判断力・表現力等）」，「どのように社会・世界と関わり，よりよい人生を送るか（学びに向かう力，人間性等）」といった3つの柱で資質・能力を統合的に捉えている。

2．コールバーグの道徳性発達理論と道徳教育法

ローレンス・コールバーグ（Lawrence Kohlberg, 1927-1987）は，学位論文「10歳から16歳における道徳的思考と選択の様式の発達」（The development of modes of moral thinking and choice in the years 10 to 16, 1958）によって道徳性発達理論を明らかにしたが，それ以来，世界各国でその理論的・方法的研究が多くなされてきた。コールバーグの道徳性発達理論は，道徳教育の理論と実践に多大な影響を及ぼし，彼の理論は，「価値明確化」（values clarification）や「キャラクター・エデュケーション」（character education）と並び，アメリカ道徳教育の三大潮流として位置づけられ，アメリカ内外の道徳教育の発展に寄与してきた。コールバーグにおける教育目的は，J. デューイの教育哲学を基礎に置くものである。

つまり，デューイの教育的経験の第1段階「セルフアクション」（self-action）は，コールバーグの道徳性発達段階における第1段階「前慣習的レベル」に相応し，デューイの第2段階「インタラクション」（interaction）は，コールバーグの第2段階「慣習的レベル」に一致することが明らかになった。また，デューイの教育実践の「オキュペーション」（active occupations）は，学習指導要領の目指す「生きる力」や「確かな学力」を実現するための指針として，「特別の教科　道徳」における教育方法としての新たな可能性が期待される。

コールバーグが提起した「道徳性発達理論」によると，人間の道徳性の発達は，文化を超えて普遍的に，次のような段階を踏む。コールバーグは，人間の道徳的判断に注目し，その判断が下記のような3つのレベルと6の段階をもつという

ものである。1970〜1980年代に,モラルジレンマの道徳授業が世界的に広がった。コールバーグの道徳性発達段階（3レベル6段階）に基づく道徳教育論とは,以下の通りである。

> Level 1 （Pre-Conventional）慣習以前のレベル
> 第1段階：「罰と服従志向」（Obedience and punishment orientation）悪いことをして罰を与えられることを避けようとする段階。
> 第2段階：「相対主義志向」（Self-interest orientation）「あなたが私の背中をかいてくれたら,私もあなたの背中をかいてあげる」といった,相互性の段階。
> Level 2 （Conventional）慣習的レベル
> 第3段階：「対人関係の調和あるいは『良い子』志向」（Interpersonal accord and conformity（The good boy/girl attitude））「よい子」であることによって,承認を勝ち得ようとする段階。
> 第4段階：「法と秩序志向」（Authority and social-order maintaining orientation）正しい行動とは,自分の義務を果たし,権威を尊重し,既存の社会秩序を,秩序そのもののために維持することにあると考える段階。
> Level 3 （Post-Conventional）自律的・脱慣習的レベル
> 第5段階：「社会契約的違法主義志向」（Social contract orientation）秩序そのものを重んじるのではなく,法を合意によって変更できることを重視する段階。
> 第6段階：「普遍的な倫理的原理志向」（ Universal ethical principles）人間の尊厳性の尊重という原理から,個々具体的な場面における道徳を考える段階。

コールバーグの観察によれば,子どもたちがこれらの段階をステップアップしていく場合は,必ず一つずつ段階を上がっていき,そして,一度上がれば,もうそれ以前には戻ることがないという。コールバーグは,「ハインツの道徳的葛藤」（モラルジレンマ）の例を挙げて例証する。様々な国や地域や年齢の子どもたちにこの問題を出した時,どんな国や地域の子どもたちも,だいたい上のような発達段階を見せるという。つまり,以下のとおりである。

　　「ヨーロッパで,一人の女性が非常に重い病気にかかり,今にも死にそうでした。彼女の命が助かるかもしれないと医者が考えている薬が一つだけありました。それは,同じ町の薬屋が最近発見したある種の放射性物質でした。その薬は作るのに大変なお金がかかりました。しかし薬屋は製造に要した費用の十倍の値段をつけていました。彼は単価二百ドルの薬を二千ドルで売っ

ていたのです。病人の夫のハインツは，お金を借りるためにあらゆる知人を訪ねて回りましたが，全部で半額の千ドルしか集めることができませんでした。ハインツは薬屋に，自分の妻が死にそうだとわけを話し，値段を安くしてくれるか，それとも支払い延期を認めてほしいと頼みました。しかし薬屋は，「だめだね。この薬は私が発見したんだ。私はこれで金儲けをするんだ」と言うのでした。そのためハインツは絶望し，妻のために薬を盗もうとその薬屋に押し入りました。」

コールバーグの「認知的道徳性発達段階 (cognitive stages of moral development)」によると，第1段階「罰と服従志向」の子どもは，もし妻を死なせたら，他人から責められるだろう（賛成）か，あるいは，薬を盗めば警察に捕まるだろう（反対）と考える。第2段階「相対主義志向」の子どもは，もし捕まっても重い刑にはならないだろうし，刑務所から出たとき妻がいるのならばよいではないか（賛成）か，あるいは，妻が死んでもあなたのせいではない（反対）と考える。第3段階「対人関係の調和あるいは『良い子』志向」の子どもは，薬を盗んでもだれもあなたを悪いとは思わないだろう（賛成）か，あるいは，犯罪はあなたや家族に不名誉をもたらす（反対）と考える。第4段階「法と秩序志向」の子どもは，もし薬を盗まなければ，彼女を死なせたという罪の意識をいつまでも持ち続けることになる（賛成）か，あるいは，盗みを働けば，法を犯したという罪の意識にさいなまれることになる（反対）と考える。第5段階「社会契約的遵法主義志向」になると，もし妻を死なせたら，他者からの尊敬と自尊心を失う（賛成）か，あるいは，薬を盗めば，法を破り，共同社会における地位と尊敬を失う（反対）と考える。第6段階「普遍的な倫理的原理志向」になると，薬を盗まずに妻を死なせたら，良心の基準よりも法律を優先させたとして，自分を責めることになる（賛成）か，あるいは，薬を盗んでも他の人から非難されることはないが，自らの良心から自分を責めることになる（反対）と考える。

「普遍的な倫理的原理志向」と呼ばれる第6段階についてコールバーグは，「自律的な第6段階の道徳的行為主体の目的は，ある人の善の増進が他の人の権利尊重を損なわず，また個人の権利尊重がすべての人の最善なるものを促進しそこなうことのないような方法で，道徳問題を解決しようとすることです」と言う。その場合，指針となるべきは「人間尊重」の原理である。第6段階において，人は，互いを尊重し合おうという自覚をもって，様々な道徳問題を調整していこうと努める。つまり，「人間を等しく尊重する原理を実現できるのは，対話を通してだ

けですから，対話に入ろうとする姿勢の必要性が認識されているのです。すなわち，対話は，他者とのかかわり方のうち，互いに承認しうる合意に到達することを目指すものとして必要なもの」なのである。もちろん，私たちは対話を通せば必ず合意に至るというわけではない。しかし，そうした合意に至らない場面においてもなお相互尊重を維持しようとするところに，第6段階の特徴がある。

　以上のような道徳性の発達理論を踏まえて，コールバーグは，「道徳教育の目標」を，決められた規則の教授でなく，「発達の促進」とする場合の魅力は，それが子どもになじみのない行動様式を押しつけるのでなく，子どもがすでに向かいつつある方向へ「さらに一歩前進するのを援助すること」を意味しているとして，以下の4点を主張している。

① 子どもの思考力や道徳的判断力を高める。
② 多様な価値観に触れる機会を増やす。
③ 道徳的判断の背後にある根拠を明らかにし，理由をきちんと説明できる。
④ 自尊感情（自分を価値ある存在として捉えていく態度や感情）を高める。

3　外国語活動，教科「外国語」

　新学習指導要領では，小学校において，中学年で「外国語活動」を，高学年で「外国語科」を導入する。小学校の外国語教育の充実に当たっては，新教材の整備，養成・採用・研修の一体的な改善，専科指導の充実，外部人材の活用などの条件整備を行い支援・小・中・高等学校一貫した学びを重視し，外国語能力の向上を図る目標を設定するとともに，国語教育との連携を図り日本語の特徴や言語の豊かさに気付く指導の充実を図る。つまり，文部科学省は，外国語に親しむ活動の開始を小学3年に早め，小5から英語を正式教科とする。学習内容は減らさず，現行指導要領の「脱・ゆとり」路線を継承する。授業の改善で「主体的・対話的で深い学び」を実現し，思考力や主体性を伸ばす。小学校は2020年度，中学校は21年度から実施する。

　外国語教育については，子供たちが将来どのような職業に就くとしても求められる，外国語で多様な人々とコミュニケーションを図ることができる基礎的な力を育成することが重要である。図6-1のように，高等学校卒業段階における英語力の目標を基に，国際的な基準であるCEFRのA2～B1レベル程度以上（英検準2級～2級程度以上）の高校生の割合を5割とする取組を進めてきたことを踏ま

図6-1 外国語教育の抜本的強化のイメージ

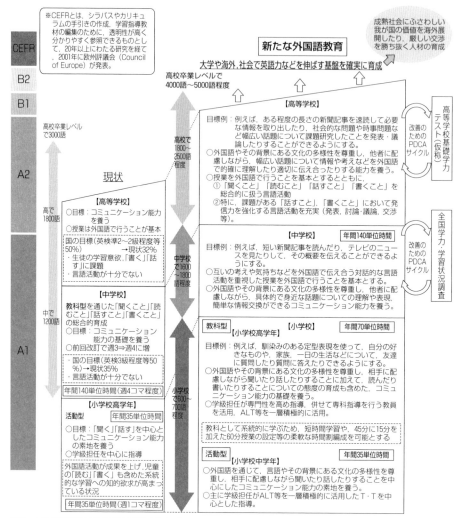

出所：文部科学省資料「教育課程企画特別部会（第19回）配布資料1 審議のまとめ（素案）のポイント」より作成。

えつつ，小・中・高等学校を通じて一貫して育む指標形式の目標を設定し，初等中等教育全体を見通して確実に育成する。

小学校では現在，5年から「聞く」「話す」を中心に英語に親しむ外国語活動

を行っているが，3年からに前倒しする。5，6年の新教科「英語」では「読む」「書く」を加え，教科書を使い成績もつける。授業は現在の週1コマから2コマに増やし，4年間で600〜700語程度の単語を指導する。中学校の英語は授業を英語で行うことを基本とし，取り扱う単語を現行の1200程度から1600〜1800程度に増やす。小学校英語は平成11年度に5〜6年生で「話す・聞く」中心の外国語活動（週1コマ）が始まって以来の改革となる。改訂後は5〜6年生で正式教科となり授業も週2コマに増加し，「読む・書く」を入れて内容も充実させる。英語の教科化などで小学校6年間の総授業時間は140時間増えるが，中学校は変わらない。小学校段階では，現在高学年において「聞くこと」「話すこと」を中心とした外国語活動を実施しているが，子どもたちの「読むこと」「書くこと」への知的欲求も高まっている状況である。全ての領域をバランスよく育む教科型の外国語教育を，高学年から導入する。

平成29年3月公示の小学校の学習指導要領では，外国語活動の「目標」として「外国語によるコミュニケーションにおける見方・考え方」を掲げ，以下の通り，（1）（2）（3）の項目が新設された。

> **外国語によるコミュニケーションにおける見方・考え方**を働かせ，外国語による聞くこと，話すことの言語活動を通して，コミュニケーションを図る素地となる資質・能力を次のとおり育成することを目指す。
> （1）外国語を通して，言語や文化について体験的に理解を深め，日本語と外国語との音声の違い等に気付くとともに，外国語の音声や基本的な表現に慣れ親しむようにする。
> （2）身近で簡単な事柄について，外国語で聞いたり話したりして自分の考えや気持ちなどを伝え合う力の素地を養う。
> （3）外国語を通して，言語やその背景にある文化に対する理解を深め，相手に配慮しながら，主体的に外国語を用いてコミュニケーションを図ろうとする態度を養う。

また，平成29年3月公示の小学校学習指導要領では，各教科において，外国語が新設され，「外国語によるコミュニケーションにおける見方・考え方」を掲げた。

> **外国語によるコミュニケーションにおける見方・考え方**を働かせ，外国語による聞くこと，読むこと，話すこと，書くことの言語活動を通して，コミュニケーショ

ンを図る基礎となる資質・能力を次のとおり育成することを目指す。
（1）外国語の音声や文字，語彙，表現，文構造，言語の働きなどについて，日本語と外国語との違いに気付き，これらの知識を理解するとともに，読むこと，書くことに慣れ親しみ，聞くこと，読むこと，話すこと，書くことによる実際のコミュニケーションにおいて活用できる基礎的な技能を身に付けるようにする。
（2）コミュニケーションを行う目的や場面，状況などに応じて，身近で簡単な事柄について，聞いたり話したりするとともに，音声で十分に慣れ親しんだ外国語の語彙や基本的な表現を推測しながら読んだり，語順を意識しながら書いたりして，自分の考えや気持ちなどを伝え合うことができる基礎的な力を養う。
（3）外国語の背景にある文化に対する理解を深め，他者に配慮しながら，主体的に外国語を用いてコミュニケーションを図ろうとする態度を養う。

第5学年及び第6学年において，「指導計画の作成と内容の取扱い」では，（1）指導計画の作成に当たっては，第3学年及び第4学年並びに中学校及び高等学校における指導との接続に留意しながら，単元など内容や時間のまとまりを見通して，その中で育む資質・能力の育成に向けて，児童の主体的・対話的で深い学びの実現を図るようにすること，その際，具体的な課題等を設定し，児童が「外国語によるコミュニケーションにおける見方・考え方」を働かせながら，コミュニケーションの目的や場面，状況などを意識して活動を行い，英語の音声や語彙，表現などの知識を，5つの領域における実際のコミュニケーションにおいて活用する学習の充実を図ることに配慮するものとするとしている。

学習課題

1　「総合的な学習の時間」の学習指導案を作成せよ。
2　作成した学習指導案にみられる授業構想における適切な教育方法について述べよ。
3　「総合的な学習の時間」と「アクティブ・ラーニング」（「主体的・対話的で深い学び」）の意義について述べよ。
4　「探究学習」について述べよ。
5　「総合的な学習の時間」の意義について述べよ。
6　「特別の教科　道徳」の指導法とコールバーグの道徳性発達理論について述べよ。

参考文献

石村卓也『教育課程――これから求められるカリキュラム開発力――』昭和堂，2009年．

伊藤朋子「ドルトン・プランにおけるJ. デューイの影響――「自由」と「協同」の理論をめぐって――」『日本デューイ学会紀要』第45号，2004年。

伊藤朋子『ドルトン・プランにおける「自由」と「協同」の教育的構造』風間書房，2007年。

伊藤朋子「ドルトン・プランにおける「経験」の教育方法学的考察――教育的経験の質を示す「自由」と「協同」の融合レベル――」『大和大学研究紀要』第1号，2015年。

伊藤朋子「道徳理論と指導法に関する「トランズアクション」の研究――コールバーグの道徳性発達段階へのJ. デューイの影響――」『甲南大学教職教育センター年報』2017年。

岩手県立総合教育センター学習指導案。

奥田真丈編，熱海則夫ほか『学校経営実践講座3』第一法規，1979年。

奥田真丈編，熱海則夫ほか『学校経営実践講座6』第一法規，1979年。

国立教育製作研究所「OECD生徒の学習到達度調査（PISA2015）」。

児島邦宏・天笠茂編『柔軟なカリキュラムの経営』ぎょうせい，2001年。

文部科学省「次期学習指導要領等に向けたこれまでの審議のまとめ」。

文部科学省「教育課程企画特別部会論点整理　補足資料」。

文部科学省「幼稚園，小学校，中学校，高等学校及び特別支援学校の学習指導要領等の改善及び必要な方策等について（答申）」【概要】。

文部科学省「チームとしての学校の在り方と今後の改善方策について（答申）」（中教審第185号），2015年12月21日。

文部科学省「中央教育審議会 教育課程企画特別部会 資料1」2016年8月1日。

文部科学省「幼稚園，小学校，中学校，高等学校及び特別支援学校の学習指導要領等の改善及び必要な方策等について（答申）」（中教審第197号），2016年12月21日。

第7章
教科書と補助教材

1 教科書

1．教科書とその使用義務

　教科用図書（以下，教科書）とは，「小学校，中学校，義務教育学校，高等学校，中等教育学校及びこれらに準ずる学校において，教育課程の構成に応じて組織配列された教科の主たる教材として，教授の用に供せられる児童又は生徒用図書」であり，文部科学大臣の検定を経た教科書と，文部科学省が著作の名義を有する教科書がある（教科書の発行に関する臨時措置法第2条）。また，高等学校，中等教育学校の後期課程，そして特別支援学校，特別支援学級において適切な教科書がないなど特別な場合には，これら以外の一般図書を教科書として使用することができる（学校教育法附則第9条）。このことから，教科書には3種類があると言える。なお，学校で使用されている教科書のほとんどは検定教科書であり，文部科学省著作の教科書は，実際の需要数が少なく民間の教科書会社による発行が期待しづらい高等学校の教科の一部や特別支援学校の教科に限られている。

　学校教育法では，学校は教科書を使用する義務があることが定められている。すなわち，小学校については，「文部科学大臣の検定を経た教科用図書又は文部科学省が著作の名義を有する教科用図書を使用しなければならない」とされている（同法第34条第1項）。以下，中学校（第49条），高等学校（第62条），中等教育学校（第72条），そして特別支援学校（第82条）においてこの小学校の規定が準用されている。ただし，教科書以外の図書やその他の教材の中で「有益適切」なものはこれを使用することも可能である（同法第34条第2項）。これは具体的には補助教材や準教科書のことである（2節にて詳述）。

　教科書が教科書発行者により作成され，児童生徒がそれを使用するまでのプロ

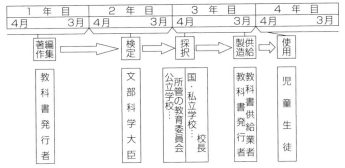

図7-1　教科書が使用されるまでの基本的な流れ

注：製造・供給，使用の時期は，前期教科書の例をとった。
出所：文部科学省ホームページより。

セスは図7-1に示す通りである。このプロセスをもとにして，次項から，教科書の検定，採択，給与の各段階について概説する。

2．教科書検定

　日本では戦前は1903年から教科書の国定制度が採用されたが，戦後は学校教育法のもとで検定制度が採られてきた。教科書検定とは，民間で著作・編集された図書が，記述内容の客観性・公正性，教育的配慮の適切性などの点で教科書として適切か否かを文部科学大臣が審査し，これに合格したものを教科書として使用することを認める制度である。ここでは，教科用図書検定基準などに基づいて教科用図書検定調査審議会による審議を経て，教科書の検定が行われている。

　具体的に図示すると，それは図7-2の通りである。文部科学省は，検定における審査の基準として義務教育諸学校教科用図書検定基準，高等学校教科用図書検定基準を定め，告示している。検定における審査はこの基準に基づいて実施される。そして文部科学省には，大臣の諮問機関として教科用図書検定調査審議会が置かれている。同審議会では，検定申請された図書が教科書として適切であるかどうかについて，学習指導要領や教科書検定基準に基づいて専門的，学術的な調査審議が行われる。調査審議にあたる委員，臨時委員は大学教授や小・中・高等学校の教員などから選ばれる。このほか，専門委員や教科書調査官も調査に関わっている。審議会から審議結果の答申が行われると，文部科学大臣はこれに基づいて検定の合否の決定を行う。

　検定の申請があると，教科書調査官が調査を開始するとともに，教科用図書検

図7-2　教科書検定の手続

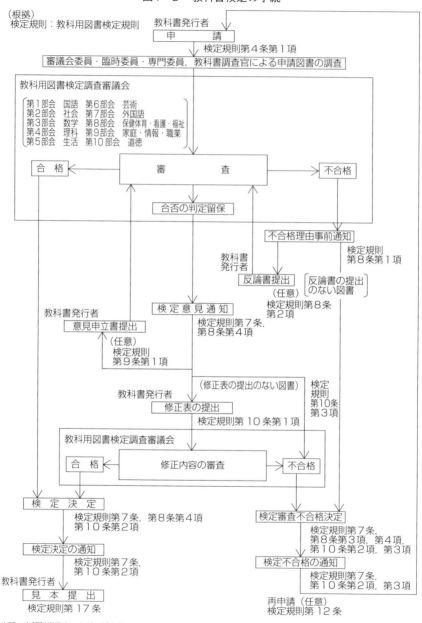

出所：文部科学省ホームページより。

定調査審議会に諮問される。審議会で，必要な修正を行った後に再度審査を行うことが適当であるとされた場合，合否の決定を留保して検定意見（検定意見書）が申請者に通知される。検定意見の通知を受けた申請者は，検定意見にしたがって修正した内容を「修正表」として提出し，文部科学大臣は，修正された申請図書について再度，審議会の審査に付してその答申に基づいて合否の決定を行う。なお，文部科学大臣は，検定審査において不合格の決定をする場合，その理由を事前に通知し，申請者に反論する機会を与えることになっている。また，検定意見に異議がある場合も申請者は意見の申立てができる。

　教科書検定制度の意義として，憲法第26条で規定される「国民の教育を受ける権利」を実質的に保障するための教育水準の全国的な維持・向上，適正な教育内容の維持，教育の中立性の確保などが挙げられる。他方で，この教科書検定制度をめぐっては，教育内容への教育行政の関与の在り方に関わって今日まで様々に議論されてきた。例えば1965年からおよそ30年にもわたって展開された家永三郎による教科書裁判では，教科書検定と教育行政の権限（旧教育基本法第10条）の問題に加えて，「教育権」の所在の問題（「国家の教育権」か「国民の教育権」か），検閲（憲法第21条），学問の自由（同23条）などが教科書検定の是非をめぐって争点となった。

3．教科書採択

　教科書の採択とは，学校で使用する教科書を決定することをいう。学校で使用する教科書を決定する権限は，公立学校ではその学校を設置する市町村または都道府県の教育委員会，国立・私立学校では校長にある。

　採択の方法は，義務教育である小学校，中学校，義務教育学校，中等教育学校の前期課程，特別支援学校の小・中学部の教科書については「義務教育諸学校の教科用図書の無償措置に関する法律」（教科書無償措置法，1963年）で規定されている。高等学校については法令上は具体的な規定はないが，各学校の実態をもとに公立の高等学校については所管の教育委員会が採択を行う。

　次に，義務教育諸学校においての採択の仕組みについて見てみよう。文部科学省が示している採択に至るプロセスを概略すると，それは図7-3の通りである。

　○発行者は，検定を経た教科書で次年度に発行しようとするものの種目・使用
　　学年・書名・著作者名等（書目）を文部科学大臣に届け出る。文部科学大臣
　　はこの届出のあった書目を一覧表にまとめて教科書目録を作成し，この教科

図7-3 義務教育諸学校用教科書の採択の仕組み

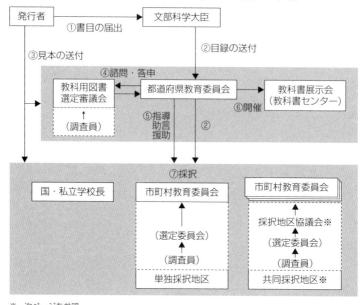

※ 次ページを参照。
出所：文部科学省ホームページより。

　書目録は文部科学省から都道府県教育委員会を通じて各学校や市町村教育委員会に送付される。
○発行者は，採択の参考に供するため，次年度に発行する教科書の見本を都道府県教育委員会や市町村教育委員会，国・私立学校長等に送付する。
○教育委員会や校長が適切に採択を行うようにするため，都道府県教育委員会は，採択の対象となる教科書について調査・研究し，彼ら採択権者に指導・助言・援助を行う。このために，都道府県教育委員会は教科用図書選定審議会を毎年度設置し，あらかじめ意見を聴取する。メンバーには専門的知識を有する学校の校長・教員，教育委員会関係者，保護者，学識経験者等で構成される。都道府県教育委員会は，この審議会の調査・研究結果をもとに選定資料を作成し，それを採択権者に送付することで助言を行う。また，都道府県教育委員会は，学校の校長・教員，採択関係者の調査・研究のため毎年6月から7月の間の一定期間，教科書展示会を教科書の常設展示場である教科書センター等で開催している。

○採択権者は，都道府県の選定資料を参考にするほか，独自に調査・研究した上で一種目につき一種類の教科書を採択する。なお，義務教育諸学校用の教科書については，原則として，4年間同一の教科書を採択することとなる。

ところで，市町村立の小・中学校で使用される教科書の採択の権限は市町村教育委員会にあるのは前述の通りだが，都道府県教育委員会は「市町村の区域又はこれらの区域を併せた地域」を採択地区として設定する。採択地区が2以上の市町村の区域を併せた地域（共同採択地区）である場合，地区内の市町村教育委員会は採択地区協議会を設け，その協議の結果に基づいて種目ごとに同一種の教科書を採択しなければならないとされている。採択地区は，その域内で同じ一種の教科書を使用することが適当と考えられる地域であり，都道府県内において自然的，経済的，文化的諸条件等を考慮して決定される。採択地区は2017年4月現在全国で580地区あり，1地区あたり平均約3.0市町村で構成されている。

4．教科書の無償給与

国・公・私立学校の別を問わず，義務教育の諸学校で使用される教科書は，国の負担によってすべての児童生徒に無償で給与されている。それは，日本国憲法第26条で規定される義務教育の無償を保障するためのものである。

この制度は，「義務教育諸学校の教科用図書の無償に関する法律」（1962年）により義務教育諸学校の教科書は無償であることが示され，これを受ける形の「義務教育諸学校の教科用図書の無償措置に関する法律」（前掲の教科書無償措置法，1963年）に基づき，1964年度に小学校第1学年において実施され，これ以降学年進行方式で進み，1969年度に小・中学校の全学年に無償給与が完成し，現在に至っている。

前述のように教科書の使用義務が法律で定められており，授業料の不徴収に加えて教科書を無償で給与することで保護者の教育費負担を軽減する。これにより，憲法第26条に掲げる義務教育無償の精神をより広く実現することが図られているのである。

2　補助教材

1．補助教材

（1）補助教材とは

　前節で述べたように，学校では，文部科学大臣の検定を経た教科書，または文部科学省が著作の名義を有する教科書を使用しなければならない。しかし，これら教科書以外の図書あるいはその他の教材で「有益適切」なものはこれを使用することができるとされている（学校教育法第34条第2項）。この「教科書以外の図書あるいはその他の教材」とは，具体的には補助教材と準教科書のことである。

　この「補助教材」には一般に次のようなものがある。すなわち，市販，自作などを問わず，例えば，副読本，解説書，資料集，学習帳，問題集などのほか，プリント類，視聴覚教材，掛図，新聞などである。近年ではこれらに加えてデジタル教材なども挙げられるが，これについては後述する。

　また，「準教科書」とは，教科書が発行されていない教科または科目の主たる教材として教科書に準じて使用される図書をいう。例えば，体育科副読本，保健体育科副読本や，教科化される以前の道徳教育の副読本などが挙げられよう。

　各学校現場では，教育や学習指導の効果を高めるため，児童生徒や学校，地域の実態などに応じて有益な補助教材を選択し，活用することが重要である。だが，補助教材の使用を検討するにあたっては，次のような点に留意することが求められる。

- 教育基本法，学校教育法，学習指導要領等の趣旨にしたがっていること
- その使用される学年の児童生徒の心身の発達の段階に即していること
- 多様な見方や考え方のできる事柄，未確定な事柄を取り上げる場合には，特定の事柄を強調し過ぎたり，一面的な見解を十分な配慮なく取り上げたりするなど，特定の見方や考え方に偏った取扱いとならないこと

　また，これらに加えて，補助教材の購入に際して保護者等に経済的な負担が生じる場合は，その負担が過重なものとならないようにすることも必要である（文部科学省初等中等教育局長通知「学校における補助教材の適切な取扱いについて」平成27年3月4日）。

（2）各学校での補助教材の取り扱いと教育委員会

　教育委員会は，所管の学校での補助教材の使用について，あらかじめ，教育委員会に届け出をさせたり，あるいは教育委員会の承認を受けさせることとする規定を教育委員会規則（学校管理規則）等に設けるものとされている（地方教育行政法第33条第2項）。この点について，例えば「大阪市立学校管理規則」では次のように規定されている。

（教材の取扱）

第6条　小学校及び中学校の校長は，教科書の発行されていない教科について，教科書に準ずる教科として図書を使用するときは，教育委員会の承認を受けなければならない。

2　高等学校の校長は，教科書の発行されていない教科及び科目について，教科書に準ずる教科として図書を使用するときは，教育委員会に届け出なければならない。

3　校長は，学年又は学級全員に対し，計画的かつ継続的に教材として副読本その他これに類するものを使用させるときは，教育委員会に届け出なければならない。

　この規定では，各学校で使用されるすべての補助教材について事前の届出や承認を必要とするものではないとされている。概して言えば，準教科書は承認制（ただし，大阪市のように高等学校では届出制をとる自治体もある），学年または学級全員の教材として使用する場合は届出制が多く，これら以外については学校の裁量（したがって教員，最終的には校長の責任）に委ねるものとなっている。

　このように，地方教育行政法第33条第2項の趣旨は，すべての補助教材の使用に対して事前の届出や承認を求めているわけではなく，各学校で有益適切な補助教材を効果的に使用することを抑制することにならないように留意するとしている。しかし，教育委員会において関与すべきと判断したものについては適切な措置をとるべきこと，また，教育委員会が届出制，承認制とはしていない補助教材についても，所管の学校で不適切に使用されている事実を確認した場合には当該教育委員会は適切な措置をとるべきことが示されている（前掲の文部科学省初等中等教育局長通知）。

2．補助教材と著作権

　著作物とは，思想または感情を創作的に表現したものであり，文芸，学術，美術または音楽の範囲に属するものをいう（著作権法第2条）。著作権法は，著作物等に関する著作者の権利を定め，その権利を保護することを定めている（同法第1条）。

　論文や記事，小説，絵，音楽，コンピューター・プログラムなどを複製（コピー）する際には，原則として著作権者の了解（許諾）を得る必要がある。しかし，学校などの教育機関ではその公共性から例外的に著作権者の了解を得ることなく一定の範囲で自由に利用することができる。これにより，学校においては著作物を補助教材として用いて教育活動を展開している。

　著作権法における学校でのこうした例外措置には，文化庁長官官房著作権課「学校における教育活動と著作権」によれば，次のようなものがある。

① 教員，児童生徒が，授業の教材として使用するために他人の作品をコピーして配布する場合（第35条第1項）

　ここで，著作権者の了解を得ることなく利用できるための条件として次のように示されている。

　　1）営利を目的としない教育機関であること
　　2）授業を担当する教員やその授業等を受ける児童生徒がコピーすること
　　3）本人（教員又は児童生徒）の授業で使用すること
　　4）コピーは，授業で必要な限度内の部数であること
　　5）既に公表された著作物であること
　　6）その著作物の種類や用途などから判断して，著作権者の利益を不当に害しないこと
　　7）原則として著作物の題名，著作者名などの「出所の明示」をすること

　具体例として，教員が授業で使用するために小説などをコピーして児童生徒に配布したり，児童生徒が「調べ学習」のために新聞記事などをコピーして他の児童生徒に配布することは認められる。これに対して，教員が，ソフトウェアなどを児童生徒が使用する複数のパソコンにコピーすることや，教員や児童生徒が販売用のドリル教材などをコピーして配布することは，6）にあるように，著作物の種類や用途の点で著作権者の利益を不当に害するものとして認められていな

い。

　なお，1）で挙げられている「営利を目的としない教育機関」とは，小・中学校，高校，大学，短期大学，高等専門学校，専修学校などがある。また，公民館，青年の家などの社会教育施設，教育センターなどの教員研修施設，職業訓練施設なども含まれる。営利を目的とする教育機関としては私人の経営する学習塾などが該当するとしている。

　また，初等・中等教育機関の場合，いわゆる「授業」だけでなく，特別教育活動である運動会等の学校行事もこれに含まれる。大学の場合では，授業をはじめ，実験や実習，体育実技，ゼミなども含まれる。

② **試験等のために，他人の作品を使って入学試験問題を作成し配布する場合，または当該試験問題をインターネットなどで送信する場合**（第36条）

　著作権者の了解を得ることなく利用できるための条件として次のように示されている。

　1）既に公表された著作物であること
　2）試験・検定の目的上必要な限度内の複製や送信であること
　3）「営利目的」の試験・検定の場合は著作権者に補償金を支払うこと
　4）その著作物の種類や用途，送信の形態などから判断して，著作権者の利益を不当に害しないこと
　5）原則として著作物の題名，著作者名などの「出所の明示」をすること

　具体例として，小説や新聞の社説などを用いた試験問題を出題したり，それをインターネットなどで送信して出題することは可能である。だが，入学試験の終了後，その試験問題をホームページに掲載し，送信することは上記の2）の条件に，また，市販されているドリルなどの教材を試験問題としてインターネットなどで送信することは4）の条件に，それぞれ違反することとなる。

③ **発表用資料やレポートの中で他人の作品を「引用」して利用する場合**（第32条第1項）

　著作権者の了解を得ることなく利用できるための条件として次のように示されている。

　1）既に公表された著作物であること

2）利用方法が,「公正な慣行」に合致していること
  （例：自分の考えを補強するため等,作品を引用する「必然性」があること）
3）利用の目的が,報道,批評,研究などのための「正当な範囲内」であること
  （例：引用の分量については,引用される部分（他人の作品）が「従」で,自ら作成する部分が「主」であること）
4）引用部分については,カギ括弧などを付して,明確にすること
5）著作物の題名,著作者名などの「出所の明示」をすること

「引用」とは言えない例として,次のものが挙げられている。修学旅行で用いる資料の最後に参考資料として,市販のいくつかの旅行ガイドブックから名所・旧跡の記事を集めて掲載することや,小説の感想文の結論部分に,他の雑誌に載っていたその小説の評論文をそのまま使うことである。

④ 学芸会,文化祭,部活動などで他人の作品を上演・演奏・上映・口述（朗践等）する場合（第38条第1項）

著作権者の了解を得ることなく利用できるための条件として次のように示されている。

1）作品を利用する行為が上演,演奏,上映,口述（朗読等）のいずれかであること
2）既に公表された著作物であること
3）営利を目的としないこと
4）聴衆又は観客から鑑賞のための料金等を取らないこと
5）演奏したり,演じたりする者に報酬が支払われないこと
6）原則として著作物の題名,著作者名などの「出所の明示」をすること

具体例として,文化祭などでブラスバンド部の演奏や演劇節の演劇を行うことは認められている。しかし,音楽や劇の鑑賞に対して料金を取ることは上記の4）に該当するものとして認められない。

3.「デジタル教科書」

現在,情報化の急速な進展に伴い,学校教育においても情報通信技術（ICT）の導入と活用が進んできた。こうした中で文部科学省では,2015年5月より「デ

ジタル教科書」に関する検討会議を開催し，同年12月には最終まとめが出された。ここでは，現行の教科書制度では補助教材の扱いである「デジタル教科書」（現在の紙の教科書と同一の学習内容のデジタル教材）について，紙の教科書を基本としながら，教科の一部の学習に当たっては従来の教科書に代えてこの「デジタル教科書」を使用することが適切とされた。

　同まとめでは，まず，現行制度における教科書の意義と制度的な位置づけが確認されている。制度的な位置づけとしては，① 学校での使用義務，② 文部科学大臣による検定（質の確保），③ 義務教育段階の無償給与（保護者の経済的負担の軽減），④ 国から発行者への発行指示，定価の認可等（教科書の安定供給），そして，⑤ 著作権の権利制限（適切な著作物の利用による教科書の質向上）が挙げられており，これらを通じて，全国的な教育水準の向上，教育の機会均等の保障，適正な教育内容の担保という意義が実現されるとしている。①から⑤の5点は，現行教科書の「代替」としての「デジタル教科書」を実現させる上で具体的に検討すべき課題でもある。それを整理すると，同まとめでは次のように提言されている。

① 学校での教科書の使用義務

　紙の教科書とデジタル教科書の学習内容（コンテンツ）は同一であることが必要とした上で，紙の教科書を基本としながらも，デジタル教科書を使用することで児童生徒の学びの充実が期待される教科の一部（単元など）の学習に当たっては，紙の教科書に代えてデジタル教科書を使用することが適当である。また，紙の教科書による学習では困難を抱える障害のある児童生徒については，より積極的に使用できるようにすることが望ましい。

② 教科書検定

　デジタル教科書は紙の教科書と同じ内容であるため，改めて検定を経る必要はない。当面は，デジタル教科書の制作者は紙の教科書を制作する発行者に限定することが適当である。

　他方で動画や音声などについては，部分的な修正が難しいなどのため，検定を要しない教材（つまり補助教材）として位置づける。また，URLやQRコード等の検定上の取扱い方について教科用図書検定調査審議会などで専門的な見地から審議を行うことが必要である。

③ 義務教育段階の無償給与

　紙の教科書とデジタル教科書の両方を無償措置の対象にすることはすぐには難しい。これは，紙の教科書だけを使用する児童生徒との公平性や，現段階では使

用形態は紙の教科書を基本とするためである。デジタル教科書の使用を希望する地方自治体について，すべての児童生徒が家計の状況に支障なく使用できるように，経済的支援を含めて積極的な取組が求められる。しかし，中長期的には，紙の教科書とデジタル教科書のいずれか一方または双方を無償措置の対象にすることに関して検討することは望ましい。

④ **教科書の安定供給**

発行者に確実な供給を担保させた上で，記録媒体による供給，配信による供給のいずれも可能とすることが適当である。また，地方自治体や保護者などに過度な負担を課すことのないように価格を可能な限り低廉に抑える工夫が求められる。

⑤ **適切な著作物の利用による教科書の質向上**

文化審議会などで，デジタル教科書への著作物の掲載や配信形式による供給などに対応する権利制限の在り方に関して専門的な審議が必要である。

文部科学省は，次期小学校学習指導要領の実施となる2020年度から全国の小・中学校と高校でデジタル教科書を導入する方針を示しており，上記を含めて必要な検討が現在進められている。デジタル教科書は，新たな授業の在り方，学びの姿をもたらす可能性を有していることは確かである。児童生徒のより深い学びを実現させるための使用の在り方について考え，実践することが教育現場の教師一人ひとりに今後，問われていくことになる。

学習課題

1 教科書制度の意義について考察せよ。
2 各学校での補助教材の使用にあたって教育委員会との関わりについて述べよ。
3 著作権法における学校での例外措置について説明せよ。

参考文献

大阪市総務局行政部行政課「大阪市例規データベース」，大阪市ホームページ，http://www1.g-reiki.net/reiki37e/reiki.html，最終確認2017年11月20日。

文化庁長官官房著作権課「学校における教育活動と著作権」，文化庁ホームページ，http://www.bunka.go.jp/seisaku/chosakuken/seidokaisetsu/kyozai.html，最終確認2017年11月21日。

第8章
特別活動とその意義

1 特別活動とその変遷

1．特別活動とは何か

　学校生活で楽しかった思い出や印象深かったこととして遠足や修学旅行，運動会，文化祭（学芸会），生徒会（児童会）活動，あるいは卒業式などを挙げる人も多いであろう。これらはすべて特別活動に含まれる。小学校，中学校，高等学校などの教育課程は，教科，特別の教科道徳（高等学校を除く），外国語活動（小学校のみ），総合的な学習の時間，特別活動で構成されており（学校教育法施行規則），特別活動は教育課程で位置づけられる正規の授業であり，児童生徒の学校生活において重要な教育活動である。
　小学校，中学校，高等学校の特別活動は，各学校種の学習指導要領によりそれぞれ次のもので構成されている。
　小学校の特別活動は，学級活動，児童会活動，クラブ活動，学校行事（儀式的行事，文化的行事，健康安全・体育的行事，遠足・集団宿泊的行事，勤労生産・奉仕的行事）の4つの内容で構成されている。
　また，中学校の特別活動は，学級活動，生徒会活動，学校行事（儀式的行事，文化的行事，健康安全・体育的行事，旅行・集団宿泊的行事，勤労生産・奉仕的行事）の3つの内容で構成されている。
　そして高等学校の特別活動は，ホームルーム活動，生徒会活動，学校行事（儀式的行事，文化的行事，健康安全・体育的行事，旅行・集団宿泊的行事，勤労生産・奉仕的行事）の3つの内容で構成されている。
　ここですぐにわかるように，特別活動における教育活動の内容は多種多様なものである。以下では，中学校を事例として2017年改訂の新学習指導要領をもとに

中学校の特別活動，すなわち，学級活動，生徒会活動，学校行事の各活動を具体的に見てみよう。

まず，学級活動は，生徒が所属している学級において毎週1単位時間（1コマ）以上を充てて実施される授業であり，主に学級担任が行っている。それは，学級担任が生徒の実態をより良く理解しているからであり，また，自身の学級経営と深く関わっているからである。学級活動の内容として，「学級や学校における生活づくりへの参画」，「日常の生活や学習への適応と自己の成長及び健康安全」，「一人一人のキャリア形成と自己実現」の3つの活動内容が示されている。

次に生徒会活動は，生徒の自主的で自治的，協働的な取り組みを重視しており，学級や学年の枠を超えた異年齢集団による活動が行われる。生徒会活動の内容として，「生徒会の組織づくりと生徒会活動の計画や運営」，「学校行事への協力」，「ボランティア活動などの社会参画」が示されている。具体的には，生徒総会や生徒会役員選挙，新入生を迎える会，卒業生を送る会，委員会活動（中央委員会や各種委員会），生徒集会やボランティア活動のほか，次に見る文化祭や体育大会などの学校行事への生徒会としての協力などが挙げられる。

最後に学校行事は，すべての学年において，全校または学年を単位として学校が計画して行う活動である。ここでは，学校生活に秩序と変化を与え，学校生活の充実，発展を図るべく体験的な活動が実施される。学校行事の内容は，「儀式的行事」，「文化的行事」，「健康安全・体育的行事」，「旅行・集団宿泊的行事」，「勤労生産・奉仕的行事」の5つが示されている。具体的には，入学式や卒業式，文化祭，音楽鑑賞会，健康診断，体育祭，修学旅行，職場体験活動，学校内外のボランティア活動などがこれらに該当する活動である。

2．特別活動の変遷

日本で近代学校教育制度が創設された明治時代において，すでにその半ば頃には運動会や遠足，学芸会等の教育活動が全国の学校で実施されていた。また，特に大正デモクラシーの展開の中で自治的な活動や音楽会，学校演劇等の活動も取り入れられていった。戦前・戦中の時期において子どものこのような自主性や協働性，自治を基盤にした取り組みが展開されていたことの意義は大きい。これらは，正規の教科学習とは別の「課外活動」として位置付けられていた。

戦後になり，1947年に示された戦後最初の小・中学校の「学習指導要領一般編（試案）」では，小学校4年生以上に「自由研究」が設けられた。これは特別活動の原型として捉えられており，教科の発展としての自由な学習，クラブ組織によ

る活動，当番，学級委員としての仕事を内容としていた。これ以降今日まで，「特別活動」は教科以外の活動として位置づけられている。この自由研究は，1951年の改訂で廃止され，小学校では「教科以外の活動」，中学校，高校では「特別教育活動」に再編された。つづく1958年の改訂でこれらは「特別教育活動」に名称が統一され，「各教科」，「学校行事等」，そして特設された「道徳」（ただし高校は除く）とともに教育課程を編成する4領域の一つとなった。

さらに，小学校は1968年，中学校は1969年の改訂により「特別教育活動」と「学校行事等」は統合されて「特別活動」に，そして高校では1970年改訂での「教科以外の教育活動」を経て1978年の改訂によって小・中学校，高校のすべての学校種で「特別活動」に名称が統一されている。

1989年の改訂では中学校，高校で「クラブ活動」は部活動で代替ができるようになり，さらに中学校では1998年，高校では1999年の改訂によって中学校，高校の特別活動から「クラブ活動」が廃止され，小・中学校，高校においてそれぞれ前述のような特別活動の内容構成で現在に至っている。

そして現行の2008年改訂の学習指導要領では，特別活動で育成したい資質・能力が明示されるとともに，特別活動が，集団や社会の一員としてよりよい生活や人間関係を築こうとする自主的，実践的な態度を育てる教育活動であることを明確にするために，全体目標に「人間関係」が加えられた。この全体目標を受け，各活動，学校行事の目標が新たに示され，各内容のねらいと意義が明確にされている。

2 特別活動の意義と目標

1．教育活動全体での特別活動の意義

2017年に改訂された小・中学校の新学習指導要領では，特別活動の特質として「集団活動」と「実践的な活動」を挙げている。学級や学校においても集団にはそれぞれ活動目標があり，その目標を達成するための方法や手段を全員で考え，共通の目標を目指して協力して実践していくことが求められる。ここで特に実践的な活動とは，児童生徒が自分たちの学級や学校生活の充実・向上を目指して，彼ら自身の力で諸問題の解決に向けて具体的な活動を実践することを意味する。したがって，特別活動では児童生徒の実践を前提として，彼らの実践を助長する指導が求められる。児童生徒の発意・発想を重視し，啓発しながら，「なすこと

によって学ぶ」を特別活動の方法原理とすることが必要である，と新学習指導要領で述べられている．

　この特質を踏まえながら，特別活動の教育的意義として次の4点が今回の改訂で強調されている．

(1) 特別活動の特質を踏まえた資質・能力の育成

　今回の改訂では，「知識及び技能」，「思考力・判断力・表現力等」，「学びに向かう力，人間性等」の3つの資質・能力をバランスよく育むことが重視されている．このために特別活動では，様々な集団活動の中で「思考力・判断力・表現力等」を活用しながら他者と協力して実践することを通して，「知識及び技能」が実感を伴って体得されていくとともに，こうした活動を通して得られたことを生涯にわたって積極的に生かそうとする「学びに向かう力，人間性等」が育成されていくという視点を持つことが重要である．

(2) 学級経営の充実と特別活動

　特別活動では，児童生徒が自発的，自治的によりよい生活や人間関係を築くために様々に展開される．このことによって結果として，生徒が主体的に集団の質を高めたり，よりよい人間関係を築いたりするなど，特別活動は学級経営にも寄与することになる．つまり，学級経営は特別活動を要として計画，実施されることによってさらなる深化が図られることになる．それはまた，学びに向かう集団づくりの基盤ともなり，各教科等で「主体的・対話的で深い学び」を実現するための授業改善を行う上できわめて重要なものとなる．

(3) 各教科等の学びを実践につなげる特別活動

　さらに特別活動は，児童生徒が各教科等で学んだ知識や技能などの資質・能力を実践的な集団活動を通して統合的で汎用的な力に変えることで，それを実生活で活用可能なものにする役割もまた有している．食育や安全教育，健康教育などの現代的な教育内容でもこのことが期待される．

　また，新学習指導要領では，児童生徒が自身のキャリアやこれからの学びや生き方を見通し，これまでの活動を振り返るなど，教育活動全体の取り組みをキャリア形成につなげていく要として特別活動を位置づけるという考え方が新たに提示された．こうした視点からも，特別活動を通して各教科等で学んだことを実生活で活用できるものにしていくことが求められる．もっとも，これは小学校，中

学校，高等学校のいずれの学校段階の特別活動でも重要なことである。しかし，特に義務教育の締めくくりとなる中学校では，現在の生活はもちろん，生涯にわたる生活でも生かしていくという態度を養うことの重要性が新学習指導要領で強調されている。

（4）学級や学校の文化を創造する特別活動

新学習指導要領では，特別活動は学級・学校文化の創造に直接関わる活動として捉えられている。つまり，特別活動における各活動・学校行事や，そのための放課後や休み時間，地域等で行う準備などの活動を通して，児童生徒の人間形成に影響を及ぼす風土が培われ，また，それによって多くの教育的な効果も期待できる。このように特別活動は学級・学校文化の創造につながるのである。しかし同時に，特色ある学級・学校文化が特別活動を充実させることにもなる。特別活動の指導では，学級・学校文化を自発的，自治的に創造することを通して，協働的な実践的活動を充実させるという視点もまた重要である。

また，特色ある学級・学校文化を創造することは地域文化の創造にも関わる。この点で，「社会に開かれた教育課程」の観点から自校の実践を地域社会と共有することなども求められる。

2．特別活動の目標

（1）特別活動の目標

特別活動の目標は小・中・高等学校の学習指導要領で示されているが，他の教科・領域とは異なって小・中・高等学校でほぼ同一の内容となっている。それは，学習指導要領第5章第1「目標」で次のように示されている。なお，（　）内は高等学校の学習指導要領の記載内容である。

【特別活動の目標】
　集団や社会の形成者としての見方・考え方を働かせ，様々な集団活動に自主的，実践的に取り組み，互いのよさや可能性を発揮しながら集団や自己の生活上の課題を解決することを通して，次のとおり資質・能力を育成することを目指す。
　（1）多様な他者と協働する様々な集団活動の意義や活動を行う上で必要となることについて理解し，行動の仕方を身に付けるようにする。
　（2）集団や自己の生活，人間関係の課題を見いだし，解決するために話し合い，合意形成を図ったり，意思決定したりすることができるようにする。

> （3）自主的, 実践的な集団活動を通して身に付けたことを生かして, 集団や社会における（主体的に集団や社会に参画し）生活及び人間関係をよりよく形成するとともに, 人間としての生き方（在り方生き方）についての考え（自覚）を深め, 自己実現を図ろうとする態度を養う。

　この特別活動の目標は, それを構成する学級活動（小学校, 中学校）・ホームルーム活動（高校）, 児童会（小学校）・生徒会（中学校, 高校）活動, クラブ活動（小学校）, 学校行事（小学校, 中学校, 高校）ごとに示されている各目標を全体として総括する目標である。

（2）特別活動における「人間関係形成」,「社会参画」,「自己実現」という3つの視点の設定

　新学習指導要領では, 特別活動の指導において, 人間関係形成, 社会参画, 自己実現という3つの視点が示された。これらは, 特別活動で児童生徒に育成する資質・能力, そして, これらの資質・能力を育成する学習の過程の双方において重要な視点を提示していると捉えることができる。

1）人間関係形成

　これは,「集団の中で, 人間関係を自主的, 実践的によりよいものへと形成する」という視点である。この「人間関係形成」に必要な資質・能力は, 集団の中で, 課題の発見から実践, 振り返りなど特別活動の学習過程全体を通して「個人と個人」, あるいは「個人と集団」という関係性の中で育まれるものと考えられている。年齢や性別などの属性, 考え方や関心, 意見の違い等を理解した上で児童生徒が認め合い, 互いのよさを生かすような関係をつくることが重要となる。

2）社会参画

　これは,「よりよい学級・学校生活づくりなど, 集団や社会に参画し様々な問題を主体的に解決しようとする」視点である。この「社会参画」のために必要な資質・能力は, 集団の中で, 自発的・自治的な活動を通して, 個人が集団へ関与する中で育まれるものと考えられている。学校は一つの小さな社会であり, 同時に, 様々な集団により構成される。児童生徒が学校内の様々な集団の活動に関わることが, 地域や社会に対する参画, 持続可能な社会の担い手となっていくことにもつながっていくとされている。

3）自己実現

これには一般的には様々な意味があるものの、特別活動ではそれは、「集団の中で、現在及び将来の自己の生活の課題を発見しよりよく改善しようとする視点」としている。この「自己実現」のために必要な資質・能力は、集団の中で個々の児童生徒が共通して当面している現在や将来の課題を考察する中で、「自己の理解を深め、自己のよさや可能性を生かす力」、「自己の在り方生き方を考え設計する力」などへと育まれていくと考えられている。

3. 目標の内容

新学習指導要領で次の「特別活動の目標」が示されたのは先述の通りである。
「集団や社会の形成者としての見方・考え方を働かせ、様々な集団活動に自主的、実践的に取り組み、互いのよさや可能性を発揮しながら集団や自己の生活上の課題を解決することを通して、次のとおり資質・能力を育成することを目指す。」【再掲】

この目標に関しては、まず冒頭部分の「集団や社会の形成者としての見方・考え方を働かせる」、そして、その後の部分である「様々な集団活動に自主的、実践的に取り組み、互いのよさや可能性を発揮しながら集団や自己の生活上の課題を解決する」の2つのパートに分けてそれぞれが具体的に説明されている。

（1）集団や社会の形成者としての見方・考え方を働かせる

新学習指導要領では、各教科等の目標に「見方・考え方」が位置づけられたが、それは、各教科等の特質に応じた、各教科等での物事を捉える視点や考え方である。そして特別活動では、「集団や社会の形成者」としての見方・考え方が示された。つまり、特別活動の目標にある「集団や社会の形成者としての見方・考え方を働かせる」とは、「各教科等の見方・考え方を総合的に働かせながら、自己及び集団や社会の問題を捉え、よりよい人間関係の形成、よりよい集団生活の構築や社会への参画及び自己の実現に向けた実践に結び付けること」と捉えることができる。

（2）様々な集団活動に自主的、実践的に取り組み、互いのよさや可能性を発揮しながら集団や自己の生活上の課題を解決する

目標の中のこの部分は、資質・能力を育成するための「学習の過程」として示されている。

1）様々な集団活動

　学校は様々な集団により構成される。特別活動は，各活動・学校行事における様々な集団活動の中で生徒が集団や自己の課題の解決に向けて取り組む活動である。集団での活動の範囲は学年や学校段階が上がるにつれて広がっていく。そこで培われていった資質・能力は，卒業して社会に出た後の様々な集団や人間関係の中で生かされていくことになる。

2）自主的，実践的に取り組む

　特別活動での集団活動の中で一人ひとりの児童生徒は自主的，実践的に生活の課題解決に取り組む。これは，特別活動の方法原理である「なすことによって学ぶ」ということである。

　また，学級活動や児童会・生徒会活動，クラブ活動では，「自主的，実践的」であることに加えて，さらに「自発的，自治的な活動」であることを特質としている。つまり，目的をもって編制された集団の中で，児童生徒は自ら課題等を見いだし，その解決方法などについての合意形成を図り，協力して目標を達成していくのである。

3）互いのよさや可能性を発揮しながら

　今回の新学習指導要領で初めて示されることになった「互いのよさや可能性を発揮しながら」は，従来の学習指導要領の目標の中の「望ましい集団活動を通して」の趣旨をより具体的にしたものであるとされている。ここでは，「異なる意見や意思をもとに，様々な解決の方法を模索し，問題を多面的・多角的に考えて，解決方法について合意形成を図る」ことが，この「互いのよさや可能性を発揮しながら」を実現させていくことにつながると述べられている。

4）集団や自己の生活上の課題を解決する

　これは，「様々な集団活動を通して集団や個人の課題を見いだし，解決するための方法や内容を話し合って，合意形成や意思決定をするとともに，それを協働して成し遂げたり強い意志をもって実現したりする」児童生徒の活動内容や学習過程を示したものである。ここでの「課題」とは，現在の問題の解決にとどまらず，広く集団や自己の現在や将来の生活をよりよくするために取り組む内容も含まれている。

4．特別活動で育成を目指す資質・能力

　新学習指導要領では「何ができるようになるのか」が明確化され，すべての教科等において育成すべき資質・能力が「知識及び技能」，「思考力，判断力，表現

力等」,「学びに向かう力,人間性等」の3つに整理された。
　特別活動では,「特別活動の目標」でみたように,「集団や社会の形成者」としての見方・考え方を働かせながら,本節3.(2)の1)から4)の学習過程を通してこれらの3つの資質・能力を育成することが求められる。それは具体的には次の通りである。

> ① 知識及び技能（何を知っているか,何ができるか）
> 　多様な他者と協働する様々な集団活動の意義や活動を行う上で必要となることについて理解し,行動の仕方を身に付けるようにする。

　特別活動では,集団活動を通して,話合いの進め方,合意形成や意思決定の仕方,チームワークや役割分担の意義等について理解することが必要である。このためには,方法論的な知識や技能を教授するのではなく,各教科等で学習したことも含めて,特別活動の実践活動や体験活動を通して体得させていく。

> ② 思考力,判断力,表現力等（知っていること,できることをどう使うか）
> 　集団や自己の生活,人間関係の課題を見いだし,解決するために話し合い,合意形成を図ったり,意思決定したりすることができるようにする。

　特別活動では,様々な集団活動を通して自己の課題や他者との関係で生じる課題を見いだし,その解決のために話し合い,その中で決まったことを実践し,さらに実践したことの振り返りをして次の課題解決へと向かう。この一連の活動の過程で,児童生徒が各教科等で学んだ知識などをここでの課題解決に関連づけながら主体的に考えたり判断したりすることを通して合意形成や意思決定を行う。こうしたことを積み重ねることで,課題解決で必要となる「思考力,判断力,表現力等」が育成される。

> ③ 学びに向かう力,人間性等（どのように社会・世界と関わり,よりよい人生を送るか）
> 　自主的,実践的な集団活動を通して身に付けたことを生かして,集団や社会における生活及び人間関係をよりよく形成するとともに,人間としての生き方についての考えを深め,自己実現を図ろうとする態度を養う。

　多様な集団に所属する人間は,各々の集団の中でよりよい人間関係,よりよい

集団や社会をつくろうとしたり，自己実現を図ろうとすることは，人間としての在り方や生き方と深く関わるものといえる。特別活動では，様々な集団活動の役割や意義を理解し，児童生徒自身が様々な活動に自主的，実践的に関わろうとする態度を育てる。

5．特別活動における「主体的・対話的で深い学び」

「知識及び技能」，「思考力，判断力，表現力等」，「学びに向かう力，人間性等」を偏りなく育成するために，児童生徒の「主体的・対話的で深い学び」の実現に向けて授業を改善することが，今回改訂の学習指導要領で求められている。そして特別活動においてもこうした学びを実現するためには，具体的に次のような視点で各活動・学校行事の学習過程において授業や指導を工夫したり，改善することが求められることになる。

（1）主体的な学び

学級や学校での集団活動を通して，自分たちの生活上の課題を自分たちで見出し，その解決のための方法を決めて取り組み，それを振り返ってよい点や改善点などに気づき，新たに目標を設定するなど自分たちの生活をさらによくしようとする。学習過程においてこうした課題の設定や振り返りを意識することなどが求められる。

（2）対話的な学び

特別活動は多様な他者との様々な集団活動を行うことを特性とする。意思決定や合意形成を図ったりする中で他者の意見に触れ，自分の考えを広げたり，課題について多面的・多角的に考えたりする。また，多様な他者と対話しながら協働することで自己肯定感を高めること，自分のキャリアについて意思決定する過程で他者や教師との対話を通じて自分の考えを発展させることなどができる。このようにして感性や思考力，実践力を豊かに育成することも対話的な学びとして重要である。

（3）深い学び

特別活動では，課題の設定から振り返りまでの一連の活動を「実践」と捉える。特別活動で重視する「人間関係形成」，「社会参画」，「自己実現」の３つの視点はいずれも各教科等で育成する資質・能力と様々に関わっている。このため，一連

の実践の過程で，各教科等の特質に応じた見方・考え方を総合的に働かせ，各教科等で学んだ知識や技能などを集団や自己の問題解決のために活用していく。

このためには，それぞれの学習過程においてどのような資質・能力を育むことが必要なのかを明確にした上で意図的・計画的に指導に当たることが，「深い学び」の実現につながる。

3 特別活動と教育課程

1．特別活動

（1）特別活動の目標と各活動・学校行事の目標との関連

特別活動を構成する各活動・学校行事にはそれぞれ独自の目標と内容が設定されている。だが，それぞれの目標を別々に達成すればよいということではない。各学校では，特別活動の目標と各活動・学校行事の目標の関係を踏まえて，それぞれの活動の特質を生かした指導計画を作成し，指導の充実を図ることになる。これを通じて，特別活動の目標に示される「資質・能力」を児童生徒が身につけることを目指す。

学習指導要領第5章第2では，各活動・学校行事の目標は次のように示されている。なお，「第1の目標」とは特別活動の目標（全体目標）を指す。なお，（　）内は高等学校の学習指導要領の記載である。

（学級活動（ホームルーム活動）の目標）
　学級（ホームルーム）や学校での生活をよりよくするための課題を見いだし，解決するために話し合い，合意形成し，役割を分担して協力して実践したり，学級（ホームルーム）での話合いを生かして自己の課題の解決及び将来の生き方を描くために意思決定して，実践したりすることに，自主的，実践的に取り組むことを通して，第1の目標に掲げる資質・能力を育成することを目指す。

（児童会・生徒会活動の目標）
　異年齢の生徒同士で協力し，学校生活の充実と向上を図るための諸問題の解決に向けて，計画を立て役割を分担し，協力して運営することに自主的，実践的に取り組むことを通して，第1の目標に掲げる資質・能力を育成することを目指す。

> (クラブ活動の目標) ※小学校のみ
> 　異年齢の児童同士で協力し，共通の興味・関心を追求する集団活動の計画を立てて運営することに，自主的，実践的に取り組むことを通して，個性の伸長を図りながら，第１の目標に掲げる資質・能力を育成することを目指す。

> (学校行事の目標)
> 　全校又は学年の生徒で協力し（全校若しくは学年又はそれらに準ずる集団で協力し），よりよい学校生活を築くための体験的な活動を通して，集団への所属感や連帯感を深め，公共の精神を養いながら，第１の目標に掲げる資質・能力を育成することを目指す。

(2) 特別活動の内容相互の関連

　学級活動（高等学校ではホームルーム活動，以下同じ），児童会・生徒会活動，クラブ活動，学校行事は，集団の単位，活動の形態や方法，時間の設定などで特質が異なっており，このためそれぞれが固有の意義をもつ。しかしこれらは最終的には上で述べた特別活動の目標（全体目標）を目指して行われ，また，相互に関連し合っているのである。
　学級活動と児童会・生徒会活動，クラブ活動，学校行事とが相互に関連しながら円滑に運営されていくようにするためには，計画的，継続的な指導の場や時間が必要となる。この役割を果たすのは主に学級活動の時間である。学級活動での指導は児童会・生徒会活動，クラブ活動，学校行事を充実させるための基盤であり，これらの内容が相互に密接に関連づけられることで特別活動全体が充実し，その目標が達成されていくことになる。このためには，小学校では６学年，中学校，高等学校では３学年を見通した特別活動の全体計画と，相互に関連をさせた各活動・学校行事ごとの年間指導計画を立てていくことが重要である。

2．特別活動と各教科，道徳科，外国語活動，総合的な学習の時間などとの関連

　小学校，中学校，高等学校の教育課程を構成する各教科，道徳科（小・中学校のみ），外国語活動（小学校のみ），総合的な学習の時間（高等学校では，総合的な探究の時間），特別活動はそれぞれが固有の目標とねらいをもつ教育活動である。だが，これらを相互に関連させたり，補充し合ったりすることでそれぞれの教育活

動の目標やねらいが達成されるとともに,全体として小学校教育,中学校教育,高等学校教育の目的や目標も達成されることになる。

(1) 各教科,外国語活動との関連

実践的な活動である特別活動では,様々な集団活動の中で生じる自己や集団の生活上の課題の解決に取り組む。このことから,各教科等で獲得した資質・能力などが集団活動の場で生かされなければならない。同時に,各教科等で育成された資質・能力は,特別活動で実生活の課題の解決に活用されることで思考力・判断力・表現力がさらに育成され,知識や技能もより深く体得されることになる。また,特別活動は学級経営の充実に関わることから,特別活動が充実することで各教科等の「主体的・対話的で深い学び」を図ることができる。そして,各教科等での主体的な学習や対話的な学習を通して,児童生徒同士の信頼関係が深まり,特別活動もより充実するといえる。

特別活動の目標,そして各学校の教育目標を実現するためには,このように他の教育活動と関連させながら特別活動の全体計画や各活動・学校行事の年間指導計画を作成し,指導することが重要である。

(2) 道徳科との関連

1) 道徳教育と特別活動

特別活動で実施する集団活動や体験的な活動は,日常生活の中で道徳的な実践の指導を行う重要な機会と場となる。前掲の特別活動の目標にある「集団活動に自主的,実践的に取り組み」,「互いのよさや可能性を発揮」,「集団や自己の生活上の課題を解決」などは,道徳教育においてもねらいとする内容が含まれている。また,特別活動で目指す資質・能力として「多様な他者との協働」,「人間関係」,「人間としての生き方」,「自己実現」などがあるが,これらも道徳教育がねらいとする内容と共通している面が多い。このように,特別活動が道徳教育に果たす役割は大きいのである。

2) 道徳科と特別活動

特別活動と道徳科の授業は両者を関連づけることで学習効果を高めることができる。だが,それぞれの目指すところには本質的な違いがある。例えば,「よりよい人間関係」について話し合う場合,学級活動では道徳的な実践そのものを行うこと,道徳科では道徳的な実践を行うために必要な道徳性を養うことが目的となる。したがって,両者の特質を理解した上でそれぞれの特質を生かして両者を

関連づけることが求められる。

　具体的には，例えば中学校では，勤労生産・奉仕的行事で職場体験活動に取り組んだり，自治的な活動で役割を分担し協力することで共に助け合って生きる喜びや，勤労の貴さや意義についての考えを深め，実際に行動や態度に表すことができるように指導する。これらは，特別活動において道徳性の育成に関わる体験を積極的に取り入れ，その育成を図ろうとするものである。同時に，このような体験的な活動において道徳的価値の大切さを自覚するなどの視点から体験的な活動を考えることができるように道徳科の指導を工夫し，両者の連携を図っていくことが求められる。

（3）総合的な学習の時間との関連

　特別活動と総合的な学習の時間（高等学校では，総合的な探究の時間，以下同じ）のそれぞれの目標を比べると，特別活動は「実践」に，総合的な学習の時間は「探究」に本質がある。特別活動での「実践」は，話し合って決めたことを「実践」したり，学んだことを日常の生活の中で現実の課題解決に生かしたりするものである。他方で，総合的な学習の時間での「探究」は，物事の本質を探って見極めようとすることである。

　したがって，それぞれの目標や内容に沿った指導を行うことを前提とした上で，両者の関連を図った指導を行うことが効果的である。例えば，総合的な学習の時間で学んだ環境に関する内容が，特別活動での実際の学級や学校の生活に生かされ，そこで体得したことが次の探究的な学習の問いにつながるなどの関連が考えられる。とくに特別活動における学校行事については，その趣旨と総合的な学習の時間の趣旨を相互に生かし，両者の活動を関連させることで結果として活動の成果が大きくなるようにすることが重要である。

　また，総合的な学習の時間で計画した学習活動が，学習指導要領に示した特別活動の目標や内容と同等の効果が得られる場合も考えられる。このような場合，総合的な学習の時間の実施によって特別活動における学校行事の実施に替えることができる。

（4）生徒指導等との関連

　最後に生徒指導は，一人ひとりの児童生徒の人格を尊重し，個性の伸長を図りながら，社会的資質や行動力を高めることを目指して行われる教育活動である。これも，「個性の伸長」や「社会的な資質・能力の育成」の役割を担う特別活動

と深く関連している。

　特別活動の指導は，個々の児童生徒や集団の生活や活動において彼らの自主性や自発性を尊重しながら展開される。このような場面で児童生徒が積極的に活動を展開していくためには，深い児童生徒理解と相互の信頼関係を前提として生徒指導を充実させることが重要となる。

　特別活動と生徒指導の両者の関わり方として，次の3点が挙げられている。

　　ア　所属する集団を，自分たちの力によって円滑に運営することを学ぶ
　　イ　集団生活の中でよりよい人間関係を築き，それぞれが個性や自己の能力を生かし，互いの人格を尊重し合って生きることの大切さを学ぶ
　　ウ　集団としての連帯意識を高め，集団（社会）の形成者としてのよりよい態度や行動の在り方を学ぶ

　これらの内容はとくに学級活動（高等学校では，ホームルーム活動，以下同じ）と深く関わっているといえる。したがって，特に学級活動での指導が重要となる。
　また，生徒指導は，学業指導，適応指導，進路指導，社会性指導，道徳性指導，保健指導，安全指導，余暇指導などに分けて考え，計画されることがある。いずれにおいても，特別活動，その中でもとくに学級活動の活動内容と密接に関連しており，このことからも学級活動の時間は生徒指導が中心的に行われる場といえる。

学習課題

1　今回改訂の学習指導要領における特別活動の目標について，その概要を述べよ。
2　特別活動における「主体的・対話的で深い学び」について説明せよ。
3　学級活動（ホームルーム活動）は特別活動の他の領域とどのように関わっているのかについて考察せよ。

参考文献

国立教育政策研究所「学習指導要領データベース」（過去の学習指導要領一覧），http://www.nier.go.jp/guideline/index.htm，最終確認2017年11月27日。
文部科学省「小学校学習指導要領解説 特別活動編」2017年6月。
文部科学省「中学校学習指導要領解説 特別活動編」2017年7月。
文部科学省「高等学校学習指導要領（案）」2018年2月。
渡部邦雄・緑川哲夫・桑原憲一『特別活動指導法』日本文教出版，2009年。

第9章
特別活動のカリキュラム開発

1　はじめに

　特別活動の実施に当たっては、カリキュラム・マネジメントを通じて、子どもたちにどのような資質・能力を育むかを明確にすることが不可欠である。これからの時代に求められる資質・能力を育むためには、各教科等の学習とともに、教科横断的な視点で学習を成り立たせていくことが課題となる。そのため、各教科等における学習の充実はもとより、教科等間のつながりを捉えた学習を進める観点から、教科等間の内容事項について、相互の関連付けや横断を図る手立てや体制を整える必要がある。

　教育基本法改正等で明確になった教育の理念を踏まえ、「生きる力」を育成、道徳教育や体育などの充実により、豊かな心や健やかな体を育成する。重要事項は、体育、食育、安全教育の充実、環境、消費者に関する学習の充実、情報活用、情報モラルなどの情報教育の充実、部活動の意義や留意点の規定等である。

2　特別活動の目標

　今日、学習指導要領（小学校）において「各教科」、「特別の教科　道徳」、「総合的な学習の時間」、「外国語活動」と並び教育課程の5領域を構成する「特別活動」は、戦後間もなく、米国教育使節団やCIE（連合軍総司令部民間情報教育部）により、民主主義社会の市民を育成するために導入が勧告された教科外の活動（名称としては、CIEの中等教育担当官の示唆したSpecial Curricular Activities）が基になっている。西洋では、背景に、課外活動（extra-curricular activities）の長い歴史があり、それが19世紀後半から米国で発展し、特に20世紀初めにカリキュラムの中に取り込まれるようになると、もはや課外（extra-curricular）とは呼びにくくなって、

様々な名称が登場した。日本では，明治以降，近代的教育制度が急速に確立されて行く過程で，西洋の課外活動の一部が高等・中等教育機関に導入され，初等教育においても，儀式を中心とする学校行事やある種の「自治」活動が行なわれた。しかし，日本の課外活動は，西洋の課外活動とは異なり，児童・生徒が自らの必要や要求から自発的に行ったものとは言い難く，上から与えられたものとしての性格が強かったように思われる。

1. 集団や社会の形成者としての見方・考え方

　新学習指導要領改訂のポイントは，体験活動を推進することであり，発達の段階に応じ，集団宿泊活動，自然体験活動，職場体験活動などを推進するとしている。生命の有限性や自然の大切さ，挑戦や他者との協働の重要性を実感するための体験活動の充実（小中：総則），自然の中での集団宿泊体験活動や職場体験の重視（小中：特別活動等）を図る。

　平成29年3月公示の小学校の新学習指導要領では，第6章　特別活動として「集団や社会の形成者としての見方・考え方」を掲げ，以下の目標が掲げられた。

> 集団や社会の形成者としての見方・考え方を働かせ，様々な集団活動に自主的，実践的に取り組み，互いのよさや可能性を発揮しながら集団や自己の生活上の課題を解決することを通して，次のとおり資質・能力を育成することを目指す。
> （1）多様な他者と協働する様々な集団活動の意義や活動を行う上で必要となることについて理解し，行動の仕方を身に付けるようにする。
> （2）集団や自己の生活，人間関係の課題を見いだし，解決するために話し合い，合意形成を図ったり，意思決定したりすることができるようにする。
> （3）自主的，実践的な集団活動を通して身に付けたことを生かして，集団や社会における生活及び人間関係をよりよく形成するとともに，自己の生き方についての考えを深め，自己実現を図ろうとする態度を養う。

　中学校の新学習指導要領では，以下の通り「集団や社会の形成者としての見方・考え方」を掲げ，目標が掲げられた。

> 集団や社会の形成者としての見方・考え方を働かせ，様々な集団活動に自主的，実践的に取り組み，互いのよさや可能性を発揮しながら集団や自己の生活上の課題を解決することを通して，次のとおり資質・能力を育成することを目指す。

> （1）<u>多様な他者と協働する</u>様々な集団活動の意義や活動を行う上で必要となることについて理解し，行動の仕方を身に付けるようにする。
> （2）集団や自己の生活，人間関係の課題を見いだし，<u>解決するために話し合い，合意形成を図ったり，意思決定したりすることができる</u>ようにする。
> （3）自主的，実践的な集団活動を通して身に付けたことを生かして，集団や社会における生活及び人間関係をよりよく形成するとともに，<u>人間としての生き方についての考えを深め，自己実現を図ろうとする態度</u>を養う。

　中学生は葛藤の中で自らの生き方を模索し，思春期特有の課題も現れる時期である。多様化する課題に対応するためには，各学校が直面する課題にどのように対応し，子供たちにどのような資質・能力を育むことを目指すのか，学校教育目標や育成すべき資質・能力として明確にし，全ての教職員や地域が「カリキュラム・マネジメント」に関わることを通じて，課題や目標を共有して対応していくことが重要である。部活動については，現行学習指導要領における位置付けを維持しつつ，将来にわたって持続可能な在り方を検討し，活動内容や実施体制を検討していくことが必要である。少子化が進む中で，部活動の実施に必要な集団の規模や指導体制を持続的に整えていくためには，一定規模の地域単位で運営を支える体制を構築することが長期的には不可欠である。教員の負担軽減の観点も考慮しつつ，地域の人々の協力，社会教育との連携など，運営上の工夫を行うことが必要である。部活動も学校教育活動の一環であることから，関係教科等と関連づけた「主体的・対話的で深い学び」を実現する視点が重要である。部活動の教育的意義として指摘される人間関係の構築や自己肯定感の向上等は，部活動の充実の中だけで図られるのではなく，学校の教育活動全体の中で達成されることが重要である。こうした部活動についての考え方は，高等学校においても同様である。

　また，学級を単位として，学級や学校の生活の充実と向上，生徒が当面する諸課題への対応に資する活動を行うこと。「学級や学校の生活づくり」では，学級や学校における生活上の諸問題の解決，学級内の組織づくりや仕事の分担処理，学校における多様な集団の生活の向上があげられる。「適応と成長及び健康安全」に関しては，思春期の不安や悩みとその解決，自己及び他者の個性の理解と尊重，社会の一員としての自覚と責任，男女相互の理解と協力，望ましい人間関係の確立，ボランティア活動の意義の理解と参加，心身ともに健康で安全な生活態度や習慣の形成，性的な発達への適応，食育の観点を踏まえた学校給食と望ましい食

習慣の形成等があげられる。「学業と進路」においては，学ぶことと働くことの意義の理解，自主的な学習態度の形成と学校図書館の利用，進路適性の吟味と進路情報の活用，望ましい勤労観・職業観の形成，主体的な進路の選択と将来設計があげられる。

2．「課外活動」の歴史

　「課外活動」の歴史は，教育の歴史と同じくらい古く，運動競技，クラブ，討論，生徒の自治，特別な日の祝祭，演劇，音楽など，近代の形式と類似したものが，古代のアテネやスパルタに認められる。古代のスパルタとアテネで若者が種々のスポーツを盛んに行ったことは周知の通りである。しかし，それぞれの目的は異なり，スパルタでは軍人としての鍛錬のためであり，アテネでは調和の取れた身体を作り上げようとしてであった。スパルタの成年男子は，共同で食事をすることが制度化されていたが，若者たちの共同の食卓は一種のクラブとして組織され，新しいメンバーの加入は投票によって決められたという。また，寄宿舎で集団生活をさせられた少年たちは軍隊式に編成され，「イレーン」と呼ばれる年上の少年がその指揮を執った。一方，アテネの学校では，学生たちは自分の好きな教師を囲んでサークルをつくり，自由なタイプの活動を行っていた。学生団体の秩序は，10日おきにそのクラスによって選出されたsenior prefectによって守られた。また，学生が学頭の選挙に関わった時期もあった。

　中世には，大学で，学生は，出身地に応じて国民団（nation）に組織され，大学の学長選出にも関わったことが知られているが，彼らは学費や講義時間割の決定に関わったり，自ら選んだ活動を行ったりした。さらに，ルネサンス期には，ヴィットリーノ（Vittorino da Feltre, 1378-1460）の学校において，古典の勉学に加えて，体育や遊戯にも力が入れられた。トロッツェンドルフ（Valentin Trotzendorf, 1490-1556）の学校では，古代ローマの共和制を模倣して自治的組織を作り，学校運営上の様々な役割を生徒に行わせた。また，校長が月ごとに選んだ12人の議員と2人の監察官からなる学校裁判所を置くなど，近代に現れる「学校市」（School-city government）の先駆となる学校自治制が行われた。

　近代イギリスの中等学校，特に広大な校地をもったパブリック・スクールでは，早くからフットボール，クリケットや漕艇などの運動競技が熱心に行われていた。17世紀には古典的なテーマでの弁論が行われ，18世紀に入ると「討論クラブ」（debating society）の活動が顕著となり，時事的な政治問題が熱心に討論された。18世紀末には，イートン校で生徒による雑誌の出版が始まり，「ラグビー校雑誌」

（Rugby Magazine）は、1835年に創刊されている。

　南北戦争（1861〜1865年）後のアメリカでは、J. デューイの教育理論の強い影響を受けて、また、社会自体の大きな変化——産業革命、人口の都市集中と工場労働者化、家庭の教育機能の低下、社会改革の必要性の認識と民主主義への信頼、初等教育の普及と中等教育への進学者の急激な増大——に伴い、学校で生徒に実践的な社会体験を与えようという動きが強まった。そうした事情を背景に「課外活動」は大きく発展することになった。その最初の顕著な動きが「自治的活動」であった。最も早い試みとしては、ウィリアム（R. G. William）がニューヨークの不良少年を集めて自治的生活を送らせた「少年共和国（Junior Republic）」（1895年創設）や、ほぼ同時期に、都市行政組織に倣って学校内組織を置いたニューヨーク市マンハッタンの125番公立学校における「学校市」（School-city government）などが挙げられる。

　一方、我が国では、明治5年の学制によって近代教育制度が始まったが、明治27年の全国平均就学率は約60%であり、明治20年代の終わりまで、国民の教育への関心は高まらなかった。日清戦争後、産業の発達に助けられて就学率は急上昇し、日露戦争後の明治38年には96%に達した。日清・日露戦争を経て就学が定着を見たころ、我が国の教育は国家主義的・軍国主義的イデオロギーによる統制の時期に入った。森有礼の師範学校令（明治19年）以来、小学校教員は国家の教育方針の忠実な担い手であることが求められ、軍隊式の寮で訓練されて国家主義・軍国主義の精神を叩き込まれた。小学校に関しては、儀式、運動会、遠足、学芸会、自治的活動等の「課外活動」が学校の教育活動の中に取り入れられたが、その主たる目的は、天皇制国家の「臣民」に相応しい態度、価値観や行動様式を育成することにあり、決して子どもたちの自由な活動のためではなかった。

3．戦後の「特別活動」における日本型「発展段階」説

　戦後の我が国における「特別活動」の変遷過程には、日本型の「発展段階」説として、以下の三段階が認められる。第一段階は、戦後10年間における、アメリカや西洋の「課外活動」の「輸入と模倣の時代」である。児童・生徒も、学校・文教当局も、欧米の「課外活動」の発展段階にみられる自由な活動や、それへの抑圧、その抑圧に対する抵抗をほとんど経験しないうちに敗戦を迎えた。そして、教育改革を余儀なくされた文教当局が、アメリカの勧めもあって、当初は、熱心に、デューイの教育理論の強い影響を受けたアメリカ式のSpecial Curricular Activitiesを教育課程に取り入れようとしたのであった。

第二段階は，昭和30年代からの高度経済成長時代における，我が国独自の課外活動への逆行，これまでの「押しつけられた民主主義教育への抵抗の時代」である。「自由研究」や「特別教育活動」として取り入れられたSpecial Curricular Activitiesは，児童・生徒の自由で自発的な活動としての「課外活動」が発展する余地の少なかった日本の土壌に，敗戦を機に，突如，外部から持ち込まれたため，学校現場では不慣れや戸惑いがあった。なぜなら，戦後の小学校教育を担ったのは，戦前の軍隊式の師範学校で教育を受けた教師達や，戦後の教師不足から，短期の講習を受けて急遽教壇に立っていた高等女学校の卒業生達だったからである。また物質的条件の不備もあって，必ずしも当初期待された成果を上げぬうちに，昭和30年頃からの，いわゆる「逆コース」によって教育が保守化傾向を強めて行く中で，本来は，児童・生徒の自主的な活動を促進するために取り入れた「課外活動」が，徐々に，児童・生徒の訓育・管理に利用する方向へと転換されたのである。

　第三段階は，平成以降であり，学校現場に，いじめ，不登校，学力低下などの問題が横たわり，その改善へ向けて，かつて戦後に輸入されたデューイの教育理論が見直され，民主主義社会の市民育成を目指した「特別活動」の役割が認められつつある時代である。この第三段階は，「臨時教育審議会」の答申以後であり，今日の社会の人間関係の希薄化・空洞化，高齢化，国際化，情報化等の学校教育の現代的課題に，我が国が真剣に対応することを考えるようになった時代である。つまり，「課外活動が果たす役割が理解されうる時代」となったのである。今日では，特別活動と学校の全教育課程との健全な関係に強い関心が向けられ，今日，「集団や社会の形成者としての体験活動」が推進されるようになっている。

3　自由研究から特別活動へ

　昭和21年3月31日に公表された米国教育使節団報告書は，戦後の教育制度及び教育内容の指針を示したものである。これを承けて，教育刷新委員会は「教育の理念及び教育基本法に関すること」「学制に関すること」などが建議され，民主教育を掲げた新学制の6・3・3制が発足するのである。昭和22年3月には，小・中学校の学習指導要領試案が公表され，4月には，新制の小・中学校が発足したが，新制高等学校は，学習指導要領の試案もまとまらないうちの見切り発車となって，昭和23年4月の発足することになったのである。学習指導要領一般編には，「自由研究」を教科として位置づけ，児童や生徒の自発的な活動なされる余裕の時間

であって，教科の個性的な発展としての自由な学習や，その集団としてのクラブ的活動，さらには当番・委員など奉仕活動のための活動をする時間としている。高等学校については，科目選択制と単位制を明示するとともに，「自由研究」という教科を設定した。この「自由研究」が今日の「特別活動」へと発展していったのである。

戦前においては，「自由学習」ともいわれ，新教育運動の中で提唱されたのである。これは，児童生徒に任意の題材を選択させ，個性・能力や興味・関心などに相応しい学習の展開をねらいとした学習形態であった。

戦前についていえば，その概要は次のようになる。

明治の学制発布のときから，今日の学校行事に当たるものとして，入学式・卒業式・始業式が実施され，いずれも厳正であることが期されており，我が国の厳粛な入学式・卒業式の形態が定着することになった。明治10年代になれば，欧米にみられる体育的行事と，日本の武術大会の系譜を引く運動会，身体訓練と，児童・生徒の見聞を広めるために，遠足や修学旅行なども実施されている。さらに，学芸会や展覧会などもみられた。明治24年6月には，「小学校祝日大祭日儀式規程」が制定され，紀元節・天長節が，各学校で厳かに挙行された。そこでは，天皇・皇后の「御真影」が飾られ，「教育勅語」が奉読された。中等学校においては，明治20年代には，今日の生徒会活動に当たる学友会が発足している。このように正課外の教育活動は広がりを見せるものの，それらは，個々の教育活動を今日の学校行事のように一つの目標の下に，教育活動の一分野として組織されるのでなく，独立的な活動であった。大正に入れば，デューイらの新教育運動の影響を受け，進歩的教育育実践が試行された。例えば，大正7年の千葉師範学校附属小学校の「自由研究」の設定や学校自治会組織の設置，同9年の奈良女子高等師範学校附属小学校の「特設学習の時間」の設定，などがある。

部活動の発生はすでに，明治20年代にみられ，授権道，陸上競技などの体育系がほとんどであった。昭和に入れば，大正時代の自由主義思想の教育実践は影を潜め，「国体明徴」を中心的な目標とする国家至上主義の教育，軍国主義的な教育へ傾斜していった。特に，正課以外の教育活動については，満州事変以後，日中戦争，太平洋戦争へと展開されていく中で，専ら戦争に向けて国民を駆り立てる，精神主義的な軍事教育に傾斜したのである。

中等学校以上の学校には，軍事教練のための現役将校が各学校に配置され，体操の中で訓練が実施された。小学校においても，軍事訓練の初歩的な形態が導入され，体操の時間は団体訓練に当てられた。

労作教育という教育思想がドイツから導入され，大正末期から日本でも実践されたが，自由主義教育論での経験学習とは異なる発展をし，後の「錬成」を強調した教育論と結備月戦時体制下での教育活動で重きをなした。一方，戦時体制の国策強化の情勢の中で，勤労動員を組織的に実施した。「作業科」という教科を設定したり，勤労を奨励する通牒が出されたりして，労働力の不足を補う手段としての学生・生徒の動員を図った。

このように，戦前の正課外活動は質的変化があるものの，その種類については，今日の特別活動の中に見られるものである。

この章においては，特別活動の意義や特性，及びそのカリキュラム開発を中心として取り扱うことにする。

特別活動については，教育的意義，目標，各教科・科目との関連等を取り上げる。さらに，特別活動は人間形成上重要な教育活動として，学校の教育課程の中で大きな比重を占めるものであり，その指導計画作成（カリキュラム開発）は学校の教育目標を達成する上で重要な役割を果たすものである。そこで，特別活動のカリキュラム開発，すなわち，学級活動（ホームルーム活動）のカリキュラム開発について取り上げる。

4 特別活動の教育的意義

特別活動は，昭和51年に出された教育課程審議会の「小学校・中学校及び高等学校の教育課程の基準の改善について」の答申において，小・中・高校の教育を一貫的に捉え，ゆとりと充実の学校生活の中で，「自ら考え正しく判断できる力」を持つ児童生徒の育成を改訂の基本方針とした。「特別活動及び教科以外の教育活動」は「各教科の授業時数」を削減させて生じた時間の活用の主役として期待され小・中・高校の教育の一貫性から，小・中に併せて，高等学校における「各教科以外の教育活動」を「特別活動」に名称を変更し，小・中・高校とも「特別活動」に統一された。それは，昭和52年の小中学校学習指導要領，同53年の高等学校学習指導要領からである。

しかし，この「特別活動」は，高等学校については昭和53年改定で全く新しく設けられた領域であるということではなく，戦後の学校教育の中にその前進と考えられる教育内容があり，それらを基盤に一つの領域にまで徐々に整備されたものである。

① 集団活動を特質とする

　この集団の成員間に一定の目標があり，それを達成するために，児童生徒自ら活動の計画を立てて実践していくことが期待される集団である。このため，各成員は，相互に協力するとともに，個性を発揮し合って目標を達成することが大切になる。このような活動は，活動の内容や場面も多様であり，創意工夫の余地も広いので，学校生活全般にわたって生徒の積極的な意欲を育てるための適切な機会になる。また，生徒会（児童会）活動や学校行事をめぐる活動など学級（ホームルーム）や学年の枠を超えた異学年・異年齢の集団による活動である点も大きな特色である。

　好ましい人間関係を形成するために必要な能力や態度，所属する集団の充実向上に努めようとする態度，さらに，社会の一員としての自覚を深め，社会生活のルールを尊重し，自己の役割を果たそうとする態度，人間としての在り方生き方を探究し，自己を生かす能力や態度を養うことができる。

② 実践的な活動を特質とする

　実際の生活体験や体験活動による学習，すなわち「なすことによって学ぶ」ことを通して，全人的な人間形成を図ることができる。

　実際の生活体験を通して教師と児童生徒及び児童生徒相互の直接的な触れ合いが緊密になり，学校や学級（ホームルーム）の生活が明るく豊かになり，しかも有意義な変化をもたらすことが期待できる。また，「なすことによって学ぶ」ことを通して，教科等で学んだことを生活や行動に生かすという自主的，実践的な態度を育てることができる。

5　特別活動の位置づけ

　戦後における教科外の教育活動の変遷について述べることにする。

　① 昭和22年，学習指導要領一般編，における小・中学校の教科「自由研究」の領域は，個人の興味と能力に応じた教科の発展としての自由な学習，クラブ組織による活動，当番の仕事や，学級要員としての仕事をいう。

　昭和23年，高等学校においては，実業を主とする高等学校の教科課程における1教科として「自由研究」設定された。生徒の個別的な学習の要求に応ずるため設置されたものである。

　② 昭和24年，中学校の「自由研究」を「特別教育活動」に変更し，内容を拡充整備する。

③ 昭和26年，学習指導要領改訂において，小学校については，「教科以外の活動の時間」を設置する。その領域は，民主的組織のもとに，学校全体の児童が学校の経営や活動に協力参加する活動として，児童会（従来自治会といわれたもの），児童の種々な委員会，児童集会，奉仕活動を，また，学級を単位としての活動として，学級会，いろいろな委員会クラブ活動から成っている。

中学校の特別教育活動の領域は，ホームルーム，生徒会，クラブ活動，生徒集会からなり，高等学校も，特別教育活動と名称を変更しその領域は，ホームルーム・生徒会・生徒集会・クラブ活動からなるとしたが，単位数は，配当されていない。

このように，教育課程上の位置づけ，内容などの明確化を図ったが，個別領域の目標等については，明示されていない。

④ 昭和31年，「高等学校学習指導要領一般編」は，目標を設定し，各学年において，週当たり1～3単位時間を特別教育活動の指導にあてる，また，卒業要件とするなど，高等学校教育の目標達成に寄与する有効な教育内容として，明確な教育課程上の位置づけがなされた。この際には，まだ学校教育法施行規則の中には盛り込まれていない。

⑤ 昭和33年，小中学校学習指導要領改訂においては，小学校の場合，目標，内容（児童会活動，学級会活動，クラブ活動），指導計画作成および指導上の留意事項が明示され，中学校についても，目標，内容（生徒会活動，クラブ活動，学級会活動），指導計画作成および指導上の留意事項が明示された。

高等学校学習指導要領一般編改訂版では，特に変更はない。

昭和35年，高等学校学習指導要領改訂においては，「特別教育活動」以外に，新たに「学校行事等」設定された。ホームルームについては，各学年において週当たり1単位時間以上を充てるとし，生徒会活動およびクラブ活動については，学校の実情に即してそれぞれ適当な授業時数を充てるものとする。学校行事等については，学校の実情に即して適当な授業時数を充てるとされた。これは，以前から学校においていろいろな行事が行われていたが，それらの教育的な価値を重視すべきであるという考えに基づくものである。

⑥ 昭和43年，小学校学習指導要領改訂においては，小学校の場合，名称が変更されて，特別活動となりその領域は，児童活動（児童会活動，学級会活動，クラブ活動），学校行事及び学級指導からなる。特別活動の目標，内容，それぞれの領域別目標，内容，内容の取扱，指導計画の作成により明示されている。

昭和44年，中学校学習指導要領改訂においては名称が変更されて，「特別活動」

となり，その領域は，生徒活動（生徒会活動，学級会活動，クラブ活動），学級指導，学校行事（儀式的行事，学芸的行事，体育的行事，修学旅行的行事，保健安全的行事，勤労生産的行事）からなる。特別活動の目標等は，小学校と同様に明示されている。

昭和45年，高等学校学習指導要領改訂については，「各教科以外の教育活動」と名称を変更し，従来の「特別教育活動」と「学校行事等」を統合した。すなわち，ホームルーム，生徒会活動，クラブ活動（文化的活動，体育的活動，生産的活動），学校行事（儀式的行事，学芸的行事，体育的行事，旅行的行事，保健・安全的行事，勤労・生産的行事）から成っている。この両者は，本来生徒のホームルームや学校の生活に即して活動が展開されるという共通の性格があるとともに，生徒の自主的，実践的な活動を中心として成り立っている。この共通の性格を重視して統合することによって，両者の関連をより密接にし，それぞれの長所を生かし，教育的な価値を高めることをねらいとしたのである。

⑦ 昭和53年，<u>「特別活動」</u>……学習指導要領の改訂において，小学校及び中学校の「特別活動」との一貫性や関連性を重視する観点から，領域名を「特別活動」と改めるとともに，目標や内容の改訂を行う。

⑧ 平成元年の改訂においては，ホームルームの名称をホームルーム活動と改めるとともに，人間としての在り方生き方の指導を<u>重視する観点に立って，その目標を改め，活動内容の改善を行う。また，国旗及び国歌の指導の充実を図る。

⑨ 平成11年の学習指導要領の改訂においては，これまでの特別活動の基本的性格については，それを継承しながら，社会や学校の変化に対応した学校教育の推進，完全学校週5日制の下での教育活動の展開という観点から，生徒の［生きる力］の育成を目指した改善を進めるとともに，特別活動の内容構成についても見直しを行う。

6　特別活動のカリキュラム開発

特別活動の指導計画作成について取り上げているのは，いわゆる**「特別活動のカリキュラム開発」**のことである。特別活動は，各学校の創意工夫の余地の広い教育活動であり，**各学校の特色の形成に重要な役割を果たす**。教科学習の成果をより高めるためにも，全体の指導計画作成における特別活動の果たす意義を確認し，学校の教育目標の作成に向けて，組織的，継続的・系統的な計画を作成することがきわめて大切である。

指導計画の作成に当たっては，**各学校の教育目標や指導の重点を生かした特別**

活動の全体構想を明確にする。さらに，各学校の教育目標を達成するために，教育計画全体における特別活動の位置づけや在り方などを明確にしておくことが重要である。

指導計画作成（カリキュラム開発）に当たっての配慮事項
① 学校の創意工夫を生かす。
② 学校の実態や生徒の発達段階及び特性等を考慮する。
③ 教師の適切な指導の下に生徒による自主的，実践的な活動が助長される。
④ ボランティア活動や，就業体験など勤労に関わる体験的な活動の機会をできるだけ取り入れる。
⑤ 家庭や地域の人々との連携，社会教育施設等の活用を図る。
　特に，生徒が人間としての在り方生き方を考えたり，自己の進路の選択を探求し，生きる力を培っていく上でボランティア活動やインターンシップといった体験的活動や，社会教育施設の教育力を活用する視点が求められる。

指導計画を作成する（カリキュラム開発）上での留意点
① 生徒の心身の発達段階や特性等を十分考慮した特別活動の全体構想を立て，それぞれの内容の位置づけを明確にし，学校として特色のある適切な指導計画を立てること。
② 学校の教育活動全体を通じて行う道徳教育及び体育・健康に関する指導の場としての意義を明確にし，道徳的な実践力を育成するようにするとともに，体力の向上，心身の健康や安全の保持増進などを図るようにすること。
③ 各学校の創意工夫を生かし，豊かな人間性や社会性の育成にかかわる体験的な活動を盛り込み，生徒に生きる力を育むことを目指した指導計画の充実を図るようにすること。
④ 各学校の実態に即し，学校の創意工夫と教育的な識見を生かした計画を立てるとともに，各教科・科目や総合的な学習の時間及び特別活動の各内容相互の関連を図り，系統的，発展的な計画にすること。
⑤ ガイダンスを充実し，多面的な指導・援助の在り方を工夫するとともに，個々の生徒に対する個別の指導を十分に配慮するなど，生徒指導の充実に資する計画にすること。
⑥ 生徒一人ひとりのよさや努力を多面的・総合的に評価するとともに，生徒自身による活動の評価なども生かすような積極的な評価の計画を盛り込んだ指

導計画を立てること。

ガイダンスとは，生徒のよりよい適応や選択にかかわる，集団場面を中心とする指導・援助であり，生徒一人ひとりの可能性を最大限に開発しようするものである。具体的には，<u>生徒のホームルームや学校生活への適応や好ましい人間関係の形成，学業や進路等における選択及び自己の生き方などに関して，学校が計画的，組織的に行う，情報提供や案内，説明及びそれらに基づいて行われる学習や活動</u>などである。

ガイダンスの機能を充実するための工夫とは，ガイダンスの個々の活動について，ねらいを持ち，その実現のために，これまでよりも適時に，適切な場を設け，よりよい内容・方法で実施するよう改善を図ることであり，また，そのための計画を立て，教師の共通理解と協力により，その効果を高めるようにするということである。

（１）学校生活，学習や活動等へのよりよい適応を図ること

学校は，ホームルームをはじめとする様々な集団での学習や活動を通して，生徒と教師，生徒相互の信頼や友情をはぐくみ，生徒一人ひとりが自己の個性を発揮し，伸長することができる学び舎である。しかし，今日，ホームルームや学校の生活になじめない，友人との人間関係をうまく取り結べないなどの理由から，学校不適応に陥ったり，ひいては中途退学などにいたる生徒が少なくない。学校は，改めて，生徒と教師，生徒相互の豊かな人間関係を基盤に，すべての生徒にとってのびのびと楽しく生活し，学ぶことができる場となるよう，ホームルームや学校生活への適応や人間関係の形成にかかわる指導に取り組むことが強く望まれている。

そこで，ガイダンスの機能の充実は，まず，ホームルーム・学校生活への適応や人間関係の形成について，生徒が学校における諸活動や集団の意義・内容などについて十分に理解し，よりよい適応や好ましい人間関係の形成に向けて積極的に活動する意欲や態度を養うために重要となる。

各学校において特に工夫が求められるのは，入学時・新学期といった学校生活や学年の新しい生活あるいは学習や諸活動の開始時期などにおいて，認め合い，励まし合う集団の中で，生徒がこれから始まる生活に対して，十分な情報を得，見通しを持って，学校生活に積極的に取り組む意欲がもてるよう指導・援助することである。そのため，ホームルーム活動の指導においては，ホームルーム担任の教師ばかりでなく，指導内容によって，学年のホームルーム担任教師相互の協

力やそれ以外の教師の協力も得たり，保護者の教育力あるいは卒業生や上級生の経験を活用したりすることも大切となる。

（2）主体的な選択能力・態度の育成を図ること

　これからの高等学校教育においては，生徒一人ひとりの個性を生かす教育の充実を図る観点から，生徒の学習の選択幅を一層拡大するとともに，各学校の教育の特色化，個性化を進めることが課題である。

　学校は，地域，学校，生徒の実態等を踏まえた特色ある弾力的な教育課程を編成することと併せて，生徒が，自己の興味・関心，進路希望等に応じて教科・科目や類型等を適切に選択することができるよう，また，自らの意志と責任で進路を選択することができるよう，将来の生き方を考える態度や主体的に適切な選択を行う能力や態度を育成する指導・援助を充実することが求められている。ガイダンスの機能の充実は，生徒が主体的かつ適切に教科・科目や類型あるいは進路等を選択するための指導・援助としても重要となっているのである。

　各学校は，教育課程の編成・実施に当たって，学習指導要領改訂の趣旨を十分に生かし，高等学校教育の改革を一層進めるとともに，生徒が，教科・科目あるいは類型等を適切に選択し，意欲を持って進んで学習に取り組み，充実した学校生活を送り，自己の個性を伸ばすことができるよう指導・援助することが大切となっている。そのため，各選択教科・科目の学習内容の体験的な理解や類型等の選択に関する上級生の経験の活用など，教科・科目や類型等の選択に関する指導の内容・方法の工夫・改善をはじめ，そのような指導に充てる十分な時間の確保や場の設定，さらには，これを担当する校務分掌と各教科・科目を担当する教員等の協力によるきめ細かな指導体制の確立等が求められているのである。また，進路の選択については，大学改革の進展や大学入学者選抜の多様化，高等学校卒業者の就職をめぐる厳しい状況など，生徒の進路を取り巻く環境が大きく変ってきていることに対応して，生徒が自己の個性を伸ばし，発揮するといった観点から適切な進路選択ができるようにすることが重要である。そのためには，ホームルーム活動における人間としての在り方生き方の指導としての進路指導に加え，上級学校等の教育内容やその特色・働くことや職業生活の実際等について理解を深めるために必要な情報の収集の在り方について，上級学校との連携による体験入学の実施や地域の企業・施設等と連携したインターンシップの実施，あるいは卒業生の進学，就職に関する経験の活用など，その内容，方法をはじめ，機会や場の十分な確保などを一層工夫，改善することが大切になっている。

（3）ガイダンスの計画的，組織的な実施に留意すること

　ガイダンスの実施に当たっては，次の点に留意して計画を立て，組織的に行うことが大切である。

ア　生徒のよりよい適応や選択に資するよう，入学から卒業までを見通した系統的・発展的なガイダンスの諸計画を立てるようにすること。

イ　計画の立案に当たっては，ホームルーム活動の時間をはじめ，例えば，教科・科目等の選択に関する指導・援助のために，当該教科・科目等の授業時間も活用するなど，ガイダンスの内容に応じた適時，適切な指導・援助のため，十分な時間を確保するようにすること。

ウ　学校の教育活動全体を通じてガイダンスの機能の充実が図られるよう，また，個々のガイダンスが充実し，その成果が上がるよう，ホームルーム担任や各学年の教師任せにすることなく，全教師が協力して計画を立て，実施するよう留意すること。

エ　生徒の体験を重視するようにするとともに，保護者や地域の教育力を活用したり，上級生や卒業生の経験を生かしたりするなど，個々のガイダンスのねらいに応じ，適切な内容・方法で実施するよう留意すること。

オ　適応や選択のための指導・援助としてだけガイダンスを実施するのではなく，その活動を通して，生徒が自己の現在及び将来の生き方を考え行動する態度や能力の育成が図られるよう，ゆとりのある指導計画を立てるよう十分に留意すること。

　<u>国際化の進展に伴い，日本人としての自覚を養い，国を愛する心を育てるとともに，生徒が将来，国際社会において尊敬され，信頼される日本人として成長していくためには，国旗及び国歌に対して一層正しい認識をもたせ，それらを尊重する態度を育てることは重要なことである。</u>

　学校において行われる行事には，様々なものがあるが，この中で，<u>入学式や卒業式は，学校生活に有意義な変化や折り目を付け，厳粛かつ清新な雰囲気の中で，新しい生活の展開への動機付けを行い，学校，社会，国家など集団への所属感を深める上でよい機会となるものである。このような意義を踏まえ，入学式や卒業式においては，「国旗を掲揚するとともに，国歌を斉唱するよう指導するものとする」こととしている。</u>入学式や卒業式のほかに，全校の生徒及び教職員が一堂に会して行う行事としては，始業式，終業式，運動会，開校記念日に関する儀式などがあるが，これらの行事のねらいや実施方法は学校により様々である。した

がって，どのような行事に国旗の掲揚，国歌の斉唱指導を行うかについては，各学校がその実施する行事の意義を踏まえて判断するのが適当である。なお，入学式や卒業式などにおける国旗及び国歌の指導に当たっては，国旗及び国歌に対する正しい認識をもたせ，それらを尊重する態度を育てることが大切である（国旗及び国歌に関する法律（平成11年8月15日法律第127号）が成立）。

　高等学校の教育課程は，各教科・科目，特別活動及び総合的な学習の時間（以下「各教科・科目等」という）により編成することとなる。各教科・科目等は，それぞれが固有の目標やねらい，教育内容・方法等の特色をもつものであり，それぞれの充実と相まって，<u>同時に相互補完し合い，相互還流し合うことによって，全体として高等学校教育の目標を達成することになる</u>。

1．特別活動内容相互の関連

　ホームルーム活動，生徒会活動及び学校行事は，それぞれが固有の価値をもち，集団の単位，活動の形態や方法，時間の設定などにおいて異なる面が多い。

　ホームルーム活動は，生徒の学校における基礎的な生活単位ともいうべきホームルーム集団を基盤として行われる活動であり，学校生活の全般にかかわる事柄を扱うので，特別活動の中心的な役割を果たす。生徒会活動や学校行事への参加や協力及び活動の仕方をはじめ，それらの活動の過程で生じる様々な問題への対処の仕方なども，基本的にはホームルーム活動で取り上げることになる。また，活動内容の特質に応じての自治的な活動を含め，自主的，実践的な活動がより充実することにより，それだけ他の内容の活動も一層豊かになると考えられる。

　生徒会活動は，生徒の自発的，自治的な集団活動を継続的に展開するという特質をもっているが，こうした活動は，時にはその成果を確認する機会も必要である。

　学校行事は，年間を通して，学校生活に折り目や変化を与えるとともに，生徒会活動の成果を発表する機会としての意義も多分にもっている。しかも，この成果の発表の機会を得ることは，次の活動への意欲付けになり，継続的な活動をより発展させることにも役立つなど，生徒会活動と学校行事も相互に関連し合うという面をもっている。

　このように生徒会活動と学校行事が，相互の関連の下に円滑な運営が進められることが大切であるが，時として，生徒が活動の方向を見失ったり，活動の意欲を喪失したり，集団内の人間関係にもつれが生じたりすることも当然考えられる。このために，計画の段階や活動の場面での教師の適切な指導が必要になるととも

に，計画的，継続的な指導・援助の場や時間が必要になる。

　この役割を果たすのが主にホームルーム活動の時間である。したがって，ホームルーム活動における適切な指導・援助の在り方は，生徒会活動や学校行事の充実と深くかかわるものであり，これら相互の密接な関連を図ることによって，特別活動の全体が充実し，その目標を達成していくこともできるのである。そのためには，入学から卒業までを見通した学校としての特別活動の全体の指導計画，各内容ごとの指導計画を立てていくことが必要である。

2．各教科・科目との関連

　特別活動は，生徒の自主的，実践的な活動を基盤とするが，これらを充実したものにするためには，日常の各教科・科目の学習で獲得した知識・技能，能力や態度を生かさなければならない。また逆に，特別活動で培われた自主的，実践的な態度が，各教科・科目の学習に影響を与える。

　例　特別活動における集団活動においては，ホームルーム活動，生徒会活動及び学校行事のどの内容でも，ディスカッションや自己表現・発表，共同の取組などが重要である。また，活動の企画・立案を行ったり，調査・分析を行ったりすることもある。こうした活動の基礎となる能力は，各教科・科目の学習を通して養われていく。他方，特別活動における自発的な実践活動によって各教科・科目で培われる能力が発展的に一層高められたり，深められたりする。ホームルームがそのまま学習集団（学級）として編成される場はもちろんのこと，その他の場合においても，ホームルーム活動をはじめ日ごろの特別活動の各内容における活動を教師の適切な指導のもとに，適切に行い，生徒の自主的，実践的な態度を育成することによって，各教科・科目の指導の成果が十分上がるような集団となり得るのである。このように各教科・科目と特別活動はともに支え合い，相互に補い合う関係にある。

　さらに，各教科・科目の学習の場面の背景にある，日ごろの教師と生徒及び生徒相互の人間関係がどのようであるかによって，各教科・科目における学習の効果が大いに左右される。各教科・科目における学習の効果を高めるためには，個々の生徒の学習の意欲を高める指導，主体的な学習態度の確立を図る指導，ホームルーム等における開かれた人間関係の確立などが重要である。

　また，今回の改訂においては，生徒の多様化に応じた教育課程の編成・実施が可能となるよう，従前よりも選択履修の幅の拡大が一層図られたことからも，生徒が教科・科目を適切に選択決定できるような指導・援助が一層必要になってい

る。
　こうした課題にこたえるためには，好ましい人間関係を形成し学校やホームルームでの生活によりよく適応するとともに，現在及び将来の生き方を考え行動する態度や能力を育てることを目指す特別活動の様々な場面における指導と各教科・科目の指導との関連を十分に図るようにしなければならならない。

3．道徳教育との関連

　生徒の豊かな道徳性は，家庭，学校及び社会生活など様々な環境の中で多様な経験を通して育成されるものであり，学校における道徳教育は，学校の教育活動全体を通じて行うものである。特に，高等学校においては，生徒の発達段階に対応した指導の工夫が求められることや，小・中学校と異なり道徳の時間が設けられていないこともあり，人間としての在り方生き方に関する教育を学校の教育活動の全体を通じて行うことにより道徳教育の充実を図ることが大切である。特別活動においては，目標の中で，人間としての在り方生き方を掲げてあり，公民科の「現代社会」「倫理」とともに，人間としての在り方生き方に関する教育について中核的な指導の場面として，重視する必要がある。その意味で，特別活動の様々な教育活動は，道徳性の育成にとって重要な機会である。したがって，特別活動における道徳教育はホームルーム活動，生徒会活動及び学校行事の各内容における人間としての在り方生き方に関する指導を通じてその充実が図られるが，特にホームルーム活動の活動内容（２）及び（３）において集約的に行われる。
　特別活動は，望ましい集団活動の育成を通して，個人的，社会的な資質を身に付ける自主的，実践的を態度を育て，併せて人間としての在り方生き方についての自覚を深め，自己を生かす能力を養うことをねらいとしているので，生徒が現在及び将来に向かって当面する諸課題へ具体的に取り組むことについて，その主体的な活動を助長することを通して道徳教育の展開が行われることになる。また，道徳的心情，道徳的判断力及び道徳的実践意欲・態度などからなる道徳性を養うことという道徳教育の目標は，特別活動における集団としての自主的，実践的な活動についての指導を通じて達成されることが多く，道徳教育との関連を大切にした指導を行う必要がある。

4．総合的な学習の時間との関連

　それぞれの特質を十分に踏まえ，各学校において創意工夫を発揮した取組が求められるが，特別活動において行われる学校行事等は，あくまでも特別活動の目

標を達成するためのものであり，総合的な学習の時間のねらいの下に行われる活動そのものとは異なることに留意する必要がある。

実際の指導に当たっては，総合的な学習の時間における体験的な学習，問題解決的な学習などの経験が特別活動の活動場面で生かされ，他方，特別活動で実践的，体験的に学んだことが総合的な学習の時間により現実的な意味を与え，充実させるという相互補完的で，相互還流的な関係の在り方が探求される。

5．生徒指導との関連

生徒指導については，学習指導要領第1章総則の第6款の5の（3）で，「教師と生徒の信頼関係及び生徒相互の好ましい人間関係を育てるとともに生徒理解を深め，生徒が主体的に判断，行動し積極的に自己を生かしていくことができるよう，生徒指導の充実を図ること。」と示されているように，教育活動のすべてにおいて，その教育活動の目標を達成していくための基盤であり条件整備の役割を果たすものといえる。

特に，特別活動の指導は，個々の生徒や生徒集団の生活や活動の場面において，生徒の自発性や自主性を尊重しながら展開されるものであり，生徒の積極的な活動が展開されていくためには，深い生徒理解と相互の信頼関係を前提とした生徒指導の充実が不可欠である。また，生徒指導のねらいである自己指導能力や自己実現のための態度や能力の育成は，特別活動の目標と重なる部分もある。この意味で，生徒指導と特別活動との関連は極めて深いといえる。

ところで，生徒指導には集団場面と個別場面との2つの指導の形態が考えられる。特別活動では個別場面の指導も多いが，生徒の集団活動を特質とするものであり集団場面での指導の在り方が特に重要な課題となる。また，生徒指導は，学業指導，適応指導，進路指導，社会性・公民性指導，道徳性指導，保健指導，安全指導，余暇指導などの部面に分けて計画されることがあるが，これらは，特別活動の全体，なかでもホームルーム活動の活動内容と深い関連をもっており，ホームルーム活動の時間は，生徒指導が中心的に行われる場といえる。

学習指導要領の総則では，生徒指導の規定のほかに，進路指導，さらにガイダンスの機能の充実が示されているが，これらはいずれも特別活動の充実にとって密接に関連するものである。生徒指導の推進に当たっては，学校として計画的に適切な情報提供や案内・説明などのガイダンスの機能を充実していくことが，ホームルーム活動等の場で特に必要になっている。また，人間としての在り方生き方の指導は，進路指導においても，その基本的なねらいであり，特別活動の各内容

においても，人間としての在り方生き方の指導としての進路指導との関連が一層望まれる。

学習課題

1　特別活動の日本型発展段階について述べよ。
2　特別活動の学習指導案を作成し，授業構想に適切な教育方法について述べよ。

参考文献

石村卓也『教師論』ブックセンター，2004年。
石村卓也『教育課程——これから求められるカリキュラム開発力——』昭和堂，2009年。
伊藤朋子「特別活動におけるJ. デューイの「活動的な仕事」」『四天王寺大学紀要』2013年。
奥田真丈編，熱海則夫ほか『学校経営実践講座3』第一法規，1979年。
奥田真丈編，熱海則夫ほか『学校経営実践講座6』第一法規，1979年。
児島邦宏・天笠茂編『柔軟なカリキュラムの経営』ぎょうせい，2001年。
文部科学省「次期学習指導要領等に向けたこれまでの審議のまとめ」。
文部科学省「教育課程企画特別部会論点整理　補足資料」。
文部科学省「幼稚園，小学校，中学校，高等学校及び特別支援学校の学習指導要領等の改善及び必要な方策等について（答申）」【概要】。
文部科学省「チームとしての学校の在り方と今後の改善方策について（答申）」（中教審第185号），2015年12月21日。
文部科学省「中央教育審議会　教育課程企画特別部会　資料1」2016年8月1日。
文部科学省「中央教育審議会　教育課程部会　資料2-3」2016年8月26日。
文部科学省「幼稚園，小学校，中学校，高等学校及び特別支援学校の学習指導要領等の改善及び必要な方策等について（答申）」（中教審第197号），2016年12月21日。

第10章
学級活動（高校：ホームルーム活動）

1 はじめに

　学級（高校：ホームルーム）は，学校における生徒の生活の単位組織として固有の生徒の活動が行われるとともに，学校における生徒の様々な活動の基盤としての役割を持つ。こうした機能を踏まえ，その特質等を扱う。

2 学級活動（高校：ホームルーム活動）の目標及び内容

1．目標

> 　学級や学校での生活をよりよくするための<u>課題を見いだし，解決するために話し合い</u>，合意形成し，役割を分担して協力して実践したり，学級での話し合いを生かして自己の課題の解決及び将来の生き方を描くために意思決定して実践したりすることに，<u>自主的，実践的</u>に取り組むことを通して，第1の目標に掲げる<u>資質・能力を育成する</u>ことを目指す。

　小・中学校における学級は，児童生徒にとって各教科等の授業を受ける場であるとともに，学校生活を送る上での基礎的な生活の場である。この学級を基盤として行われる学級活動は，学級や学校での集団生活上の問題や個々の児童生徒が当面する諸課題などを，自主的に解決し処理していくような活動を行うとともに，それらの活動を通して，学級や学校生活への適応と，その充実・向上を図り，健全な生活態度を身に付け他者と共生しながら自己実現を図っていく活動である。
　このような学級集団における望ましい集団活動を通して，望ましい人間関係を

形成し，課題を見いだし，解決するために話し合い，集団の一員として学級や学校におけるよりよい生活づくりに参画，学級や学校生活にかかわる諸問題や，生徒の発達の課題に即した諸課題を解決しようとする自主的，実践的な態度を育成する資質・能力を育成することが学級活動の目標である。

　高等学校では，学級はホームルームとなっており，小・中学校と同様の目標となっている。

2．内容

　1．の資質・能力を育成するため，全ての学年において，次の各活動を通して，それぞれの活動の意義及び活動を行う上で必要となることについて理解し，主体的に考えて実践できるよう指導する。

（1）学級（高校：ホームルーム）や学校における生活づくりへの参画
ア　学級（高校：ホームルーム）や学校における生活上の諸問題の解決
　　学級（高校：ホームルーム）や学校における生活をよりよくするための課題を見いだし，解決するために話し合い，合意形成を図り，実践すること。
イ　学級（高校：ホームルーム）内の組織づくりや役割の自覚
　　学級（高校：ホームルーム）生活の充実や向上のため，生徒が主体的に組織をつくり，役割を自覚しながら仕事を分担して，協力し合い実践すること。
ウ　学校における多様な集団の生活の向上
　　生徒会など学級（高校：ホームルーム）の枠を超えた多様な集団における活動や学校行事を通して学校生活の向上を図るため，学級（高校：ホームルーム）としての提案や取組を話し合って決めること。

（2）日常の生活や学習への適応と自己の成長及び健康安全
ア　自他の個性の理解と尊重，よりよい人間関係の形成，自他の個性を理解して尊重し，互いのよさや可能性を発揮しながらよりよい集団生活をつくること。
イ　男女相互の理解と協力，男女相互について理解するとともに，共に協力し尊重し合い，充実した生活づくりに参画すること。
ウ　思春期の不安や悩みの解決，性的な発達への対応心や体に関する正しい理解を基に，適切な行動をとり，悩みや不安に向き合い乗り越えようとすること。
エ　心身ともに健康で安全な生活態度や習慣の形成，節度ある生活を送るなど現在及び生涯にわたって心身の健康を保持増進することや，事件や事故，災害等

から身を守り安全に行動すること。
オ　食育の観点を踏まえた学校給食と望ましい食習慣の形成給食の時間を中心としながら，成長や健康管理を意識するなど，<u>望ましい食習慣の形成</u>を図るとともに，食事を通して人間関係をよりよくすること。

（3）一人ひとりのキャリア形成と自己実現
ア　<u>社会生活，職業生活との接続を踏まえた主体的な学習態度の形成</u>と学校図書館等の活用現在及び将来の学習と自己実現とのつながりを考えたり，自主的に学習する場としての学校図書館等を活用したりしながら，学ぶことと働くことの意義を意識して学習の見通しを立て，振り返ること。
イ　<u>社会参画意識の醸成や勤労観・職業観の形成</u>　社会の一員としての自覚や責任を持ち，社会生活を営む上で必要なマナーやルール，働くことや社会に貢献することについて考えて行動すること。
ウ　<u>主体的な進路の選択と将来設計</u>．目標をもって，生き方や進路に関する適切な情報を収集・整理し，自己の個性や興味・関心と照らして考えること。

　小学校においては，学級活動の指導は，学級集団の育成上の課題，いわゆる小１プロブレムなどの就学前教育との接続の課題，いわゆる中１ギャップや「学業と進路」にかかわることなどの中学校との接続の課題に即して，適切な内容を取り上げて計画的に指導することが必要がある。
　特に，低学年では，周りの児童と仲よく助け合い，身近な人に親切にし，みんなのために働くなどして学級生活を楽しくすることができる態度を育成するような活動内容を重点にしている。また，健康や安全に気を付け，自分勝手な行動をとらずに，規則正しい生活をしたり，自分がやらなければならない勉強や仕事はしっかり行ったりするなど，進んで生活や学習に取り組もうとする態度の育成を図る活動内容に重点を置いている。
　中学年では，学級生活を楽しくするとともに，学年全体にも目を向け，互いに理解し合い，思いやり，みんなで協力し合って，進んでみんなのために働くなど自発的，自治的に楽しい学級生活をつくろうとする態度の育成を図る活動内容に重点を置いている。また，よく考えて行動し，節度ある生活をするとともに，目標を立てて自分でやろうと決めたことは粘り強くやり遂げるなど，意欲的に達成しようとしたり，自分の特徴に気付き，よいところを伸ばし集団の中で生かそうとしたりする態度の育成を図る活動内容に重点を置いている。

高学年では，自分たちの学級だけでなく学校の生活全体にも目を向け，身近な集団に積極的に参画し，高学年の一員としての自分の役割を自覚し，誰に対しても思いやりの心をもち，相手の立場に立って親切にし，互いに信頼し合い男女仲よく協力し，主体的に責任を果たすとともに，よりよい校風をつくろうとするなど，自発的，自治的に楽しく豊かな学級や学校の生活をつくろうとする態度の育成を図る活動内容に重点を置いている。また，日常の生活や学習についてより高い目標を立て，自分の生活を見直すなどして，希望と目標をもってくじけないで努力し，自主的に達成しようとしたり，自分の特徴に気付き，よいところを伸ばそうとしたりする態度の育成を図る活動内容に重点を置いている。
　共通事項については，次のような特質を持っている。

① 学級や学校の生活づくり
　この活動は，教師の適切な指導の下，児童自らが楽しく充実した学級や学校の生活をつくっていくことを内容としている。児童の発意，発想から様々な活動が生まれ，学級や学校の生活を向上させようとする活動へと広がっていく過程で児童一人ひとりに自主性や社会性，集団の一員としての責任感などについて実践を通して育てるとともに，望ましい人間関係を築こうとする態度を形成するものである。
② 日常の生活や学習への適応及び健康安全
　この内容は，日常の生活や学習への適応及び健康や安全に関するもので，児童に共通した問題であるが，個々に応じて実践されるものである。したがって，児童の共同の問題として取り上げ，協力して実践する「（1）学級や学校の生活づくり」との違いを踏まえて，教師が意図的，計画的に指導する必要がある。

① 学級や学校の生活づくり
　この活動内容は，学級活動の基礎をなすものである。生徒は，入学から卒業までの間に，新しい学校生活に慣れることからはじまり，様々な集団に属して人間関係を築くとともに多様な学習活動を展開する。その間に，学校生活への適応も含めて解決しなければならない様々な問題に取り組むとともに，学級や学校における集団生活をつくり上げていく。
　学級活動においては，学級成員に共通するこれらの問題を取り上げ，自主的，実践的な活動を通して学級や学校生活づくりを図っていくことが必要である。そこでは，学校生活を送る上での基礎的な生活の場である学級が，自己存在感を実

感し，安定した学習環境において自分らしさを発揮して活動し，自らの生き方や将来に対する夢をふくらませ目的意識を明確にすることのできる，いわば，心の居場所となるような配慮が望まれる。

また，生徒が学級の一員として，学級生活の充実・向上に主体的に取り組むとともに，その活動を基盤にして生徒会活動等，学校生活全般の充実・向上を図ることが大切であり，こうした活動はその内容の特質からできる限り生徒の自発的，自治的な活動が進められなければならない。

② 適応と成長及び健康安全

この活動内容は，生徒一人ひとりが人間としての生き方について幅広く探究し，心身の健康の保持増進に努め，豊かな人間性や個性の育成を図るとともに，社会の成員として必要とされる資質や能力を培っていくための最も基礎的なものである。

適応と成長に関しては，中学校段階の生徒が直面している問題とのかかわりの中で，人間としての生き方を探究させることにより，生徒一人ひとりの健全な生活態度を育成しようとするものである。また，健康安全に関しては，人間の諸活動の基礎となる健康安全や食を中心として，現在及び将来において生徒が当面する諸課題に対応するとともに，生徒自ら健全な生活態度や習慣の形成を図っていく資質や能力を育成しようとするものである。

3 学級活動（高校：ホームルーム活動）の機能と特質

学級（ホームルーム）は，児童生徒が学校生活の様々な活動を通して豊かな人間関係を築くとともに，個性の伸長を図り，人間形成を目指す，重要な基盤である。

1．学級活動（ホームルーム活動）の機能

① 児童生徒の活動の基盤としての役割

学級（ホームルーム）は，学校における生徒の生活の単位組織として，学級（ホームルーム）としての固有の児童生徒の活動が行われるとともに，学校における児童生徒の様々な活動の基盤としての役割を果たす場である。

当面する学級（ホームルーム）や学校での共同生活や児童生徒個々に関わる問題などを自主的に解決し処理していく活動を行うとともに，学級活動（ホームルーム活動），生徒会活動及び学校行事など児童生徒の諸活動の基盤としての役割を持ち，個と集団との望ましい関係を体験的に学習し，社会の一員としての自覚と

自己責任の意識を深めることに関連した諸活動を行う。
　② 生徒指導の基礎的な場
　児童生徒の自発的な活動に即しての日常的な指導とともに，学校生活への適応や教科の選択決定などへのガイダンス，児童生徒が当面する諸課題への対応や健全な生活態度を育成する活動についての指導が行われる。
　③ 他の教育活動との相互補完が行われる場
　児童生徒が参加している学級活動（ホームルーム活動），各教科・科目の学習活動，生徒会活動，学校行事，放課後などに行われる児童生徒の自主的・実践的な活動などと相互に補充し合い，また社会参加の経験を生かした活動で社会性を養うなど，児童生徒の個性の伸長や人格形成に役立つ場としての機能を果たしている。
　④ 事務的な仕事を果たす場
　学級（ホームルーム）は，学校や学級（ホームルーム）としての事務的な仕事の連絡や処理を行い，生徒の在籍等に関する事務などを取り扱う。
　⑤ 学級（ホームルーム）を展開する場
　学級（ホームルーム）は，児童生徒の人格形成に直接働きかける重要な様々な機能を果たす場である。したがって，担任はそれらの機能を総合的に生かすための目標を設定し，好ましい人間関係を作り，生徒が活発に自主的・実践的な集団生活を展開できるよう条件整備に努め，また，個人的な資質の向上を図る指導を行うなど，計画的，組織的にホームルーム計画を進める必要がある。

2．学級活動（ホームルーム活動）の特質

　① 学級（ホームルーム）を単位として行う自主的，実践的な活動である。
　具体的な活動のねらいに沿って展開される児童生徒の自主的，実践的な活動である。可能な限り児童生徒自らの創意工夫を生かして，活動計画を作成し，自主的・自治的に実践を進めていけるよう適切な教師の指導が行われる。
　② 学級（ホームルーム）を場として，学級（ホームルーム）や学校生活への適応
　　を図る活動である。
　学級活動（ホームルーム活動）は，豊かな人間関係を築き学校生活への意欲を高めるなど，学級（ホームルーム）や学校生活への適応を図る活動でもある。学校生活は，教師と児童生徒の人間関係や児童生徒相互の人間関係も一層多様化し，学習面でも新しい教科，選択学習の拡大など，これまでの生活環境とは大きく異なる。したがって，好ましい人間関係を主体的に形成したり，あるいは，選択教科や進路の選択について適切に対処していくための指導・援助が大切となる。

③ 学級（ホームルーム）生活を基盤に，集団や社会の一員としての望ましい資質や能力・態度を育てる活動である。

　学級活動（ホームルーム活動）は，児童生徒が学級（ホームルーム）内に起こる様々な生活上の問題を適切に解決しながら，ともに楽しく豊かな共同生活を築くための活動を計画し，実践していく活動でもある。その中で，自他の尊重や共に生きることの喜びを実感したり，社会生活上のルールや責任を果たすことの大切さを体得していくことが期待される。

　また，学校生活の改善や望ましい校風作りを実践する活動を行ったり，自主的・自発的な生徒活動やボランティア活動にも意欲的に参加していくことを通して集団や社会の一員としての望ましい資質や能力を育てる。

④ 当面する諸課題の解決を通して生徒自らが自己指導能力[1]を養う活動である。

　学級（ホームルーム）担任は日々の教育活動において個々の児童生徒の理解を十分深めるとともに，学級（ホームルーム）や学校生活への適応，学業上の問題，進路の問題，発達上の課題など，特に，青年期の生徒に共通する心身の悩みや不安などについて，生徒相互の協力や他教師の援助を受け，生徒の自己指導能力を育てるという視点に立って積極的にその解決を図っていく活動を展開する。

[1] 自己指導能力……日常生活のあらゆる場面において，どのような行動をすることが適切かを自分で判断し実行すること

⑤ 特別活動における人間としての在り方生き方に関する指導が行われる中心的な場である。

　学級活動（ホームルーム活動）は，特別活動の全体を通して行われる人間としての在り方生き方に関する指導を補充，深化，統合する中心的な場としての重要な役割を果たしている。

⑥ 生徒指導の全機能が補充，深化，統合される場である。

　生徒指導は，学校の教育活動全体を通じて行われるが，学級活動（ホームルーム活動）の時間は，生徒指導の主として積極的な側面の機能が集約的に発揮される場であるといえる。学級活動（ホームルーム活動）においては，教師と生徒及び生徒相互の触れ合いの中で，諸課題の解決に取り組む生徒の自主的，実践的な活動に対する教師の指導・援助をホームルーム経営の視点に立って総合的に発揮し，進路指導を含めた生徒指導の機能を補充，深化，統合していく。

　このように学級（ホームルーム）は，教師の側からみると「生徒指導の場」・「生

徒理解の場」であり，生徒の側からみると「自主的な活動の場」といえる。

3．学級活動（ホームルーム活動）で強調すべき事項

　学校は，社会が激しく変化する中で，社会的な存在としての人間であることの自覚を深め，心豊かにたくましく，しかも創造的に生き抜ける力をもった生徒の育成を目指している。その主要な役割を果たすことが学級活動（ホームルーム活動）に課せられた大きな課題である。学級（ホームルーム）の特質を踏まえ，その教育的な機能を十分に生かし，学習指導要領に内容として示された学級活動（ホームルーム活動）の趣旨に沿った活動を一層積極的に展開する必要がある。

① 学習指導要領は，各学校の裁量によって教育課程の多様化の一層の推進を可能としている。そのことによって生徒の個別的な学習ニーズに応え，個性を伸長する教育活動が一層進展することになる。しかし，今，個人と社会との望ましい関係の在り方や人間関係の結び方，さらには社会規範を遵守する習慣等について学習し，社会性を培う教育活動の推進が必要となっている。
② 将来における正しい自己実現を目指しつつ，今，生きがいの実感できる学校生活を築くには，学業生活の充実と，学級（ホームルーム）や学校への所属感をもつことが必要である。その実現には教科や進路の適切な「選択」や集団への「適応」に，生徒を主体的に取り組ませるガイダンス機能を働かせた計画的な指導が必要である。
③ 学習指導要領に示されている学級活動（ホームルーム活動）の内容は設定された授業時間の中の活動のみで，それぞれのねらいを十分に達成できるとはいえないから，学級経営（ホームルーム経営）を一層充実していくことが必要である。

4．教師の指導を適切にするための配慮事項

　学級活動（ホームルーム活動）は生徒の自発的・自治的な企画と運営によって進められるのが原則である。しかし，そのことは学級活動（ホームルーム活動）が生徒の思いつきや偶発的な課題意識にまかされるということではない。教師の適切な指導の下で，学校の教育目標とそれを受けた学年等の指導目標の達成を期し，全体計画と学年等の計画に沿って担任が作成する各学級（ホームルーム）での指導計画に基づいて，活動を展開する。

　なお，この指導計画作成には生徒参加の余地を大幅に残し，具体的な活動の仕

方の企画や運営は，できるかぎり生徒の力にまかせていくように工夫することが必要である。

　また，社会参加の活動やガイダンス機能を発揮する活動場面の設定には，学校全体の指導方針や設定計画を尊重しなければならない。さらに，それぞれの活動が達成を目指すねらいを生徒自身のねらいとする指導配慮や価値的な活動の実施計画・運営方法を生徒の発想とする指導・援助も必要である。その際，学級活動（ホームルーム活動）については，学校や生徒の実態に応じて取り上げる指導内容の重点化を図るように工夫することが望まれる。

　学級活動（ホームルーム活動）での評価は，それぞれの活動に付した目標の達成に，活動計画や活動の内容・状況が有効に機能したかどうかを反省し，改善への指標とすることが中心である。生徒に対しては，「よさ」の発見と，それを伸ばすための指導記録以外の評価・評定はなじまないであろう。個々の生徒の成長を計画的に評価し，評定するような試みも行われるが，それは，生徒の成長に対する働きかけ方の工夫やその必要の度合いを知るためでなければならない。

5．学級経営（ホームルーム経営）を充実する必要性

　学級活動（ホームルーム活動）は，学校における生徒の基礎的な生活集団として編成された学級（ホームルーム）を基盤として展開される。しかし，学習指導要領に示された学級活動（ホームルーム活動）のねらいを達成するための諸活動は，単位授業時間内で完結できるものではない。学級（ホームルーム）を基盤とする様々な生徒の諸活動と連携し，学級担任（ホームルーム担任）による事前・事後の適切な指導を待ってこそ所期の目的が達成できる。

　また，学級活動（ホームルーム活動）の活発化に欠くことのできない「好ましい人間関係」や「機能的な組織」は学級（ホームルーム）そのものを望ましい「集団」として成長させ，「望ましい集団活動」を生徒の自発的・自治的な企画・運営によって実践させていく担任の指導的なかかわりの中でつくられるものである。したがって，学級活動（ホームルーム活動）の特質や意義は，学級（ホームルーム）が果たすことのできる教育上の役割を総合的にかつ効果的に働かせることによって生かされる。

4　学級活動の指導計画

　学級活動の指導計画の作成に当たっての配慮事項は，次の通りである。

（1）学校の創意工夫を生かすとともに，学校の実態や生徒の発達の段階などを考慮し，生徒による自主的，実践的な活動が助長されるようにする。
　①　学校の創意工夫を生かすこと。
　②　学校の実態や生徒の発達の段階などを考慮すること。
　③　生徒による自主的，実践的な活動が助長されるようにすること。
（2）各教科，道徳及び総合的な学習の時間などの指導との関連を図る。
（3）家庭や地域の人々との連携，社会教育施設等の活用などを工夫する。
（4）生徒指導及び教育相談の充実を図る。
（5）ガイダンスの機能を充実する。
① ガイダンスの機能を充実するよう指導を工夫すること
　学級活動（ホームルーム活動）は，学校での基礎的な生活の場である学級において，新しい環境の中で，豊かな人間関係を築き学校生活への意欲を高めるなど，学級や学校の生活への適応とその充実・向上を図る活動である。ガイダンスの機能の充実は，こうした学級や学校生活への適応や人間関係の形成などについて，生徒が学校における諸活動や集団の意義，内容等について十分に理解し，よりよい適応や好ましい人間関係の形成に向けて積極的に活動する意欲や態度を養うために重要であり，主に学級活動の場を中心に展開されることが必要である。
　また，進路等の選択については，これまで各学校が取り組んできた生き方の指導としての進路指導に加え，上級学校の多様化，さらに生涯を通じたキャリア教育の推進を踏まえ，生徒が自己の個性を発見し，伸ばしていくといった観点から適切な進路選択ができるよう，上級学校等の教育内容やその特色等をよりよく理解するために必要な情報の収集・提供の在り方について，上級学校との連携による体験入学の機会や卒業生の経験の活用など，学級活動の内容・方法を工夫していくことが大切になっている。
　こうしたことを踏まえ，学校生活を通じ，系統的，発展的なガイダンスの計画を立てることが必要である。
② 学校入学当初においては，個々の生徒が学校生活に適応するとともに，希望と目標をもって生活をできるよう工夫すること。
　学級活動（ホームルーム活動）の指導計画の作成に当たっては，生徒の実態に応じ，いわゆる中1・高1ギャップによる学校不適応等に十分配慮し，また，小学校高学年の学級活動との接続，また中学校高学年の学級接続も図って，生徒に希望や目標をもたせるとともに，達成感を味わわせることができるよう工夫する必要がある。

（6）年間指導計画の作成

　学級活動（ホームルーム活動）は，生徒の発達段階を踏まえ，系統立てて指導するとともに，年間を通して計画的に指導する必要がある。そのためには，まず学校として修業年限を見通した各学年ごとの年間指導計画を作成することになる。その際には，学習指導要領で学級活動として示された内容を，各学年ごとの年間指導計画に位置づける必要があるが，その場合も，必要に応じて内容間の関連を図ったり，統合したりして配当された時間の中で学級活動の目標が達成できるように指導計画を作成することが大切である。また，学年ごとの内容の発展や深化についても配慮しなければならない。

　さらに学校として作成した各学年ごとの年間指導計画を基にして，学級の実態に応じた学級ごとの年間指導計画や1単位時間の指導計画を作成することが必要である。

　学級ごとの年間指導計画は，学校として作成した各学年ごとの学級活動の年間指導計画に基づき，学級担任が学年・学級や生徒個々の実態及び課題などを考慮して作成する計画であり，生徒が作成する活動計画のよりどころとなるものである。また，学級活動が，生徒の学校生活における学習や生活の基盤である学級を単位として展開される活動であることからも，学級経営や学年経営との関連を図って作成することが大切である。

　学校としての年間指導計画や学級ごとの指導計画に示す内容としては，次のようなものが考えられる。

・学校や学年，学級の指導目標　・育てたい力　・指導内容（予想される議題やテーマ）と時期　・指導の時間配当　・指導方法　・指導教材（必要に応じて）　・評価など

　なお，1単位時間の指導計画は，一般的には，「学級活動指導案」と呼ばれるものであるが，この指導計画には，生徒が作成した活動計画を配慮した題材や，事前及び事後の活動も含めての1単位時間における生徒の活動の過程や形態等についての見通しが示されていることが大切である。

5　学級（高校：ホームルーム）づくり

　小・中学校や高等学校の学級（ホームルーム）づくりについて述べてみることにする。

　生徒が充実した学校生活を送るには，活動の基盤となる「学級（ホームルーム）

づくり」が前提となる。お互いに協力し，助け合い，人間としての在り方生き方についての考えを深め，将来の豊かな生活を築く能力や態度を身につけられるように，指導することが大切である。以下の□にチェックしてみよう。

(1) 望ましい学級（ホームルーム）
① 相互理解と協力関係が確立されている。
□ 担任と生徒，生徒相互の信頼関係が築かれ，生徒・担任が協力して課題の解決にあたったり，集団生活の充実・向上のため積極的に活動できる。
□ 思いやりの空気が満ち満ちている。
□ 生徒の一人ひとりが大切にされ，誰一人として疎外されることがない。
② 生徒相互の連帯感・所属感が濃密である。
□ みんなが進んで仕事に取り組み，お互いに成果を分かち合える。
□ 自分たちのホームルームに誇りをもち，集団をさらに向上させようとする意欲と態度が身についている。
□ 善悪のけじめをわきまえ，正しいことが「正しい」と認められる。
③ 生き生きした学級（ホームルーム）
□ 他人の話を聞く習慣が備わり，少数意見を尊重する。
□ 一人ひとりの生きがいを語り合い，共に学び合いながら成長する。
□ 善悪のけじめをわきまえ，正しいことが「正しい」と認められる。
□ 生徒一人ひとりが「生きがい」や「やりがい」をもっている。
□ 豊かな人間関係がつくられ，生徒が生き生きしている。
④ 学級（ホームルーム）の目標が確立されている
□ ホームルームの目標が，共に成長することを目指し，担任と生徒が一緒になって検討して，決定されている。

(2) 学級（ホームルーム）担任の役割
　担任は，学級（ホームルーム）の生徒たちを日常的に指導するほか，学級活動（ホームルーム活動）の指導も含めたホームルーム運営の一切を任されている。それだけに，担任にはより強い使命感や情熱，指導性が求められる。生徒理解につとめ，担任と生徒との間に十分な信頼関係を築くとともに，人間としての魅力を備える必要もある。日ごろから担任としての役割と責任の大きさを自覚し，自らも成長するよう心掛けたいものである。

(3) ホームルーム運営の基本姿勢
① 教育の専門職として
□ 1年間を見通し，運営目標と方針を立てる。

- □ 常に計画と準備・実践の手段をもつ。
- □ あらゆる機会を指導の場としてとらえ，生徒のよさや能力を引き出す。

② 人生の先輩として語りかける。
- □ 生徒に愛情を注ぎ，一人ひとりを大切にする。
- □ 生徒との間に信頼と尊敬の関係をつくる。
- □ 誠意をもって最後まで指導する。
- □ 生徒に対しては，「認める」・「ほめる」・「励ます」を基本に接する。
- □ 生徒を孤立させない態度をもつ。
- □ 生徒を一人の人間として尊重する態度をもつ。
- □ いつも明るく，生き生きしている姿を保つ。

（4）あたたかい人間関係づくり

① 人間関係のルールを育てる
- □ 「あいさつ」がしっかりできる。
- □ 遊び言葉ではなく，きちんとした言葉で話し合える。
- □ 他人が意見を述べているときは静かに聞く。
- □ みんなで決めたことを大切にする。
- □ お互いが批判し合い認め合うことによって，高め合う。
- □ 悪口や嘲笑，差別のない雰囲気をつくる。

② 教室環境の整備
- □ 落ち着いて学習やホームルーム活動ができる環境をつくる。
- □ 黒板・掲示板，掲示物を効果的に活用する。

学習課題

母校などのHPから得られる学級活動（ホームルーム活動）指導計画などの資料を踏まえ，月別学年別の指導計画を作成し，指導目標達成のための教育方法，指導形態，教材，評価などについて考察せよ。

参考文献

石村卓也『教育課程――これから求められるカリキュラム開発力――』昭和堂，2009年。
文部科学省「小学校学習指導要領」。
文部科学省「小学校学習指導要領解説　特別活動編」。
文部科学省「中学校学習指導要領」。
文部科学省「中学校小学校学習指導要領解説　特別活動編」2017年。

第11章
生徒会(児童会)活動と学校行事

1 児童会活動,生徒会活動

1.児童会活動,生徒会活動とその目標

　児童会活動(小学校),生徒会活動(中学校,高校)(以下,「生徒会(児童会)活動」と略記)とは,学年,学級を越えて全校の児童生徒で組織する児童会,生徒会において,自分たちの学校生活の充実・発展などを目指すために,児童生徒の立場から自発的,自治的に行われる活動である。そこでは,異年齢の児童生徒同士で協力したり,交流し協働したりして目標の実現を図るために様々な活動が行われる。

　小・中学校,高等学校の各学習指導要領では,特別活動全体の目標(第8章を参照)を受けて生徒会(児童会)活動の目標として3校種で共通に次のように示されている(カッコ内は小学校の児童会活動についてである)。なお,「第1の目標」とは特別活動全体の目標を指す。

> 異年齢の生徒(児童)同士で協力し,学校生活の充実と向上を図るための諸問題の解決に向けて,計画を立て役割を分担し,協力して運営することに自主的,実践的に取り組むことを通して,第1の目標に掲げる資質・能力を育成することを目指す。

　具体的には,生徒会(児童会)活動において次のような資質・能力を育成することが挙げられている。

・生徒会(児童会)やその中に置かれる委員会などの異年齢により構成される自治的組織における活動の意義について理解するとともに,その活動のため

に必要なことを理解し行動の仕方を身に付けるようにする。(「知識及び技能」)
・生徒会（児童会）において，学校全体の生活をよりよくするための課題を見いだし，その解決のために話し合い，合意形成を図ったり，意思決定したり，人間関係をよりよく形成したりすることができるようにする。(「思考力，判断力，表現力等」)
・自治的な集団における活動を通して身に付けたことを生かして，多様な他者と協働し，学校や地域社会における生活をよりよくしようとする態度を養う（小学校では，「多様な他者と互いのよさを生かして協働し，よりよい学校生活をつくろうとする態度を養う」）。(「学びに向かう力，人間性等」)

　生徒会（児童会）活動は，全校の生徒（児童）が参加するものである。しかし，実際には多くの活動形態があり，そこで生徒（児童）は様々なことを体験し，学ぶことになる。学習指導要領では，生徒会（児童会）活動で上記の資質・能力を育む学習過程として，「問題の発見・確認，議題の設定」，「解決に向けての話合い」，「解決方法の決定」，「決めたことの実践」，「振り返り」のプロセスを挙げ，**図11-1**のように例示している。

　小学校の児童会活動で育成する資質・能力は，中学校，高等学校での生徒会活動，さらに学校卒業後は地域社会の自治的な活動の中で生かされていくものである。そこで，中学校の生徒会活動の指導では，小学校の児童会活動で育成した資質・能力を基礎にしてさらに生徒の自発的，自治的に活動する態度や能力を高めていくことが，そして，小学校の児童会活動の指導では，中学校の生徒会活動の

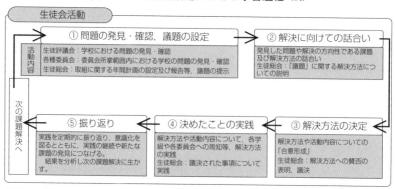

図11-1　生徒会活動における学習過程（例）

出所：文部科学省「中学校学習指導要領解説 特別活動編」(2017年) 72ページより作成。

内容や特質との違いを踏まえつつしっかりとつなげていくことが、それぞれの学習指導要領において求められている（高等学校については、本書の執筆段階では学習指導要領解説が未公表のため現時点では記述はできない）。

2．生徒会（児童会）活動の内容

小学校での児童会活動の内容は、学習指導要領で次の通り示されている。
　① 児童会の組織づくりと児童会活動の計画や運営
　② 異年齢集団による交流
　③ 学校行事への協力
また、中学校、高等学校における生徒会活動の内容は、学習指導要領で次の通り示されている。
　① 生徒会の組織づくりと生徒会活動の計画や運営
　② 学校行事への協力
　③ ボランティア活動などの社会参画
いずれの活動でも、生徒（児童）がそれぞれの活動の意義や活動を行う上で必要となることについて理解し、主体的に考えて実践できるように指導することが教師に求められる。以下で、それぞれを具体的に見てみよう。なお高等学校については、本書の執筆段階では学習指導要領解説が未公表のため現時点では記述はできないが、中学校と一定程度同じ内容と考えられる。

[生徒会（児童会）の組織づくりと生徒会（児童会）活動の計画や運営]
　ここでは、生徒（児童）が、生徒会（児童会）において主体的に組織をつくり、役割を分担し、活動の計画を立てたり、学校全体の生活で生じている課題を見いだし、それを解決するために話し合い、合意形成を図って実践するといった一連の活動が示されている。具体的には、次のような活動が挙げられている。
　○学校生活における規律とよき文化・校風の発展に関わる活動
　　　生徒（児童）集会、あいさつ運動、地域清掃活動など
　○環境の保全や美化のための活動
　　　校内美化運動、リサイクル運動、緑化運動など
　○生徒の教養や情操の向上のための活動
　　　学校新聞・生徒会誌の編集・発行、音楽や芸術の鑑賞会、各種の発表会など
　○よりよい人間関係を形成するための活動

　　　　新入生歓迎会，卒業生を送る会，校内球技大会，校内コンクールなど
　○身近な課題等の解決を図る活動
　　　　登下校時のマナー，いじめや授業規律などの問題の話し合い，意見募集
　　　　など

　また，小学校での児童会活動では，とくに異年齢の児童が協力して児童会活動に取り組むこと，主に計画や運営に当たる高学年の児童が中心となって代表委員会や委員会活動等を進めることが求められてくる。

[学校行事への協力]
　体育祭や文化祭などの学校行事の実施に向けて実行委員会を組織し，運営に協力したり，各種の委員会活動等でそれぞれの学校行事の内容に応じて計画や実施に協力したりすること等である。

[ボランティア活動などの社会参画]（中学校）
　これは，例えば，地域の福祉施設や社会教育施設等でボランティア活動を行ったり，地域の文化・スポーツ行事，防災や防犯，交通安全などに参加・協力したり，幼児や高齢者，障害のある人々などと交流したりするなど，地域や学校の実態，生徒の関心などに応じて様々な活動が考えられる。

[異年齢集団による交流]（小学校）
　これは，児童会が計画や運営を行う児童集会などの活動において，学年や学級が異なる児童が一緒になって楽しく触れ合い，交流を図るものである。これを通じて，異年齢集団において人間関係をよりよく深める活動などが考えられる。

3．生徒会（児童会）活動の組織

（1）児童会の活動形態
　小学校の児童会では，主として高学年が計画や運営に当たりつつ，学校の全児童が児童会活動に主体的に参加できるようにすることが求められる。一般的な活動形態としては，次の3つに大別できる。
○代表委員会活動
　代表委員会は，児童会として学校生活の充実と向上を図るために，学校生活の諸問題について話し合い，その解決を目指した活動を行う。また，各学級での話

合いを生かすなど全校児童の意向を反映し，自発的，自治的に行われる活動である。主として高学年の学級代表，各委員会の代表，必要に応じてクラブ代表などの参加により組織される。
○委員会活動
　委員会活動は，主として高学年の全児童がいくつかの委員会に分かれて，学校全体の生活を共に楽しく豊かにするための活動を分担して行われる。委員会として，例えば，集会，新聞，放送，図書，環境美化，飼育栽培，健康，福祉ボランティアなどが挙げられる。
○児童会集会活動
　児童会の主催で行われる集会活動であり，形態としては，全校児童で行われるもの，複数学年の児童で行われるもの，同一学年の児童で行われるものなど多様である。活動するための計画や内容について話し合ったり，活動状況を報告したり，学年や学級が異なる児童と共に楽しく交流したりなど，様々な内容が考えられる。

（2）生徒会の組織

　中学校，高等学校の生徒会組織は各学校の実情をもとに作られるので，その名称や内容は学校によって違いがある。しかし一般的には，「生徒総会」，「生徒評議会」，「生徒会役員会」，「各種委員会」などから組織される。
○生徒総会
　全校生徒による生徒会の最高審議機関であり，年間の活動計画の決定，年間の活動の結果の報告や承認，生徒会規約の改正など，全生徒の参加のもとに，生徒会としての基本的な事項について審議する。
○生徒評議会（中央委員会など）
　生徒総会に次ぐ審議機関として，生徒会に提出する議案などの審議，学級や各種の委員会から出される諸問題の解決，学級活動や部活動などに関する連絡調整など，生徒会活動に関する様々な計画やその実施について審議する。
○生徒会役員会（生徒会執行部など）
　年間の活動の企画と計画の作成，審議を必要とする議題の提出，各種の委員会の招集など，生徒会全体の運営や執行に当たる。また，学校の生徒を代表する組織として，様々な取組の推進的な役割を担ったり，学校のよさや特徴などの情報を学校外に発信するなどの役割を担う。
○各種の委員会

例えば，生活規律に関する委員会（生活委員会など），健康・安全や学校給食に関する委員会（保健委員会など），環境美化に関する委員会（美化委員会など），ボランティアに関する委員会などのほか，合唱祭や文化祭，体育祭の実行委員会など，生徒会活動における実践的な活動を推進する役割を担う。

4．指導計画の作成

（1）指導計画の作成に当たって配慮すべき事項

小学校，中学校，高等学校は，それぞれの学習指導要領において，特別活動の全体計画や，各活動及び学校行事の年間指導計画を作成することとされている。生徒会（児童会）活動の指導計画については特に次のことに配慮して作成することが必要である。なお，高等学校については，本書の執筆段階では学習指導要領解説が未公表のため現時点では記述はできないが，中学校と一程度同じ内容と考えられる。

［小学校］
1）学級や学校の実態や児童の発達の段階などを考慮し，児童による自主的，実践的な活動が助長されるようにする
2）内容相互及び各教科，道徳科，外国語活動，総合的な学習の時間などの指導との関連を図る
3）家庭や地域の人々との連携，社会教育施設等の活用などを工夫する
4）学校の実態を踏まえて児童会活動の組織を編成する

［中学校］
1）学校の創意工夫を生かすとともに，学校の実態や生徒の発達の段階などを考慮し，生徒による自主的，実践的な活動が助長されるようにする。
2）内容相互及び各教科，道徳科及び総合的な学習の時間などの指導との関連を図る。
3）家庭や地域の人々との連携，社会教育施設等の活用などを工夫する。
4）生徒指導との関連を図る。

（2）年間指導計画の作成

［小学校］

児童会活動は全校的な活動であり，全教職員の共通理解と協力を基盤として行われる活動である。そのため，年間指導計画の作成においても全教職員の参加と協力が必要である。

児童会活動の年間指導計画に示す内容には，例えば次のものが挙げられる。
・学校における児童会活動の目標　・児童会活動の実態と指導方針
・代表委員会，各委員会の組織と構成　・活動時間の設定
・年間に予想される主な活動　・活動に必要な備品，消耗品
・活動場所　・指導上の留意点　・委員会を指導する教師の指導体制
・評価の観点や方法

［中学校］
　生徒会活動の指導計画では，学校の教育活動全体の流れを明確にし，生徒自身が活動計画を作成できるように配慮することが必要である。そのため，指導計画の作成に当たっては，本節（3）で見たそれぞれの組織の指導の方針を明確にするとともに，生徒が作成する各組織の活動計画に十分に配慮して，全教職員の共通理解と協力をもとに指導計画を作成することが重要である。また，生徒の発達的な特徴を捉え，生徒の希望や関心に応じた指導計画を作成するとともに，必要に応じて，校内だけでなく校外での活動への広がりを図ることにも留意する。
　生徒会活動の年間指導計画に示す内容としては，次のものが挙げられる。
・学校における生徒会活動の目標　・生徒会の組織と構成
・活動時間の設定　・年間に予想される主な活動　・活動場所
・活動に必要な備品，消耗品　・危機管理や指導上の留意点・生徒会役員会，各委員会を指導する教職員の指導体制　・評価など

2　学校行事

1．学校行事の目標

　学習指導要領では，特別活動全体の目標（第8章を参照）を受けて学校行事の目標を次のように示している。なお，「第1の目標」とは特別活動全体の目標を指す。

> 　全校又は学年の生徒（小学校では，「児童」）で協力し（高校では，「全校若しくは学年又はそれらに準ずる集団で協力し」），よりよい学校生活を築くための体験的な活動を通して，集団への所属感や連帯感を深め，公共の精神を養いながら，第1の目標に掲げる資質・能力を育成することを目指す。

具体的には，学校行事においては学習指導要領で次のような資質・能力を育成することが挙げられている。なお，高等学校については，本書の執筆段階では学習指導要領解説が未公表のため現時点では記述はできない。

○ 各学校行事の意義について理解するとともに，行事における活動のために必要なことを理解し規律ある行動の仕方や習慣を身に付けるようにする。(「知識及び技能」)

[小学校]
○ 学校行事を通して学校生活の充実を図り，人間関係をよりよく形成するための目標を設定したり課題を見いだしたりして，大きな集団による集団活動や体験的な活動に協力して取り組むことができるようにする。(「思考力，判断力，表現力等」)

[中学校]
○ 学校行事を通して集団や自己の生活上の課題を結び付け，人間としての生き方について考えを深め，場面に応じた適切な判断をしたり，人間関係や集団をよりよくしたりすることができるようにする。(「思考力，判断力，表現力等」)

○ 学校行事を通して身に付けたことを生かして，集団や社会の形成者としての自覚を持って多様な他者を尊重しながら協働し，公共の精神を養い，よりよい生活をつくろうとする態度を養う。(「学びに向かう力，人間性等」)

　学校行事では，全校あるいは学年の児童生徒で協力したり，自分たちの学校生活をよりよくするための体験的な活動を通して学校や社会に所属意識をもち，多様な他者と協働したりするなどの連帯感を養うことができる。また，児童生徒の学校生活に張りをもたせたり，学校の文化や伝統をつくり，愛校心を高めることにもつながる。学校行事は，学校が計画して実施するものではあるが，各行事に児童生徒が積極的に参加することによってこそ充実する教育活動である。したがって，教師は行事の特質や児童生徒の実態に応じて彼らの自主的な活動を助長できるようにすることが重要となる。

　また，児童生徒の側でいえば，全校や学年などの大きな集団の中で彼ら自身が目標を設定したり，課題を見いだしてその解決を目指して話し合ったり，自主的，実践的に協力して取り組む。そしてそれを振り返って自他のよさに気付いたり，新たな課題を見いだしたりするなど，学校生活のさらなる向上を目指していく。さらに小学校では，上学年が下学年を思いやったり，下学年が上学年にあこがれ

図11-2　学校行事における学習過程（例）

```
学校行事
┌─────────────────────────────────────────────────────────┐
│  ① 行事の意義の理解  →  ② 計画や目標についての話合い    │
│                                                           │
│  活動  各行事（儀式的行事，文化的行事，  各行事について活動目標，計画，内容， │
│  内容  健康安全・体育的行事，旅行・   役割分担などについて話し合う。       │
│        集団宿泊的行事，勤労生産・奉仕的行事）の意義の理解。             │
│        現状の把握，課題の確認，目標の設定を行う。                      │
│                                                           │
│  ⑤ 振り返り  ←  ④ 体験的な活動の実践  ←  ③ 活動目標や活動内容の決定 │
│                                                           │
│  次の   活動を振り返り，まとめたり発表し  他者と力を合わせて実践する。  活動目標や計画，内容について │
│  活動や 合ったりする。                ※行事により，生徒会活動と連携を  「合意形成」や「意思決定」を │
│  課題解決へ 実践の継続や新たな課題の発見につ  図るなど，自主的に運営する。  図る。                 │
│        なげる。                                                                │
│        結果を分析し次の行事や次年度の行事に生かす。                              │
└─────────────────────────────────────────────────────────┘
```

出所：文部科学省「中学校学習指導要領解説 特別活動編（2017年）90ページより作成。

の気持ちをもったり，互いに協力し合ったりするなど，異なる年齢集団の中でよりよい人間関係を作ることにつながっていく。

　こうしたことを踏まえて，学校行事の具体的な活動過程は図11-2のように表されている。これは，上記の学校行事の目標に示される資質・能力を，「行事の意義の理解」，「計画や目標についての話合い」，「活動目標や活動内容の決定」，「体験的な活動の実践」，「振り返り」という学習過程を通して育むものである。

2．学校行事の内容

　学校行事で，「全ての学年において，全校又は学年を単位として，（中略）学校生活に秩序と変化を与え，学校生活の充実と発展に資する体験的な活動を行う」ために，学習指導要領では，次の5種類の行事を規定している。以下では，各行事のねらい，行事の例（内容），そして実施上の留意点を挙げておく。ここでは紙幅の関係で，［実施上の留意点］については中学校のみを示す。

（1）儀式的行事
　学校生活に有意義な変化や折り目を付け，厳粛で清新な気分を味わい，新しい生活の展開への動機づけとなるようにすること。
［行事の例］
　入学式，卒業式，始業式，終業式，開校記念に関する儀式，新任式，離任式など

［実施上の留意点］
○ 個々の行事のねらいを明確にする。また，できる限り生徒会と連携したり，生徒にいろいろな役割を分担させ，使命感や責任感の重要性を自覚させる
○ いたずらに形式に流されたりすることなく，行事の内容に工夫を加える
○ 入学式や卒業式などでは国旗を掲揚し，国歌を斉唱する
○ 行事参加の心構えなどを持たせるよう，事前の準備段階から指導を工夫する

（２）文化的行事
　平素の学習活動の成果を発表し，自己の向上の意欲を一層高めたり，文化や芸術に親しんだりするようにすること。
［行事の例］
　・日頃の学習成果の発表……文化祭，学習発表会，音楽会，作品発表会など
　・外部の作品等の鑑賞……音楽鑑賞会，映画や演劇，伝統芸能等の鑑賞会，講演会など
［実施上の留意点］
○ 日頃の学習成果の発表を通して，習得した知識や技能を深める。発表能力，他者の発表を聴く態度を養う。自己の成長への意欲を高める自己評価の仕方を工夫する
○ 協力してやり遂げることで成就感や連帯感を味わい，責任感と協力の態度を養う
○ 本物の文化や芸術に直接触れる体験を通して，情操や教養を高める
○ 生徒が意欲的に活動できるように援助する
○ 事前の準備や事後の片付けで生徒に過重な負担がかからないようにするなど

（３）健康安全・体育的行事
　心身の健全な発達や健康の保持増進，事件や事故，災害等から身を守る安全な行動や規律ある集団行動の体得，運動に親しむ態度の育成，責任感や連帯感の涵養，体力の向上などに資するようにすること。
［行事の例］
　健康診断，薬物乱用防止指導，防犯指導，交通安全指導，避難訓練，防災訓練，健康・安全や学校給食に関する意識や実践意欲を高める行事，運動会（体育祭），競技会，球技会など

［実施上の留意点］
- 健康安全に関する行事では，学級活動，生徒会活動，各教科，道徳などの内容と密接に関連させ，健康・安全に関する指導の一環とする
- また，事故防止への知識や態度を体得させる。自然災害や犯罪などの非常事態に対処する能力を養う。喫煙，飲酒などの有害性や違法性などを理解させ，正しく行動できる態度を身に付ける。
- 体育に関する行事では生徒の活動の意欲を高めるように工夫する。事故の防止，緊急時の対策などについても十分に配慮する
- さらに，体育に関する行事を実施する場合，運動に親しみつつ体力を向上させるようにする。日頃の学習成果を学校内外に公開し，家庭や地域社会の理解と協力を促す　など

（4）遠足・集団宿泊的行事（小学校），旅行・集団宿泊的行事（中学校，高等学校）

　平素と異なる生活環境にあって（小学校では，自然の中での集団宿泊活動などの平素と異なる生活環境にあって），見聞を広め，自然や文化などに親しむとともに，よりよい人間関係を築くなどの集団生活の在り方や公衆道徳などについての体験を積むことができるようにすること。

［行事の例］
　修学旅行，移動教室，集団宿泊，野外活動など

［実施上の留意点］
- 生徒の自主性を考慮し，生徒の役割分担，きまり・約束の遵守，人間関係を深める活動などを充実させる
- 単なる物見遊山に終わることのないように，計画，実施において十分に留意する
- 指導計画の作成とその実施に当たっては，行事の目的やねらいを明確にするとともに，他の教育活動との関連を図る。また，事前の学習や，事後のまとめや発表などを工夫し，体験したことが深まるような活動を行う
- 学級活動などで事前に目的や活動内容などを十分に指導するとともに，保護者にも必要事項を知らせる
- 学校や生徒の実態を踏まえた活動になるよう工夫する。事故防止のための万全な配慮を行う　など

（5）勤労生産・奉仕的行事

（小学校）

　勤労の尊さや生産の喜びを体得するとともに，ボランティア活動などの社会奉仕の精神を養う体験が得られるようにすること。

（中学校）

　勤労の尊さや生産の喜びを体得し，職場体験活動などの勤労観・職業観に関わる啓発的な体験が得られるようにするとともに，共に助け合って生きることの喜びを体得し，ボランティア活動などの社会奉仕の精神を養う体験が得られるようにすること。

（高等学校）

　勤労の尊さや創造することの喜びを体得し，就業体験活動などの勤労観・職業観の形成や進路の選択決定などに資する体験が得られるようにするとともに，共に助け合って生きることの喜びを体得し，ボランティア活動などの社会奉仕の精神を養う体験が得られるようにすること。

[行事の例]

　職場体験活動，各種の生産活動，上級学校や職場の訪問・見学，全校美化の行事，地域社会への協力や学校内外のボランティア活動など

　※なお，生徒の発達の段階や，卒業後の主体的な進路選択などの観点から，中学校段階では職場体験活動を特に重点的に行うことが望ましい，とされている。

[実施上の留意点]

○ 行事の目的やねらいを明確にし，その内容に応じて他の教育活動での指導と関連させる

○ 事前の活動や事後のまとめなどを工夫し，体験したことが深まるような活動をする

○ 職場体験活動は，学校教育全体として行うキャリア教育の一環として位置づけ，自己の能力・適性などに関する理解を深め，職業や生き方に関わる啓発的な体験を行う。また，一定期間（例えば1週間（5日間）程度）の実施が望ましい

○ 家庭や地域の人々，関係機関，事業所や企業，ボランティア関係団体，社会教育施設，自治会などとの連携を深め，教育活動を豊かに進めていく

○ 学校行事として実施するボランティア活動は，学級活動や生徒会活動で行うボランティア活動との関連を図り，生徒の自主性・主体性が発揮されるよう

に工夫する
○ 職場体験活動やボランティア活動などの実施に当たっては，生徒の心身の発達の段階や適性などを考慮する。また，生徒の安全にも十分に配慮する

など

3．指導計画の作成

（1）年間指導計画の作成に当たって配慮すべき事項

　学校行事の指導計画では，特別活動の全体計画をもとにして各学校行事の特質を踏まえ，特に次の点に配慮した年間指導計画の作成が求められている。なお，高等学校については，本書の執筆段階では学習指導要領解説が未公表のため現時点では記述はできない。

1） ［小学校］学校の創意工夫を生かすとともに，学級や学校，地域の実態や児童の発達の段階などを考慮する
　　　［中学校］学校の創意工夫を生かすとともに，学校の実態や生徒の発達の段階などを考慮し，生徒による自主的，実践的な活動が助長されるようにする
2） 生徒（児童）による自主的，実践的な活動が助長されるようにする
3） 内容相互及び各教科，道徳科及び総合的な学習の時間（小学校では外国語活動も）などの指導との関連を図る
4） 家庭や地域の人々との連携，社会教育施設等の活用などを工夫する
5） ［中学校のみ］生徒指導の機能を生かす

（2）年間指導計画の作成

　学校行事は，全校あるいは学年で行われる教育活動であるので，全教職員が関わって年間指導計画を作成し，組織的に指導に当たることが重要である（高等学校については同上）。

［小学校］
　学校行事の年間指導計画には，次のような内容を示すことが挙げられている。なお，各行事が教育効果を高めることができるように，現実の事態に即応して弾力的に見直しができるようにすることが望ましいとされている

- ・各行事のねらいと育成する資質・能力
- ・五つの種類ごとの各行事を実施する時期と内容及び授業時数
- ・学級活動や児童会活動，クラブ活動，各教科等との関連

・評価の観点　　など
　また，各行事の指導計画についてはその詳細をそれぞれ立案し，全教職員の共通理解のもとで実施されるようにする。
［中学校］
　学校行事の指導計画には，1）年間の学校行事全体にわたる年間指導計画，2）個々の行事についての個別の行事指導計画の2つがある。
1）年間指導計画
　学期ごと，または月ごと等に，通例，以下のものがある。これらの他に，経費や学校の施設・設備の活用計画，危機管理，評価の観点なども必要である。
　　・実施予定の行事名　・指導時数　・参加の対象　・目標　・実施の内容
　　・他の教育活動との関連
2）個別の行事指導計画
　一般的には次のものがある。これらの他に，所要経費や準備日程，役割分担などを明記した具体的な実施上の計画も必要である。
　　・ねらい　・内容（事前，当日，事後）　・実施の時期　・場所　・時間
　　・指導上の留意事項　・評価の観点など

4．学校行事の内容の取扱い

　学校行事の指導に際しては次の点に留意することが必要である。
　○ 行事の種類ごとに，行事やその内容を重点化するとともに，行事間の関連づけや統合を図る
　○ 体験活動を通して気付いたことなどを振り返り，まとめたり，発表し合ったりする活動を充実する
　○ 異年齢集団による交流や幼児，高齢者，障害のある人々等との触れ合いを充実する

　また，学校行事の指導に当たっては次の事項についても留意することが重要である。なお，ここでは紙幅の関係で中学校のみを示す。
　○ 実施する行事のねらいを明確にし，その意義を理解させ，活動への意欲を高める
　○ 集団の中で人間的な触れ合いを深め，個性を発揮する活動を豊富にする。その際，個々の生徒の特性などを配慮した役割分担にも留意する
　○ 生徒会活動などと関連を図りながら，できる限り生徒の自主的な活動を行

わせる
○ 教師の指導のもとで生徒の創意をできるだけ生かすとともに，秩序やルールを守り，校風が高められるようにする
○ 生徒の健康や安全を考慮し，特に負担過重にならないようにする

3 クラブ活動

1．クラブ活動とその目標

　クラブ活動は小学校の特別活動を構成する活動の一つであり，主として第4学年以上の児童で組織され，学年や学級が異なる同好の児童の集団によって行われる。このクラブ活動の目標は小学校学習指導要領で次のように示されている。なお，「第1の目標」とは特別活動全体の目標を指す（第8章を参照）。

> 　異年齢の児童同士で協力し，共通の興味・関心を追求する集団活動の計画を立てて運営することに自主的，実践的に取り組むことを通して，個性の伸長を図りながら，第1の目標に掲げる資質・能力を育成することを目指す。

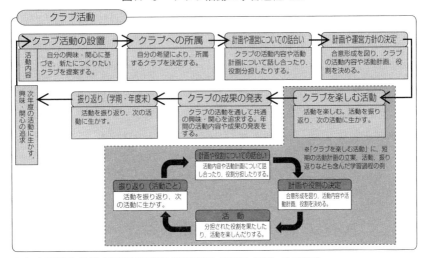

図11-3　クラブ活動の学習過程（例）

出所：文部科学省「小学校学習指導要領解説 特別活動編」（2017年）102ページより作成。

具体的には，クラブ活動では学習指導要領で例えば次のような資質・能力を育成することが挙げられている。
○ 同好の仲間で行う集団活動を通して興味・関心を追求することのよさや意義について理解するとともに，活動に必要なことを理解し活動の仕方を身に付けるようにする。(「知識及び技能」)
○ 共通の興味・関心を追求する活動を楽しく豊かにするための課題を見いだし，解決するために話し合い，合意形成を図ったり，意思決定したり，人間関係をよりよく形成したりすることができるようにする。(「思考力，判断力，表現力等」)
○ クラブ活動を通して身に付けたことを生かして，協力して目標を達成しようとしたり，現在や将来の生活に自分のよさや可能性を生かそうとしたりする態度を養う。(「学びに向かう力，人間性等」)

2．クラブ活動の内容

クラブ活動の内容は，学習指導要領で図11-3のように示されている。クラブ活動の年間を通しての学習過程はこの①から③に対応している。このような学習過程をもとに，児童の自発的，自治的な活動が展開できるようにする。
　① クラブの組織づくりとクラブ活動の計画や運営
　　　年度の初めに児童が活動計画を立て，役割を分担し協力して運営に当たる。
　② クラブを楽しむ活動
　　　上記の活動計画に基づいて異なる学年の児童と協力し，創意工夫を生かしながら共通の興味・関心を追求する。
　③ クラブの成果の発表
　　　活動の成果についてクラブの成員の発意・発想を生かし，協力して全校の児童や地域の人々に発表する。

3．指導計画の作成

(1) 年間指導計画の作成に当たって配慮すべき事項

クラブ活動については，特に次のようなことに配慮して年間指導計画を作成する。
1) 学級や学校の実態や児童の発達の段階などを考慮し，児童による自主的，実践的な活動が助長されるようにする
2) 内容（※学級活動，児童会活動，学校行事──筆者注）相互，各教科，道徳科，

外国語活動，総合的な学習の時間などの指導との関連を図る
3）家庭や地域の人々との連携，社会教育施設等の活用を工夫する

また，クラブの設置にあたっては，児童の興味・関心ができるだけ生かされるようにすること，教科的な色彩の濃い活動を行うクラブ活動にならないこと，学校や地域の実態を踏まえることの3点に配慮すべきとしている。

（2）学校が作成するクラブ活動の年間指導計画

学校はクラブ活動の年間指導計画を作成する。これに基づきながら，児童は各クラブの年間の活動計画を作成することになる。学校が作成するクラブ活動の年間指導計画の内容として，例えば次のものが挙げられている。

　　○学校におけるクラブ活動の児童の目標　○クラブ活動の実態と指導の方針
　　○クラブの組織づくりと構成　○活動時間の設定
　　○年間に予想される主な活動　○活動に必要な備品，消耗品
　　○活動場所　○指導上の留意点　○クラブを指導する教師の指導体制
　　○評価の観点と方法　　など

また，児童が作成するクラブ活動の年間の活動計画の内容については，例えば次のものが示されている。
　　○活動の目標　○各月などの活動内容　○準備する物　○役割分担など

4．クラブ活動の内容の取扱い

クラブ活動の指導に際しては次の点に留意することが必要である。
　① 児童の自発的，自治的な活動が効果的に展開されるようにする
　② 内容相互の関連を図るよう工夫する（特に学級活動）

学習課題
母校などのホームページを参照しながら，生徒会（児童会）活動，学校行事，クラブ活動の年間指導計画を考察せよ。

参考文献
文部科学省「小学校学習指導要領解説 特別活動編」2017年6月。
文部科学省「中学校学習指導要領解説 特別活動編」2017年7月。
文部科学省「高等学校学習指導要領（案）」2018年2月。
渡部邦雄・緑川哲夫・桑原憲一『特別活動指導法』日本文教出版，2009年。

第12章
評　価

1 はじめに

　教師の教育実践にはその実践過程において評価の行為が内在しており，教育実践の振り返りや指導改善にも関わるものである。また，それは実践の科学化，合理化とも係るものであり，ひいては子どもの学習過程に強く影響するものであり，それゆえ，評価行為の自覚化は教師のみならず，子どもにとって重要な資質能力である。

　教師の教育実践は，教育目標を設定し，教育内容を選択・組織し，教育活動を行い，その点検として評価を行い，改善後，目標を設定するというサイクルを繰り返すことにより，展開されている。それは，教科指導のみならず，総合的な学習の時間（高校の場合，「総合的な探究の時間」），特別活動，外国語活動の指導においても，また，カリキュラム・マネジメントにおいても同様である。

　教師の評価行為は，子どもの発達水準，教育課程とその諸条件，指導の成果などに関する情報を収集し，これを目的・目標に照らし価値付けを行い，指導の改善を図るための決定を行う一連の活動を指している。その際，授業改善にとって最も有効で，確実な契機を提供するものは教育評価である。つまり，教育実践における評価行為の自覚化過程は，子どもの発達を促す専門職として自ら自覚し成長していく過程であるといえるのである。

　児童生徒にとっては，学習活動を振り返り，目標の立て方，活動の取組み，結果を点検・確認して，次の活動への目安と意欲を喚起するものである。

　この章においては，教育課程の評価や特別活動の評価について取り扱う。

2 教育課程の評価

　学校の教育活動は，編成された教育課程に基づいて，展開される。その編成の前提となるのは，それまでの教育活動の点検・評価（CHECK）があり，その結果として達成しなかった目標に対する改善への行動（ACTION），その後の開発（DEVELOPMENT），そして教育課程の編成，つまり計画作り（PLAN）が行われ，この教育課程に基づいて，教育活動が実行（DO）される。

　このように，評価（CHECK）→改善（ACTION）→開発（DEVELOPMENT）→計画（PLAN）→実行（DO）→評価（CHECK）→……と，繰り返されるカリキュラム・マネジメントサイクルである。

　したがって，教育課程には，評価—改善段階における評価基準や評価方法など含まれることになる。つまり評価計画が予定されていなくてはならないのである（こうした点を考慮に入れ，実施段階のカリキュラムや隠れたカリキュラムも含めれば，カリキュラム評価と言った方が適切である）。

　教育課程評価は，一般的には，「学校評価」においての評価項目として，評価対象とされている。

1．「学校評価」における教育課程評価

（1）「学校評価」に関する法制度

　「学校評価」については，平成14年4月に施行された小学校・中学校・高等学校の設置基準において，各学校は自己評価とその結果の公表に努めること，また，保護者等に対する情報提供について，積極的に行うこととされた。その後，平成19年6月に学校教育法が改正され，学校評価及び情報提供に関する総合的な規定が設けられた。さらに平成19年10月に学校教育法施行規則が改正され，自己評価・学校関係者評価の実施・公表，評価結果の設置者への報告に関する規定が新たに設けられた。

　これにより，小・中・高校は法令上，

ア　教職員による自己評価を行い，その結果を公表すること，

イ　保護者などの学校の関係者による評価（「学校関係者評価」）を行うとともにその結果を公表するよう努めること，

ウ　自己評価の結果，学校関係者評価の結果を設置者に報告すること，が必要であるとされた。

（2）「学校評価ガイドライン」における教育課程の評価

「学校評価ガイドライン〔改訂〕」は，平成20年1月に文部科学省により作成された。その中では，具体的にどのような評価項目・指標等を設定するかは各学校が判断することになっているが，その設定について検討する際の視点となる例が示されている。

「教育課程・学習指導」については，次のような例が示されている。

各教科等の授業の状況
・説明，板書，発問など，各教員の授業の実施方法
・視聴覚教材や教育機器などの教材・教具の活用
・体験的な学習や問題解決的な学習，生徒の興味・関心を生かした自主的・自発的な学習の状況
・個別指導やグループ別指導，習熟度に応じた指導，生徒の興味・関心等に応じた課題学習，補充的な学習や発展的な学習などの個に応じた指導の方法等の状況
・ティーム・ティーチング指導などにおける教員間の協力的な指導の状況
・学級内における生徒の様子や，学習に適した環境に整備されているかなど，学級経営の状況
・コンピュータや情報通信ネットワークを効果的に活用した授業の状況
・学習指導要領や各教育委員会が定める基準にのっとり，生徒の発達の段階に即した指導に関する状況
・授業や教材の開発に地域の人材など外部人材を活用し，より良いものとする工夫の状況

教育課程等の状況
・学校の教育課程の編成・実施の考え方についての教職員間の共通理解の状況
・生徒の学力・体力の状況を把握し，それを踏まえた取組の状況
・生徒の学習について観点別学習状況の評価や評定などの状況
・学校図書館の計画的利用や，読書活動の推進の取組状況
・体験活動，学校行事などの管理・実施体制の状況
・部活動など教育課程外の活動の管理・実施体制の状況
・必要な教科等の指導体制の整備，授業時数の配当の状況
・学習指導要領や各教育委員会が定める基準にのっとり，生徒の発達の段階に即

した指導の状況
- 教育課程の編成・実施の管理の状況（例：教育課程の実施に必要な，各教科等ごと等の年間の指導計画や週案などが適切に作成されているかどうか）
- 生徒の実態を踏まえた，個別指導やグループ別指導，習熟度に応じた指導，補充的な学習や発展的な学習など，個に応じた指導の計画状況
- 小中連携，中高連携など学校間の円滑な接続に関する工夫の状況
- （データ等）学力調査等の結果
- （データ等）運動・体力調査の結果
- （データ等）生徒の学習についての観点別学習状況の評価・評定の結果

　学校は，重点目標を達成するために必要な項目・指標等を精選して設定することが期待される．その際，教育課程もその重要な評価対象となる．

　一般的には，次のような項目が考えられる．

ア　教育課程編成の方針，カリキュラム・マネジメントを所掌する組織，地域，学校などの実態把握（編成の基本方針・手順の明確化，カリキュラム・マネジメントを所掌する校務分掌，地域，学校，児童生徒などの実態把握，課題の明確化）

イ　学校教育目標（関係法令，地域，学校，児童生徒などの実態，学校教育目標，学年教育目標などの目標系列としての一貫性，達成可能ないし評価可能な目標と具体化，知徳体のバランスや重点化の目標）

ウ　教育内容の取扱い（組織原理，配列原理など）

エ　授業時数等の取扱い（年間授業時数，授業週数，授業日数等と法令等や地域学校等の実態との最適性，日課表，週時間表の児童生徒の負担）

オ　指導計画と展開（学校教育目標の具体化，個に応じた指導，習得学習，活用学習，探究学習，教育方法の工夫，教材の工夫，学習環境の整備，診断的評価・形成的評価・総括的評価の適切な実施，など）

カ　評価と改善（評価計画，効果的な評価と改善）

　なお，「学校評価」の評価に進め方については，図12-1を，また，学校評価，教育課程評価及び授業評価の関係については，図12-2を参考とされたい．

図12-1 「学校評価」における自己評価，学校関係者評価の進め方のイメージ図

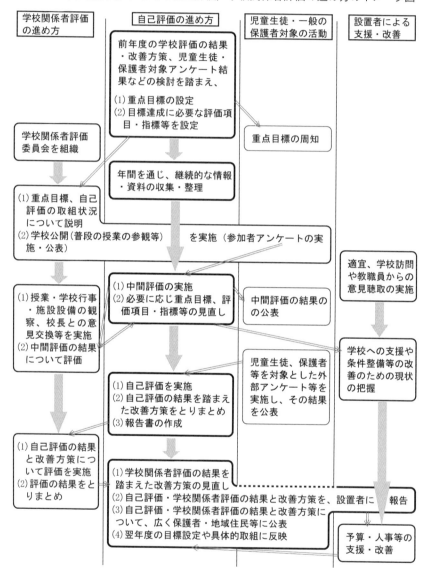

出所：文部科学省「学校評価ガイドライン」。

図12-2　学校評価・教育課程評価・授業評価の関連図

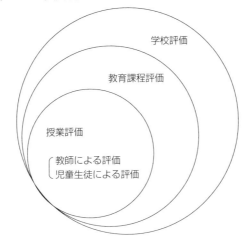

2．教育課程の改善とその方法

　学校が教育課程評価を行うことにより，望ましい教育課程の編成・実施が期待でき，その改善は，教育課程をより適切なものに改めることであるが，これは教育課程を地域，学校の実態及び児童生徒の心身の発達段階と特性により即したものにすることである。この意味からも，学校は絶えず教育課程改善を目指す基本的態度をもつことが必要である。

　教育課程改善の方法・手順としては，次のようなものである。
　　① 評価に係る資料の収集と検討。
　　② 整理した問題点の原因と背景の明確化。
　　③ 改善案作成と実施。

　指導計画の場合，指導目標設定，指導内容の配列・構成，予測される学習活動などのように，比較的直ちに修正できるものもあれば，人的，物的諸条件のように，比較的長期の見通しの下に改善の努力を傾けなければならないものもある。また，個々の部分修正にとどまるものもあれば，広範囲の全体修正を必要とするものもある。さらに学校内の教職員の努力によって改善できるものもあれば，学校外へ働きかけるなどの改善の努力を必要とするものもある。教育課程の改善は，

それらのことを見定めて実現を図っていかなければならない。

3　特別活動の評価

1．評価の意義

　教科等の評価に当たっては，児童生徒の実態に応じた多様な学習を促すことを通して，**主体的な学習の仕方**が身に付くように，また，児童生徒の**学習意欲を喚起**するように配慮する必要がある。その際には，学習成果のみならず，**学習過程を重視**し，特に，他者との比較ではなく児童生徒一人ひとりの持つ**よい点や可能性**などの多様な側面，**進歩の様子**などを把握し，学年や学期にわたって**児童生徒がどれだけ成長したか**という視点を大切にすることが重要である。また，児童生徒が自らの学習過程を**振り返り**，新たな自分の**目標や課題**をもって**学習**に取り組んでいけるような評価でなければならない。

　評価については，指導内容や児童生徒の特性に応じて，評価場面や方法を工夫し，例えば，学習過程の適切な場面で評価を行うことや，教師による評価とともに，児童生徒による**相互評価**や**自己評価**などを工夫することも大切である。

　学習指導要領総則には，次のように述べている。

> 　<u>生徒（児童）のよい点や進歩の状況などを積極的に評価するとともに，指導の過程や成果を評価し，指導の改善を行い学習意欲の向上に生かすようにすること。</u>
> （学習指導要領）

　このことは，教科における学力評価をはじめとして，特別教科道徳，総合的な学習の時間（高校の場合，「総合的な探究の時間」），特別活動，外国語活動においても配慮されるべきことである。

　特別活動の場合，他の教科等と同様に，目標を立て，指導計画を作成する際にもこのような配慮は必要となる。指導計画の作成（PLAN），計画に基づく実施（DO），実施後の評価（CHECK）という一連の流れのあらゆる段階で評価は必要であり次年度において改善（ACTION）された指導計画の作成へと繋がる。すな

わち，教育活動の実施と改善に直結するものである。

　評価においては，児童生徒一人ひとりのよさや可能性を生かし，それを伸ばす方向での**形成的評価**を基本にすることであり，同時に，自ら学び自ら考える力や，自らを律しつつ他人とともに協調できる豊かな人間性や社会性など［**生きる力**］を**育成する**という視点から評価を進めていくということでもある。そのためには，生徒が自己の活動や生き方をしっかりと振り返り，新たな目標や課題を持てるような評価を進めるため，指導成果だけでなく指導過程における児童生徒の努力や意欲などを積極的に取り上げたり，児童生徒のよさを多面的・総合的に評価できるよう**教員の協力体制**を確立することが必要となる。また，児童生徒自身の**自己評価，相互評価等の活用**を進めたりするなど，活動意欲を喚起する評価方法を工夫することが必要となる。

　評価については，**指導と評価の一体化**ということがいわれるように，指導の改善に生かすという視点が必要となる。評価を通じて教師が指導過程や方法について反省し，より効果的な指導が行えるよう指導の在り方について工夫・改善を図っていくことに意義がある。

　特別活動の評価においては，次のようなものがある。
　① 教師間の協力的な指導体制の一層の充実のための反省としての評価
　② 指導計画の評価
　③ 指導方法の評価
　④ 個々の児童生徒の発達の評価
　⑤ 児童生徒集団の発達の評価

　これらは，学級活動（ホームルーム活動），生徒会活動（児童会活動）及び学校行事のそれぞれの内容別に評価することから始まり，これが特別活動の全体としての評価に統合されていくものである。

2．評価対象

（1）教師間の協力的な指導体制の一層の充実のための反省としての評価

　特別活動を担当する校務分掌組織，例えば，小学校における指導部，中学校・高等学校における生徒指導部などと学年部の協力的な指導体制の在り方，達成目標や学年行事等の共通理解，連携のための会議の在り方などについて，評価の対象となる。

(2) 指導計画の評価

　教授・学習活動は主要な評価対象である。教科指導の場合，教師の指導計画（児童生徒の学習活動の計画も含まれる）が挙げられるが，特別活動の場合もその例外ではない。

　特別活動の指導計画には，学校独自の特別活動の指導方針や全校的な計画を中心とした，基本的，長期的な指導計画や特別活動の内容及び学年，学級（ホームルーム）についての指導計画が含まれるが，それも評価の対象となるべきものである。

　指導計画の評価の主な観点としては，次のものが挙げられる。
ア　目指すべき目標が明確に設定され，それに即した内容・方法等が計画されている。
イ　児童生徒の自発的，自主的，積極的な活動を中心にしている。
ウ　望ましい集団活動の展開を促すものである。
エ　学校や地域の実態を考慮したものである。
オ　諸般の事情に対応して弾力的に運営できるような計画である。

(3) 個別の児童生徒の人格発達評価

　特別活動のみならず，教授・学習活動の最終的な目標は，個別の児童生徒の人格がより望ましい状態に変容し，発達することである。

　特別活動における人格発達評価の観点は，次の点が挙げられる。
ア　心身の調和のとれた発達と個性の伸長がなされている。
イ　自主的，自律的，実践的な態度は形成されている。
ウ　個人として，また集団や社会の一員としての人間の在り方生き方についての自覚は深化している。
エ　現在及び将来において自己を生かす能力と態度は育っている。
オ　自他の人格の尊重に立って，社会的自立の力が養われている。

(4) 集団発達の評価

　「望ましい集団活動」は特別活動の基礎的な条件であるが，それは特別活動の過程を通して形成されていく性質のものであり，その意味では特別活動の一つの目標である。

　したがって，児童生徒の集団が発達し，より望ましい状態になっていく過程及びその姿を評価することは特別活動の成果を評価することであるとともにそれを

改善し，その効果をより一層高めるための基礎的条件を評価することでもある。

　集団の発達を評価する際の主な観点は次の通りである。
ア　個々の児童生徒は自分の集団及びその活動に対して大きな魅力を感じ，積極的に活動しようとする意欲を持っている。
イ　集団の課題や目標及び活動内容に関して，児童生徒は明確な認識を持っている。
ウ　成員相互の人格の尊重を基盤に，集団内のコミュニケーションや相互作用が活発に進められている。
エ　集団内に望ましいルールやマナーが存在し，それに対する児童生徒の共有性や自律性が高い。
オ　集団の内外において好ましい人間関係が営まれ，開かれた集団として発展している。

　なお，発達の望ましい状態への変容評価であるから，評価のための資料の収集は，活動の開始前，中途及び終了後など，時間の流れの中のいくつかの段階で計画的に行うことになる。

3．評価の手順

　特別活動の特質に照らして，その評価の主な手順としては，次のことが挙げられる。
① 個別の児童生徒の発達については，学級（ホームルーム）担任をはじめ学年の担任教師などが中心となり評価し，記録などを整理し保管するなど，全校的な責任体制の下で行う。
② 学級活動（ホームルーム活動）については担任教師が中心となるが，学年などにおいても協力して取り組む体制を確立し，また，その他の活動についても，教師全員が協力する評価実施計画とその体制を確立して推進する。
③ 評価のための基礎資料として，できるだけ多面的な客観的資料を体系的に収集するように計画し実施する。
④ 資料に基づく評価は，該当する活動あるいは児童生徒の個人や集団の指導者を中心に，できるだけ多くの教師が参加した協議によって行う。

4．資料収集方法

　特別活動の評価における基礎資料収集の主な方法としては次のものが挙げられる。

ア　観察法

　児童生徒一人ひとりの行動の状況，各活動における集団としての行動状況及び教師（教師集団）の指導などに関する資料収集に有効な方法であるが，観察者の主観性の影響が大きいので，観察者の多数化，多面的な観察規準の設定，記録の客観化などの点で配慮する必要がある。

イ　調査法

　質問紙によるものと個人あるいは集団面接による方法が含まれるが，特別活動に関する児童生徒や教師その他の関係者の感想・意見などについての資料を集めるのに有効である。ただ，質問や回答の内容・方法についてあらかじめ十分に検討して，信頼性と妥当性の高いものになるように努める。

ウ　テスト法

　特別活動においては，例えば，生徒が希望する進路との関係において，自己の性格，職業的な能力・適性，興味・関心などについての理解を深めるためのテストのようなものがある。それぞれのねらいと必要に応じて，そうした標準テストなどを適切に選定し活用することもある。

エ　その他の方法

　児童生徒や教師の個人あるいは集団の一員としての日誌その他の諸記録なども有効な資料となりうるし，また，児童生徒の自己評価及び相互評価に関する諸資料も重要なものとして積極的に活用する。

4　授業評価

　2003年3月，読売新聞社が，全国の「教育親子モニター」を対象に「教師にとって重要なもの」としてアンケートを実施した。その結果，子どもの80％，保護者の56％が，授業のわかりやすさを挙げている。

　また，2006年6月，京都府教育委員会が，保護者，市町村教育長，校長，教頭，教員を対象として，「求められる京都府の教員像」のアンケートを実施した。その結果，対象者全てにおいて，第1位であったのは，「分かりやすい授業」のできる教員であった（石村卓也著『教職論』pp.40-42）。

このように「分かりやすい授業」の創造は，教師の評価行為の自覚化であり，自覚化の過程は，学習者理解を深め，授業の科学的分析を進めカリキュラム開発力を培い，「分かりやすい授業」を創造する力量を高めるのである。この授業過程を通じて，子どもが変容するのである。

1．教育評価の対象と機能

　教育評価（educational evaluation）の意味について，述べる。

　教育計画について，決定を下すための情報収集と，最適な決定を下すために収集したデータを利用することであり，具体的には，学習指導要領による教育内容とか明日の授業といった教授・学習活動，また，児童生徒の進路相談，などにおいていろいろな決定を迫られる際，そのため教育成果，教育過程，教育活動のための諸条件などの情報を集め，最適な決定を下すために利用することである（クロンバック「Cronbach, L. J.」による定義）。

　学校教育における教育評価の対象と機能については，次のようになる。
① 指導目的
　教師の教育活動を対象とし，指導のねらいへの達成度を確かめ，授業のつまずきによる補充学習や深化学習の指導も含め，次の手立てを講じる指針を得るという機能を持つ。このように，教育内容の点検を通して，教育課程改善の指針を得ることができる。
　換言すれば，教師の立場から教育評価のフィードバック機能を利用することが最も重要な目的であり，指導と評価の一体化を目指し，学習過程の中で生産的に働くものであるといえる。
② 学習目的
　学習者の学習活動を対象とし，目標の達成度を確かめ，学習活動や生活の問題点を把握し，学習者にとって，改善のための指針を与えるものである。すなわち，指導目的が教師の立場からの評価活動であるのに対し，学習者である児童生徒の立場から自己評価や相互評価を行わせることによって，学習の成功，失敗，つまずきなどを直接児童生徒本人にフィードバックすることである。
③ 管理及び運営目的
　教育活動と教育諸条件の関係を明らかにする機能，例えば，施設，設備，学級編成，教職員の配置や組織，教育行財政などの問題点を明らかにして，改善の指針を与えるものなどである。具体的には，次のような場合がある。

・学校評価の他各種の実態把握など。
・高校・大学その他における入学者の選抜と決定。
・医師・司法官などの国家試験にみられるような資格の認定。
・入学試験，資格試験度など，個人の人権や利害，社会の公正に強く関連してくる問題の領域。
④ 研究目的
カリキュラムの研究開発や効果的な指導法の研究開発など。

指導と評価の一体化といわれているように，評価が教育評価であるためには，評価が授業過程の中に内在し，絶えずフィードバックして，授業と学習の在り方，方向を調整するものとして機能し，その結果としての授業改善はまさに「分かる授業」「学ぶ楽しさ」を子どもに喚起し，次の課題へと挑戦を促し，励ましを与え，そのことが，教師にとっては，指導への情熱と使命感を沸き立たせることとなり，したがって，このような評価こそが，教育評価なのである。

2. 目標に準拠した評価と目標にとらわれない評価

工学的接近（アプローチ）においては，目標に準拠した評価（GRM：goal-reference evaluation）を行い，羅生門的接近（アプローチ）は，目標にとらわれない評価（GFE：goal-free evaluation）を行うのであるが，教育課程評価において，異なる視点を持つ多様な立場の人による観察報告や評価を重視する場合，評価の対象とするデータが人々の常識的な記述を重視する場合，そのつど生起した事実を把握し解釈を行う場合など，目標にとらわれない評価（GFE）を行うことも考えられるわけである。また，授業過程においても，同様である。

前者の工学的接近の場合，工学的モデルと呼ばれ，タイラー（R. Tyler）原理を基礎に置くものである。タイラーによれば，

① 教育目的から教育目標の設定
② 教育目標に沿った学習経験の選択
③ 学習経験の組織
④ 学習結果の測定（教育評価）

①から順次④までの段階が循環的過程となるという論理的なものである。

一方，後者の羅生門的接近（アプローチ）は，創造的教授・学習活動であり，美学的・哲学的モデルと呼ばれている。

教育課程の編成は，両者をその特質を踏まえつつ，適切に組み合わせることが必要である。

3．指導要録と通知表

指導要録は，児童生徒の学籍並びに指導過程と結果を要約し記録した**公簿**であり，**指導機能**と**対外証明機能**を持つ原簿である。

その内容は，「学籍に関する記録」と「指導に関する記録」からなり，後者は，「各教科の学習の記録」すなわち「観点別学習状況」，「総合的な学習の時間の記録」，「特別活動の記録」，「行動の記録」，各教科の総括的評価を記録する「評定」及び「出欠の記録」の欄からなる。

学校に常備するものであり，校長が作成する「児童等の学習及び健康の状況を記録した書類」の原本に当たる。保存義務は，「学籍に関する記録」が20年，「指導に関する記録」が5年である。

通知表については，法的には，発行義務はないが慣行として定着している。その意義としては，子どもの学校における発達の総合記録を主な記載内容とし，学校と家庭との往復連絡文書の一つである。その内容は，学期ごとに，学業成績，行動の記録，出欠の記録，全体の所見等を記載するのが通例となっている。

4．絶対評価と相対評価

「絶対評価」は，「目標に準拠した評価」ともいわれており，2002年版指導要録から導入されたものである。その他には，絶対的な権威者による主観的な評価を意味するものとして使われたことがある。また，個々の子どもの発達を総合的全体的に捉える個人内評価のことでもある。しかし，ここでは，「目標に準拠した評価」を「絶対評価」として用いることとする。

「相対評価」は，集団内の子どもの位置や序列を明確にするもので，「集団に準拠した評価」とも呼ばれ，その形態は「正規分布曲線」に基づく5段階評価ないし10段階評価である。1948年版指導要録から相対評価が導入された。

5．ポートフォリオ評価（portfolio assessment）

ポートフォリオは，「ファイル」「紙ばさみ」「書類綴じ込みケース」という意味であり，また，学習活動の足跡を全て挟み込み収集したもの，つまり学習ファイルという意味である。つまり，学校においては，教師の指導の下に，学習者が目的・目標に沿って，学習活動のある領域の足跡を学習ファイルとして作成する

のである。
　このポートフォリオを活用することによって，学習者自身の「学習の軌跡」を客観化して学習活動や学習過程を評価するのである。
　ファイルには，学習活動に伴う作品，宿題，感想，自己評価用紙，相互評価用紙，教師からの指導と評価の記録，保護者からのコメント，レポート，試験結果などであり，それは，学習活動の履歴を表し，学習者の成長過程の徴(しるし)なのである。
　このポートフォリオには，目的・目標，内容，自己評価（振返り），相互評価（話合い），評価基準（ルーブリック：rubric）設定等の要素からなっている。

　ポートフォリオ評価は，効果的な評価方法として注目されているのは，次の点による。
① 学習者が自ら収集した資料に基づき，学習者の学習過程や結果を学習者自身が評価する。
② 学習者が，課題の探求過程を記述し，それに基づいて，学習者自らと教師が評価する。
③ 教師が学習者の学習ファイルを活用して評価する場合，学習者の成長を多面的な角度や場面で観察することができる。
④ 学習過程において，学習者相互の，また教師と学習者の，コミュニケーションが記録されファイルされている。学習者自身のいわゆる自己評価は自分を知ることであり，学習者による相互評価は他者による多面的な評価であり，客観的に自分をみることができる。

　要は，「集めて，選んで，振り返る」ということである。

6．診断的評価，形成的評価及び総括的評価

　ブルーム（B. S. Bloom）は，「教育目標の分類学」において，授業の目標設定について，授業目標が到達目標であることを明確にするとともに，教育評価が目標到達の確認する営為であると提起した。また，授業過程において，到達目標への到達を確認する際，**診断的評価，形成的評価及び総括的評価**という手法を提起し，適性と学習到達度の相関関係をなくす可能性を追求した。
　ここでは，診断的評価，形成的評価及び総括的評価が行われる時期と機能等について述べる。

① 診断的評価（diagnostic evaluation）
　学習指導場面において実際の指導に先立ち，児童生徒の現況・実態（学習レディネス）を診断し，最適の指導方法等を準備するために行われる評価活動である。この目的・機能としては，学習者の，必要とされる技能があるか，予め習得されているレベルはどの程度か，の確認及び学習における障害の原因の発見にある。
　進級時や一つの単元の学習前や学習中に，評価手段として事前テスト，診断テスト，作文などにより行う。
② 形成的評価（formative evaluation）
　単元学習の指導の途上で指導の軌道を修正したり，確認したりするために行われる評価活動である。児童生徒がどの内容に関してどこまで目標を達成しており，どこに困難があるかの評価情報を提供してくれるものである。この目的・機能としては，教師と学習者へのフィードバック情報を通して，授業を改善したり，方向付けることにある。
　一つの単元の学習中や学習後に，評価手段として特別に作られた形式的テストや発問・応答，学習者のノートやレポートの点検などにより行う。
③ 総括的評価（summative evaluation）
　単元終了時，学期末，学年末という比較的長期間にどれだけの教育効果が得られたか，どれだけ学習目標が達成されたか，その点を明らかにしようとする評価活動である。この目的・機能としては，単元・学期・学年の終わりに単位を認定したり，成績をつけたりすることにある。
　評価手段としては，事後テスト，総括テスト，作品，実技テストなどにより行う。

7．観点別学習状況評価

　各教科においては，学習指導要領等の目標に照らして設定した観点ごとに学習状況の評価と評定を行っている。観点別学習状況評価は，「関心・意欲・態度」「思考・判断・表現」「技能」「知識・理解」などの4ないし5の観点（国語のみ5観点，それ以外の教科は4観点）に分けて評価するものである。評価者はそれぞれの観点ごとに目標を設定し，学習者がその目標に対してどれだけ実現できたかを分析して，3段階で絶対評価（目標に準拠した評価）を行う。

　　　「十分満足と判断されるもの」……………A
　　　「おおむね満足であると判断されるもの」…B
　　　「努力を要すると判断されるもの」…………C

図12-3　現行の4観点と学力の3要素の関係

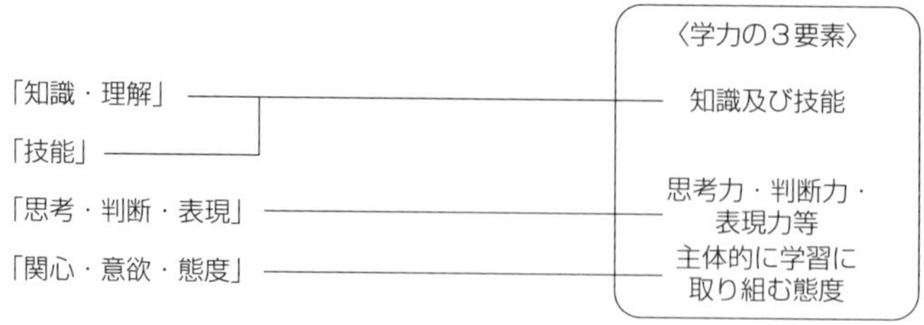

「知識・理解」 ──┐
「技能」 ────┘── 知識及び技能
「思考・判断・表現」 ── 思考力・判断力・表現力等
「関心・意欲・態度」 ── 主体的に学習に取り組む態度

〈学力の3要素〉

出所：文部科学省資料。

　学年末には，各必修教科，選択教科の観点別評価が，観点別学習状況として評定とともに指導要録に記録される。この評価は観点別評価とも言われる。

学習課題

1　「学校評価」における教育課程評価について，実施されている「学校評価」を調査し，学校教育目標との関連性と成果を，教員による自己評価と学校関係者評価を視点として　考察せよ。
2　ポートフォリオ評価法の実施例を調べ，その課題と展望について考察せよ。
3　原稿の評価の4観点と学力の要素との関係について考察せよ。

■ 註及び参考文献

安彦忠彦『教育課程編成論』放送大学教育振興会，2006年。
天野正輝『カリキュラムと教育評価の研究』文化書房博文社，2001年。
天野正輝『総合的学習のカリキュラム開発と評価』晃洋書房，2000年。
石村卓也『教育課程』昭和堂，2009年。
稲葉宏雄編『教育課程』協同出版，1992年。
梶田叡一『教育評価　第2版補訂版』有斐閣，2002年。
田中耕治・水原克敏・三石初雄・西岡加名恵『新しい時代の教育課程』有斐閣，2005年。
根津朋実『カリキュラム評価の方法』多賀出版，2006年。
森嶋昭伸・鹿嶋研之助『孤島学校新学習指導要領の解説　特別活動』学事出版，2000年。
文部科学省「小学校学習指導要領」。
文部科学省「小学校学習指導要領解説　総則編」。
文部科学省「小学校学習指導要領解説　特別活動編」。

文部科学省「中学校学習指導要領」。
文部科学省「中学校学習指導要領解説　総則編」。
文部科学省「中学校学習指導要領解説　特別活動編」。
文部科学省「高等学校学習指導要領」。
文部省『高等学校学習指導要領解説　特別活動編　平成11年12月』東山書房，1999年。

索　引

ア行

- アクティブ・ラーニング ……………… 116
- インクルーシブ教育 …………………… 129
- インタラクション ……………………… 115
- ヴィットリーノ ………………………… 185
- 遠足・集団宿泊的行事 ………………… 167

カ行

- 外国語 …………………………………… 149
- ──活動 …………………………… 133, 149
- カウンセリング ………………………… 98
- 課外活動 ………………………………… 185
- 学習指導要領 …………………………… 111
- ──一般編 ………………………………… 50
- ──の意義 ………………………………… 34
- ──の種類と構成 ………………………… 35
- 学級活動 …………………………… 167, 177, 202
- 学校教育法 ……………………………… 110
- 学校行事 …………………………… 167, 178, 221
- 課程主義 …………………………………… 46, 104
- カリキュラム …………………………… 112
- ──・マネジメント ………… 33, 90, 107, 117
- 観点別学習状況評価 …………………… 247
- 儀式的行事 ………………………… 167, 223
- 基準性と大綱的基準 ……………………… 42
- 義務教育 …………………………………… 17
- ──学校 ………………………………… 22
- ──諸学校の教科用図書の無償措置に関する法律（教科書無償措置法，1963年）…… 157
- ──の目標 ………………………………… 19
- キャリア教育 ……………………………… 98
- 教育課程 ………………………………… 107
- ──の定義 ………………………………… 43
- ──の内部要素 …………………………… 44
- ──の評価 ……………………………… 233

- ──の編成 ………………………………… 94
- 教育基本法 …………………………… 10, 110
- 教育の目的 ………………………………… 12
- ──・目標 ………………………………… 9
- 教育の目標 ………………………………… 13
- 教育評価 ………………………………… 243
- 教育目標の設定 ………………………… 44
- 教育を受ける権利 ……………………… 157
- 教科書（教科用図書） ………………… 154
- 教科書検定 …………………………… 155, 165
- 教科書採択 ……………………………… 157
- ──地区 ………………………………… 159
- 教科書裁判 ……………………………… 157
- 教科書の無償給与 …………………… 159, 165
- 教科用図書検定調査審議会 …………… 155
- 教材・教具 ……………………………… 46
- 協同 ……………………………………… 114
- 勤労生産・奉仕的行事 ……………… 167, 226
- クラブ活動 …………………………… 167, 178, 229
- 形成的評価 ……………………………… 246
- 健康安全・体育的行事 ……………… 167, 224
- 言語能力 ………………………………… 91
- 公共 ……………………………………… 101
- 公教育 ……………………………………… 1
- ──論 …………………………………… 7
- 高等学校学習指導要領 ………………… 100
- 高等学校教育の目的と目標 …………… 23
- 合理的配慮 ……………………………… 130
- コミュニケーション …………………… 108
- コールバーグ …………………………… 146

サ行

- 児童会 …………………………………… 218
- ──活動 …………………………… 167, 177, 215
- 指導形態 ………………………………… 46
- 児童中心主義教育 ……………………… 50

指導内容の組織 …………………………… 44
指導要録 …………………………………… 245
社会に開かれた教育課程 ……………… 29, 107
自由 ………………………………………… 114
　——研究 ………………………………… 187
集団や社会の形成者 ……………………… 183
修得主義 ……………………………… 46, 104
授業時数 …………………………………… 46
主体的・対話的で深い学び …… 89, 97, 107, 114,
　116, 176
準教科書 …………………………………… 160
障害者の権利に関する条約 ……………… 130
小学校教育の目的と目標 ………………… 20
情報活用能力 ……………………………… 97
情報通信技術（ICT） …………………… 164
診断的評価 ………………………………… 246
進歩主義教育 ……………………………… 54
生徒会 ……………………………………… 219
　——活動 ……………………… 167, 177, 215
生徒指導 …………………………………… 180
絶対評価 …………………………………… 245
セルフアクション ………………………… 114
総括的評価 ………………………………… 246
総合的な学習の時間 ………………… 133, 180
相対評価 …………………………………… 245
組織原理 …………………………………… 45

タ　行

タイラー原理 ……………………………… 53
探究 ……………………………… 114, 115, 139, 141
　——学習 ……………………… 108, 133, 141
知識基盤社会 ……………………………… 137
中学校教育の目的と目標 ………………… 21
中等教育学校 ……………………………… 24
著作権 ……………………………………… 162
通級による指導 …………………………… 98
通知表 ……………………………………… 245
デジタル教科書 …………………………… 164
デューイ ……………… 114, 119, 141, 143, 186

伝統や文化 ………………………………… 91
統合カリキュラム …………………… 141, 142
道徳 …………………………………… 133, 144
道徳科 ………………………………… 167, 179
道徳教育（高校） ………………………… 106
特別活動 ……………………… 167, 182, 187
　——の意義 ……………………………… 169
　——の評価 ……………………………… 238
　——の目標 ……………………………… 171
特別支援学級 ……………………………… 98
特別支援教育 ……………………………… 129
特別の教科　道徳 ………………………… 144
図書館 ……………………………………… 98
トランズアクション ………………… 115, 144
ドルトン・プラン ………………………… 143

ナ　行

内発的動機づけ …………………………… 115
年齢主義 ……………………………… 46, 104

ハ　行

配列・系列化原理 ………………………… 45
八年研究 …………………………………… 142
パブリック・スクール …………………… 185
PISA ………………………………………… 136
必要かつ合理的な基準 …………………… 41
PBL ………………………………………… 118
部活動 ……………………………………… 99
副読本 ……………………………………… 160
分化・統合の原理 ………………………… 45
文化的行事 …………………………… 167, 224
米国教育使節団報告書 …………………… 50
法的拘束性 ………………………………… 39
補助教材 …………………………………… 160
ポートフォリオ評価 ……………………… 245
ホームルーム活動 …………… 167, 177, 202

マ　行

学びの地図 ………………………………… 29

メタ認知 ……………………………… 115	幼稚園教育要領 ……………………… 90
目標に準拠した評価 …………………… 244	**ラ　行**
目標にとらわれない評価 ……………… 244	履修原理 ………………………………… 46
モジュール学習 ………………………… 95	履修主義 …………………………… 46, 104
ヤ　行	旅行・集団宿泊的行事 ………… 167, 225
夜間中学 ………………………………… 99	

《著者紹介》

石村 卓也（いしむら たくや）
京都教育大学大学院，同志社女子大学などの教員を歴任。現在，大和大学教育学部教授。専門は，教育行財政，学校経営，教育制度，教育課程，教員養成。「教員評価制度と査定昇給への反映」（単著，平成21年），「稟議システムによる意思決定」（単著，平成22年），「学校管理規則と政策形成過程」（単著，平成24年），「人事管理システムと免職」（単著，平成24年），教師論（単著書，平成20年，ブックセンター），「教育課程」（単著書，平成21年，昭和堂）など。

伊藤 朋子（いとう ともこ）
奈良女子大学文学部，大和大学教育学部などの教員を歴任。現在，甲南大学文学部教授。専門は，教育哲学，教育方法学，学校経営，教育課程，教育史。『ドルトン・プランにおける「自由」と「協同」の教育的構造』（単著書，平成19年，風間書房），「ドルトン・プランにおけるJ.デューイの影響──「自由」と「協同」の理論をめぐって──」（単著，平成16年，日本デューイ学会），『教職の原理 第1巻 教育とは何か』（共著，平成28年，晃洋書房），「教育予算と政治的要因」（共著，平成29年）など。

浅田 昇平（あさだ しょうへい）
四天王寺大学教育学部准教授。専門は，教育制度学。
『公教育経営概説［改訂版］』（共著，平成28年，学事出版），「生徒指導における『学校と地域の連携』概念の変容」（『びわこ学院大学研究紀要』第5号，平成26年），「アメリカの高等教育におけるディベロップメンタル教育の理論と実施モデル」（『びわこ学院大学研究紀要』第6号，平成27年），「アメリカの高等教育における編入学準学士号（Associate Degree for Transfer）に関する研究」（『びわこ学院大学研究紀要』第7号，平成28年），「『教育福祉』研究に関する基礎的考察」（『びわこ学院大学研究紀要』第8号，平成29年）など。

社会に開かれたカリキュラム
――新学習指導要領に対応した教育課程論――

2018年4月20日　初版第1刷発行	＊定価はカバーに表示してあります

	著　者	石　村　卓　也
著者の了解により検印省略		伊　藤　朋　子　ⓒ
		浅　田　昇　平
	発行者	植　田　　　実

発行所　㈱ 晃洋書房

〒615-0026　京都市右京区西院北矢掛町7番地
電話　075(312)0788番(代)
振替口座　01040-6-32280

装丁　野田和浩　　印刷・製本　西濃印刷㈱
ISBN 978-4-7710-3050-3

JCOPY 〈㈳出版者著作権管理機構　委託出版物〉
本書の無断複写は著作権法上での例外を除き禁じられています．複写される場合は，そのつど事前に，㈳出版者著作権管理機構（電話 03-3513-6969, FAX 03-3513-6979, e-mail:info@jcopy.or.jp）の許諾を得てください．